高等职业教育会计专业富媒体智能型·项目化系列教材

U0648336

Training of Enterprise Tax

企业纳税实训

（第三版）

梁伟样 主编

东北财经大学出版社　大连
Dongbei University of Finance & Economics Press

图书在版编目（CIP）数据

企业纳税实训 / 梁伟样主编. —3版. —大连：东北财经大学出版社，2020.9（2021.9重印）

（高等职业教育会计专业富媒体智能型·项目化系列教材）

ISBN 978-7-5654-3910-0

Ⅰ．企…　Ⅱ．梁…　Ⅲ．企业–纳税–中国–高等职业教育–教材　Ⅳ．F279.235.4

中国版本图书馆CIP数据核字（2020）第130170号

东北财经大学出版社出版

（大连市黑石礁尖山街217号　邮政编码　116025）

网　　　址：http://www.dufep.cn

读者信箱：dufep@dufe.edu.cn

大连天骄彩色印刷有限公司印刷　东北财经大学出版社发行

幅面尺寸：185mm×260mm　字数：336千字　印张：15.75　插页：1

2020年9月第3版　　　　　　　　　2021年9月第2次印刷

责任编辑：王天华　周　慧　　　　　责任校对：慧　心

封面设计：冀贵收　　　　　　　　　版式设计：原　皓

定价：35.00元

第三版前言

《企业纳税实训》作为与《纳税实务》教材相配套的辅助教材，自2017年出版以来，承蒙读者的厚爱，取得了较好的效果。

2018年5月1日、2019年4月1日，我国两次全面降低增值税税率，2019年1月1日起实施新的个人所得税法，企业所得税、印花税、消费税等税法均发生了变化。所有这些政策和税法的变化，都迫切需要对原来的教材进行全面更新，在《纳税实务》（第二版）教材修订再版的同时，对其配套的辅助教材也进行了修订，以体现最新的法规变化。

本次修订，以最新的税收法规（截至2020年5月底）为依据，把"营改增"全面试点以来增值税法规的变化，企业所得税、消费税、印花税等法规的变化和新的个人所得税法的内容全面体现在本书中。

本书在编写过程中，打破会计专业传统配套教材框架的束缚，充分考虑了主教材的特点，根据在线开放课程学习者的需要，重新构架体系，以知识点、技能点为主线来设计体例，安排重点难点提示、职业判断能力训练和职业实践能力训练三部分内容。职业判断能力训练是按照会计专业技术资格无纸化考试要求来设计的，全部为客观题。职业实践能力训练是按照工作过程以项目导向来设计实训内容的，主要涉及应纳税额的计算、纳税申报和涉税会计处理三个方面，并配有相关的涉税表单，以供学生完成各个操作任务。

本书由丽水职业技术学院梁伟样教授及相关教学一线骨干教师、行业专家编写，在编写过程中得到有关部门、企业和任课老师的大力支持，在此，一并表示诚挚的谢意。

本书可与主教材一起配套使用，也可单独作为实训教材使用，适合高职高专院校会计、财政、税务、投资理财等财经类专业使用，也可作为成人高校、本科院校举办的二级职业学院财经类专业的教材和社会从业人员的业务学习用书。

税法在变，我们力争使本书内容及时反映最新变化。限于编者水平和时间紧迫，对书中存在的不足和疏漏之处，竭诚欢迎广大读者指正。

梁伟样

2020年6月

目　录

项目一
纳税工作流程认知

第一部分　重点难点提示

【知识点1-1】税收的性质

一、税收的性质

税收又称"赋税""租税""捐税"等，是政府为了满足社会公共需要，凭借政治权力，按照法律规定，强制地、无偿地参与社会剩余产品分配，以取得财政收入的一种规范形式。与其他财政收入形式相比，税收具有强制性、无偿性和固定性的特征，习惯上称为税收的"三性"。

二、税制的构成要素

税制的构成要素见表1-1。

表1-1　　　　　　　　　　　　　　　税制的构成要素

构成要素	内容
纳税人	是指税法规定直接负有纳税义务的单位和个人，也称纳税主体，是税款的法律承担者。纳税人可以是自然人，也可以是法人
征税对象	又称课税对象，是征税的目的物，即对什么东西征税，它是一种税区别于另一种税的主要标志
税目	是征税对象的具体化，反映各税种具体的征税项目，体现每个税种的征税广度
税率	是应纳税额与计税依据之间的法定比例，体现了征税的深度。税率是体现税收政策的中心环节，是构成税制的基本要素。税率可以分为以绝对量形式表示的定额税率和以百分比形式表示的比例税率和累进税率。累进税率还可以分为全额累进税率、超额累进税率和超率累进税率
纳税环节	是指对处于不断运动中的纳税对象选定的应当缴纳税款的环节。有的纳税环节单一，称为"一次课征制"；有的需要在不同环节分别纳税，称为"两次课征制"或"多次课征制"
纳税期限	是指纳税人在发生纳税义务后，应向税务机关申报纳税并解缴税款的起止时间。不同税种由于其自身的特点不同，可分为按期纳税和按次纳税两种形式
纳税地点	是指按照税法的规定向征税机关申报纳税的具体地点。它说明纳税人应向哪里的征税机关申报纳税以及哪里的征税机关有权进行税收管辖的问题
税收减免	是减税和免税的合称，是对某些纳税人或征税对象的鼓励或照顾措施。减税是对应纳税额少征一部分税款，而免税则是对应纳税额全部免征税款。税收减免具体可分为税基式减免、税率式减免和税额式减免三种形式
税收加征	包括地方附加、加成征收、加倍征收等形式
违章处理	是对纳税人发生违反税法行为采取的惩罚措施，它是税收强制性的体现。违章处理的措施主要有加收滞纳金、处以罚款、税收保全措施、税收强制执行措施等

【知识点1-2】税收体系及分类

税收可按不同的标志进行分类，具体见表1-2。

表1-2　　　　　　　　　　　　　　　　　税收的分类

分类标志	内　容
按征税对象分类	流转税：以商品或劳务的流转额为征税对象的一类税。主要有增值税、消费税、关税，"营改增"试点前还包括营业税
	所得税：以所得额为征税对象的一类税。主要有企业所得税、个人所得税
	财产税：以纳税人拥有或支配的财产为征税对象的一类税。主要有房产税、车船税和契税
	行为税：以特定行为为征税对象的一类税。主要有印花税
	特定目的税：为达到特定目的而征收的一类税。主要有城市维护建设税、车辆购置税、耕地占用税
	资源税：对开发、利用和占有国有自然资源的单位和个人征收的一类税。主要有资源税、土地增值税、城镇土地使用税
	烟叶税：对收购烟叶的单位按收购烟叶金额征收的一种税。主要指烟叶税
按税收与价格的关系分类	价内税：是指商品价格由"成本+利润+税金"构成的一类税。如消费税等
	价外税：是指商品价格仅由成本和利润构成的一类税。如增值税
按税负能否转嫁分类	直接税：纳税人本身承担税负，不发生税负转嫁关系的一类税。如所得税、财产税等
	间接税：纳税人本身不是负税人，可将税负转嫁给他人的一类税。如增值税、消费税、关税等流转税
按计税依据分类	从价税：是以征税对象的价值、价格与金额为标准，按一定比例征收的一类税。如增值税、企业所得税等
	从量税：是以征税对象的一定数量单位（重量、件数、容积、面积、长度等）为标准，按固定税额计征的一类税。如车船税等
	复合税：同时以征税对象的自然实物量和价值量为标准征收的一种税。如白酒、卷烟的消费税
按税收管理与使用权限分类	中央税：指管理权限归中央，归中央支配和使用的税种。如消费税、关税
	地方税：指管理权限归地方，归地方支配和使用的税种。如房产税、车船税
	共享税：指主要管理权限归中央，由中央政府和地方政府共同享有，按一定比例分成的税种。如增值税、企业所得税、个人所得税
按会计核算中使用的会计科目分类	销售税金：在"税金及附加"科目核算的税金。如消费税等
	资本性税金：计入资产价值的税金。如契税、耕地占用税等
	所得税：属于费用性税金，但在"所得税费用"科目核算
	增值税：属于价外税，单独核算

【技能点1-1】涉税登记

一、注册登记

自2018年10月1日起，我国实行"五证合一"登记制度改革。"五证合一"登记制度是指将企业登记时依次申请，分别由市场监督管理部门核发的营业执照、质量技术监督部门核发的组织机构代码证、税务部门核发的税务登记证、劳动保障部门核发的社会保险登记证和统计部门核发的统计登记证，改为一次申请、由市场监督管理部门核发一个营业执照的登记制度。

改革后，新设立企业和农民专业合作社领取由市场监督管理部门核发加载法人和其他组织统一社会信用代码（以下称统一代码）的营业执照后，无须再次进行税务登记，不再领取税务登记证。企业办理涉税事宜时，在完成补充信息采集后，凭加载统一代码的营业执照可代替税务登记证使用。改革前核发的原税务登记证件在2017年年底前过渡期内继续有效，自2018年1月1日起，一律改为使用加载统一代码的营业执照，原发税务登记证件不再有效。

已实行"五证合一、一照一码"登记模式的新设立企业和农民专业合作社办理注销登记，须先向税务主管机关申报清税，填写"清税申报表"。税务机关受理后进行清税，限时办理。清税完毕后税务机关及时将清税结果向纳税人统一出具"清税证明"，并将信息共享到交换平台。

二、增值税一般纳税人资格登记

增值税一般纳税人资格登记的条件及程序见表1-3。

表1-3　　　　　　　增值税一般纳税人资格登记的条件及程序

项　目	内　容
条件	会计核算健全，能够准确提供税务资料
	预计年应税销售额超过小规模企业标准：自2018年5月1日起，不再按企业类型划分，统一调整为500万元
程序	①提供资料； ②取得并填写相关表格； ③税务机关审核、确认

【技能点1-2】发票的领购、保管与缴销

一、涉税账簿的设置

从事生产、经营的纳税人应当自领取营业执照之日起15日内设置账簿，企业一般要设置的涉税账簿有总分类账、明细账及有关辅助性账簿。

扣缴义务人应当自税法规定的扣缴义务发生之日起10日内，按照所代扣、代收的税种设置代扣代缴、代收代缴税款账簿。

二、发票的管理

发票管理的基本内容见表1-4。

表1-4　　　　　　　　　　　　　发票管理的基本内容

项　目	内　容
发票的领购	普通发票的领购：纳税人凭加载统一代码的营业执照、发票领购簿及经办人身份证以及税控IC卡、前次发票存根联等材料到税务机关领购发票
	增值税专用发票的领购：纳税人凭加载统一代码的营业执照、发票领购簿及经办人身份证以及税控IC卡、上一次发票的使用清单等材料到税务机关领购发票
发票的基本内容	包括发票的名称、字轨号码、发票联次及用途、客户名称、商品名称及经营项目、计量单位、数量、单价、金额、开票人、开票日期、开票单位（个人）名称（章）等。此外，增值税专用发票还应包括购销双方的经营地址、电话、纳税人识别号、开户银行及账号、税率、税额等内容
发票的保管与缴销	国家税务总局统一负责全国发票管理工作。税务机关是发票主管机关，负责发票印制、领购、开具、取得、保管、缴销的管理和监督
	对已开具的发票存根和发票登记簿要妥善保管，保存期为5年，保存期满需要经税务机关查验后销毁。自2018年1月1日起，会计凭证、账簿保管30年，月度、季度财务会计报告和纳税申报表保管10年，年度财务会计报告永久保管，不得伪造、变造或者擅自销毁

【知识点1-3】纳税申报的内容、方式和期限

一、正常纳税申报

纳税申报是指纳税人、扣缴义务人、代征人为正常履行纳税、扣缴税款义务，就纳税事项向税务机关提出书面申报的一种法定手续。其基本内容见表1-5。

表1-5　　　　　　　　　　　　　纳税申报的基本内容

项　目	内　容
纳税申报主体	法律、行政法规规定负有纳税义务的纳税人或代征人、扣缴义务人（含享受减免税的纳税义务人）。无论本期有无应纳、应缴税款，都必须按规定办理纳税申报
纳税申报方式	直接申报（上门申报）；邮寄申报；电子申报；简易申报和其他申报等
纳税申报期限	纳税人、扣缴义务人向税务机关申报应纳或应解缴税款的期限。不同税种的纳税申报期限不同，同一税种也会因经营情况不同而有所不同，具体由主管税务机关确定
滞纳金和罚款	滞纳金从滞纳税款之日起，按日加收滞纳税款的0.5‰

二、延期申报与零申报

延期申报是指纳税人、扣缴义务人不能按照税法规定的期限办理纳税申报或扣缴税款申报。由纳税人申请经税务机关批准可适当推延时间进行纳税申报。

零申报是纳税人在规定的纳税申报期内按照计税依据计算申报的应纳税额为零（企

业所得税的纳税人在申报期内应纳税所得额为负数或零）而向税务机关办理的申报行为。

【知识点1-4】税款征收方式及缴纳

税款缴纳是纳税义务人依税法规定的期限，将应纳税款向国库解缴的活动。具体见表1-6。

表1-6　税款缴纳的相关内容

项目	内容
税款征收方式	查账征收；查定征收；查验征收；定期定额征收
税款缴纳方式	纳税人直接向国库经收处缴纳；税务机关自收税款并办理入库手续；代扣代缴；代收代缴；委托代征；其他方式
税款缴纳程序	正常缴纳税款
	延期缴纳税款：延期期限最长不能超过3个月，且同一笔税款不得滚动审批
税款的减免、退还与追征	税款的减免：纳税人可以书面形式按法定程序向税务机关申请减税、免税
	税款的退还：纳税人缴纳了超过应纳税额的税款，多征税款应于接到纳税人退款申请之日起60日内予以退还
	税款的追征：①因税务机关的责任，3年内追征税款；②因纳税人、扣缴义务人责任3年内追征税款、滞纳金，有特殊情况的，追征期可以延长到5年；③对偷税、抗税、骗税的，可无限期追征税款、滞纳金
税款征收措施	税收保全措施；税收强制执行措施；税务检查
税收法律责任	①未按规定申报及进行账证管理行为的法律责任；②对偷税行为的认定及其法律责任；③逃避追缴欠税行为的法律责任；④骗取出口退税行为的法律责任；⑤抗税行为的法律责任；⑥扣缴义务人不履行扣缴义务的法律责任；⑦不配合税务机关依法检查的法律责任；⑧有税收违法行为而拒不接受税务机关处理的法律责任

第二部分　职业判断能力训练

【知识点1-1】税收的性质

一、判断题

1.税收分配凭借政治权力为主，财产权力为辅。　　　　　　　　　　　　（　　）

2.税收的"三性"是不同社会制度下税收的共性，是税收区别于其他财政收入形式的标志。　　　　　　　　　　　　　　　　　　　　　　　　　　　　（　　）

3.累进税率的基本特点是税率等级与征税对象的数额等级同方向变动，所以在级距

临界点附近会出现税负增加超过征税对象数额增加的不合理现象。　　　　（　　）

4.对同一征税对象，不论数额多少，均按同一比例征税的税率称为定额税率。
（　　）

5.我国的增值税实行的是一次课征制。　　　　　　　　　　　　　　　（　　）

6.税率是应纳税额占征税对象数额的比例，也是衡量税负轻重的重要标志。
（　　）

7.纳税期限是税收强制性和固定性在时间上的体现，因此各种税在其税法中都应规定纳税人的纳税期限。　　　　　　　　　　　　　　　　　　　　　　　（　　）

8.起征点是指达到或超过的就其全部数额征税，达不到的不征税；而免征额是指达到和超过的，可按扣除其该数额后的余额计税。　　　　　　　　　　　　（　　）

9.负税人就是纳税人。　　　　　　　　　　　　　　　　　　　　　　（　　）

10.通过直接减少应纳税额的方式实现的减免税形式叫税基式减免。　　　（　　）

二、单项选择题

1.税制的构成要素中区分不同税种的标志是（　　）。

A.纳税人　　　　　B.征税对象　　　　　C.税目　　　　　D.税率

2.（　　）是衡量税负轻重与否的重要标志，是税收制度的核心。

A.征税对象　　　　B.税目　　　　　　C.计税依据　　　　D.税率

3.下列关于纳税人的叙述不正确的是（　　）。

A.纳税人是由税法直接规定的

B.当存在税负转嫁时，纳税人和负税人就不一致

C.扣缴义务人是纳税人的一种特殊形式

D.纳税人可以是法人，也可以是自然人

4.税法上规定的纳税人是指直接（　　）的单位和个人。

A.负有纳税义务　　B.最终负担税款　　C.代收代缴税款　　D.承担纳税担保

5.（　　）是对同一征税对象，不论数额大小，均按相同比例征税的税率。

A.比例税率　　　　B.累进税率　　　　C.定额税率　　　　D.累退税率

6.定额税率的一个重要特点是（　　）。

A.按税目确定税额　　　　　　　　　B.与征税对象数量成正比

C.不受价格的影响　　　　　　　　　D.与课税数量成反比

7.假设税法规定起征点为200元，税率为10%，甲、乙纳税人取得的应税收入分别为200元和400元，则甲、乙纳税人应分别纳税（　　）。

A.0和20元　　　　B.0和40元　　　　C.20元和40元　　　D.以上说法都不对

8.下列各项中，不属于税收制度的构成要素的是（　　）。

A.税收负担率　　　B.法律责任　　　　C.纳税时间　　　　D.减税免税

9.法律、行政法规规定负有代扣代缴、代收代缴税款义务的单位和个人称为（　　）。

A.纳税人　　　　　　　　　　　　　B.代扣代缴税款纳税人

C.代收代缴税款纳税人　　　　　　　D.扣缴义务人

10.某纳税人某月取得收入250元，税率为10%，假定起征点和免征额均为240元，则按起征点和免征额办法计算，分别应纳税（　　　）。

　　A.25元和1元　　　　B.25元和24元　　　　C.24元和1元　　　　D.1元和0

三、多项选择题

1.税收职能是税收的一种长期固定的属性，我国社会主义税收的职能有（　　　）。

　　A.组织财政收入职能　　　　　　　　B.调控经济运行职能

　　C.促进经济发展职能　　　　　　　　D.监督管理经济职能

2.下列有关税收概念的说法中正确的有（　　　）。

　　A.征税的主体是国家

　　B.国家征税凭借的是其政治权力

　　C.税收分配的客体是所有社会产品

　　D.税收具有强制性、无偿性、固定性的特征

3.税收的基本特征包括（　　　）。

　　A.固定性　　　　　　B.强制性　　　　　　C.机动性　　　　　　D.无偿性

4.我国现行税制中采用的累进税率有（　　　）。

　　A.全额累进税率　　　　　　　　　　B.超率累进税率

　　C.超额累进税率　　　　　　　　　　D.超倍累进税率

5.税制构成要素包括（　　　）。

　　A.征税对象　　　B.税收成本　　　C.税率　　　　　　D.纳税人

6.法律、行政法规规定负有（　　　）税款义务的单位和个人为扣缴义务人。

　　A.直接征收　　　B.委托代征　　　C.代扣代缴　　　D.代收代缴

7.减免税减轻了纳税人的税收负担，是构成税收优惠的主要内容。其具体可分为（　　　）。

　　A.税基式减免　　　B.税率式减免　　　C.税额式减免　　　D.税收式减免

8.减免税包括的内容有（　　　）。

　　A.减税　　　　　　B.设置起征点　　　C.设置免征额　　　D.免税

9.我国目前采用定额税率的有（　　　）。

　　A.土地增值税　　　　　　　　　　　B.城镇土地使用税

　　C.城市维护建设税　　　　　　　　　D.车船税

10.纳税人、扣缴义务人必须依照法律、行政法规的规定（　　　）税款。

　　A.缴纳　　　　　B.代扣代缴　　　C.代收代缴　　　　D.征收

【知识点1-2】税收体系及分类

一、判断题

1.流转税是以增值额为征税对象的税种。　　　　　　　　　　　　　　（　　　）

2.复合税主要是以从量税为主加征从价税的方法。　　　　　　　　　　（　　　）

3.直接税是指纳税人本身承担税负，消费税是价内税，由纳税人缴纳，因此消费税是直接税。　　　　　　　　　　　　　　　　　　　　　　　　　　　（　　　）

4.所得税是指以所得额为征税对象征收的一类税，主要有企业所得税和个人所得税。　　　　　　　　　　　　　　　　　　　　　　　　　　　　　　　（　　　）

5.中央和地方共享税是指主要管理权限归中央，税收收入由中央政府和地方政府共同享有，按一定比例分成的税种。　　　　　　　　　　　　　　　　　　（　　　）

二、单项选择题

1.在我国现行税法中，以下各税种属于中央税的是（　　　）。

　　A.增值税　　　　　　B.消费税　　　　　　C.车船税　　　　　　D.个人所得税

2.在我国现行税法中，以下各税种属于地方税的是（　　　）。

　　A.增值税　　　　　　B.消费税　　　　　　C.车船税　　　　　　D.关税

3.下列各税种中，采用从量税的是（　　　）。

　　A.企业所得税　　　　B.车船税　　　　　　C.增值税　　　　　　D.消费税

4.下列各税种中，属于财产税的是（　　　）。

　　A.耕地占用税　　　　B.车船税　　　　　　C.土地增值税　　　　D.车辆购置税

5.下列各税种中，属于间接税的是（　　　）。

　　A.企业所得税　　　　B.车船税　　　　　　C.增值税　　　　　　D.房产税

6.行为税是以特定行为为征税对象征收的一种税。下列各税种中，属于行为税的是（　　　）。

　　A.消费税　　　　　　B.增值税　　　　　　C.印花税　　　　　　D.房产税

7.在我国现行税法中，采用多次课征制的税种是（　　　）。

　　A.增值税　　　　　　B.消费税　　　　　　C.房产税　　　　　　D.资源税

8.按（　　　）不同，税收可以分为从量税、从价税和复合税。

　　A.征税对象　　　　　　　　　　　　　B.税负能否转嫁

　　C.计税依据　　　　　　　　　　　　　D.税收管理与使用权限

三、多项选择题

1.按税收管理与使用权限划分，税收可分为（　　　）。

　　A.中央税　　　　　　B.省市税　　　　　　C.地方税　　　　　　D.中央和地方共享税

2.按征税对象分类，税收可分为（　　　）。

　　A.流转税　　　　　　B.所得税　　　　　　C.财产税　　　　　　D.复合税

3.下列各税种中，属于流转税的有（　　　）。

　　A.增值税　　　　　　B.房产税　　　　　　C.城镇土地使用税　　D.消费税

4.下列各税种中，属于中央税的有（　　　）。

　　A.资源税　　　　　　B.关税　　　　　　　C.增值税　　　　　　D.消费税

5.下列各税种中，采用从价税的有（　　　）。

　　A.个人所得税　　　　B.关税　　　　　　　C.增值税　　　　　　D.消费税

6.目前我国采用复合计税方法的有（　　　）。

　　A.卷烟　　　　　　　B.白酒　　　　　　　C.黄酒　　　　　　　D.茶叶

【技能点1-1】涉税登记

一、判断题

1.新设立企业和农民专业合作社领取由市场监督管理部门核发加载统一社会信用代码的营业执照后,无须再次进行税务登记,不再领取税务登记证。　　　　　(　　)

2.企业办理涉税事宜时,在完成补充信息采集后,凭加载统一社会信用代码的营业执照可代替税务登记证使用。　　　　　(　　)

3.已实行"五证合一、一照一码"登记模式的新设立企业和农民专业合作社办理注销登记,需向税务主管机关提出清税申报。　　　　　(　　)

4.增值税纳税人分为一般纳税人和小规模纳税人两类,一般纳税人资格实行登记制度。　　　　　(　　)

5.小规模纳税人会计核算健全,能够提供准确税务资料的,可以向主管税务机关申请一般纳税人登记。　　　　　(　　)

二、单项选择题

1."五证合一、一照一码"登记模式,在税务机关正式实施的时间为(　　)。

A.2015年10月1日　　　　　　　　B.2015年6月23日

C.2015年9月10日　　　　　　　　D.2018年10月1日

2.从事货物生产或者提供应税劳务的纳税人,以及以从事货物生产或者提供应税劳务为主,并兼营货物批发或者零售的纳税人,登记增值税一般纳税人时,其年应征增值税销售额应达到或超过(　　)万元。

A.50　　　　　　B.80　　　　　　C.500　　　　　　D.100

3.交通运输业、邮政业、电信业、建筑业、金融业、服务业和销售无形资产、不动产纳税人登记增值税一般纳税人时,其应税服务年销售额应在(　　)万元以上。

A.50　　　　　　B.80　　　　　　C.500　　　　　　D.100

三、多项选择题

1."五证合一、一照一码"登记制度的五证包括(　　)。

A.税务登记证　　　　　　　　　　B.营业执照

C.组织机构代码证　　　　　　　　D.社会保险登记证

2.增值税一般纳税人登记应具备的条件有(　　)。

A.会计核算健全,能够准确提供税务资料。

B.预计年应税销售额达到规定标准

C.具有固定生产经营场所

D.生产企业或商品流通企业

【技能点1-2】发票的领购、保管与缴销

一、判断题

1. 对于个体工商户确实不能设置账簿的，经税务机关批准，可以不设账簿。
（　　）

2. 依据《税收征管法》的规定，税务机关是发票主管机关，负责发票的印刷、领购、开具、取得、保管、缴销的管理和监督。
（　　）

3. 企业衔头发票就是企业根据自身业务特点设计票样、报税务机关批准、由税务机关指定企业印制、仅供该企业单独使用的一种发票。
（　　）

4. 合法拥有普通发票的单位或个人将未用完的发票提供给他人，仅收取领购时的费用，不获取盈利的，不属于违法行为。
（　　）

5. 发票如果发生开具错误，应将全联作废并保存，不得任意丢弃。
（　　）

6. 增值税一般纳税人在不能开具专用发票的情况下也可使用普通发票。
（　　）

7. 未发生经营业务一律不得开具发票。
（　　）

8. 对已开具的发票存根和发票登记簿要妥善保管，保存期为10年，保存期满需要经税务机关查验后销毁。
（　　）

9. 税务机关对纳税人在境外取得的与纳税有关的发票或凭证有疑义的，可要求其提供注册会计师的确认证明。
（　　）

10. 从事生产、经营的纳税人、扣缴义务人必须按照国务院财政、税务主管部门规定的保管期限保管账簿、记账凭证、完税凭证及其他有关资料。
（　　）

二、单项选择题

1. 从事生产经营的纳税人应自领取加载统一代码的营业执照之日起（　　）内，按照国务院财政、税务主管部门的规定设置账簿，根据合法有效凭证记账，进行核算。

　　A.10日　　　　　　B.15日　　　　　　C.30日　　　　　　D.60日

2. 根据《税收征管法》的规定，从事生产经营的纳税人应当自领取加载统一代码的营业执照之日起（　　）内，将其财务、会计制度或者财务、会计处理办法和会计核算软件报送税务机关备案。

　　A.5日　　　　　　B.10日　　　　　　C.15日　　　　　　D.30日

3. 法定的发票领购的对象为（　　）。

　　A.任何从事生产经营的单位

　　B.任何从事生产经营的个人

　　C.依法办理税务登记并领取了税务登记证的单位和个人

　　D.任何需要开具发票单位和个人

4. 单位和个人开具发票的时间是（　　）。

　　A.发生经营业务、确认营业收入时　　　　B.收到货款时

　　C.发出产品时　　　　　　　　　　　　　D.签订合同时

5.纳税人在（　　）的情况下可以不开具发票。

A.销售货物给企业生产经营还是自用分不清

B.销售货物给关联企业

C.向生产性企业提供修理劳务

D.销售货物给消费者个人且个人不索取发票

6.纳税人丢失空白发票后，正确的做法是（　　）。

A.在企业内部通告

B.因是空白发票，故不必处理

C.只需向税务机关报告

D.及时通知税务机关，并在公开发行的报刊上登载声明

7.发票的存放和保管应按税务机关的规定办理，不得丢失和擅自损毁。已经开具的发票存根联和发票登记簿，应当保存（　　）。

A.1年　　　　B.3年　　　　C.5年　　　　D.10年

8.《会计档案管理办法》规定，会计账簿、会计凭证应当保存（　　）。

A.3年　　　　B.5年　　　　C.10年　　　　D.30年

9.根据《发票管理办法》的规定，（　　）统一负责全国发票管理工作。

A.国务院　　　　　　　　　　B.财政部

C.国家税务总局　　　　　　　D.省、自治区、直辖市税务局

10.关于代扣代缴、代收代缴税款账簿，下列说法中正确的是（　　）。

A.扣缴义务人应自扣缴义务发生之日起10日内，按照所代扣、代收的税种，分别设置代扣代缴、代收代缴税款账簿

B.扣缴义务人应自扣缴义务发生之日起15日内设置代扣代缴、代收代缴税款账簿

C.扣缴义务人应自办理扣缴税款登记后10日内设置代扣代缴、代收代缴税款账簿

D.扣缴义务人应自办理注册登记后15日内设置代扣代缴、代收代缴税款账簿

三、多项选择题

1.纳税人日常领购增值税专用发票时，需提供的材料有（　　）。

A.发票领购簿　　　　　　　　B.IC卡

C.经办人身份证明　　　　　　D.上一次发票的使用清单

2.税务机关是发票的主管机关，负责发票的（　　）及取得、保管的管理和监督。

A.印制　　　　B.领购　　　　C.缴销　　　　D.开具

3.单位、个人在（　　）时，应当按照规定开具、使用、取得发票。

A.购销商品　　　　　　　　　B.提供经营服务

C.接受经营服务　　　　　　　D.从事其他经营活动

4.领购发票的方式主要有（　　）。

A.批量供应　　B.以旧换新　　C.交旧购新　　D.验旧购新

5.普通发票一般包括的三个联次有（　　）。

A.发票联　　　B.抵扣联　　　C.存根联　　　D.记账联

【知识点1-3】纳税申报的内容、方式和期限

一、判断题

1.纳税人在纳税申报期内若有收入，应按规定的期限办理纳税申报；若申报期内无收入或在减免税期间，可以不办理纳税申报。（　　）

2.纳税申报的对象包括纳税人、扣缴义务人和负税人。（　　）

3.依据税收征管法实施细则的规定，纳税人、扣缴义务人在申报期内如遇国庆、"五·一"等节假日，应提前进行纳税申报。（　　）

4.纳税人在税务机关批准的延期申报期限内，可不缴纳税款。（　　）

5.享受免税优惠的纳税人在免税期间可以不办理纳税申报，但免税期结束后必须办理纳税申报。（　　）

6.生产经营规模大，能按期依法纳税的纳税人，可以实行简易申报、简并征期等纳税申报方式。（　　）

7.纳税人因有特殊困难，不能按期缴纳税款的，经县级税务局批准，可以延期纳税3个月；延期纳税3个月以上者，需经市（地）级税务局批准。（　　）

8.纳税人未按规定纳税期限缴纳税款的，税务机关除责令限期缴纳外，从滞纳税款之日起，按日加收滞纳税款万分之五的滞纳金。（　　）

9.纳税申报采用简易申报方式的，纳税人必须按照税务机关核定的税款和纳税期3个月内申报纳税。（　　）

10.享受减税、免税优惠的纳税人，在减免税期间也必须进行纳税申报。（　　）

二、单项选择题

1.纳税人、扣缴义务人因不可以抗力，不能按期办理纳税申报或者报送代扣代缴、代收代缴税款报告表的，经税务机关核准，可以（　　）。

　　A.延期申报　　　　B.免除申报　　　　　C.办理零申报　　　　D.并入下期申报

2.根据《税收征管法》的规定，致使纳税人未按规定的期限缴纳或者解缴税款的，税务机关除责令限期缴纳外，应当从滞纳税款之日起，按日加收滞纳税款（　　）的滞纳金。

　　A.1‰　　　　　　B.2‰　　　　　　　C.0.3‰　　　　　　D.0.5‰

3.经税务机关批准延期缴纳的税款，在批准的延期内（　　）。

　　A.不加收滞纳金　　B.加收滞纳金　　　　C.减半收滞纳金　　　D.加倍征收滞纳金

4.下列说法中正确的是（　　）。

　　A.纳税人在纳税申报期限内无论有无应纳税额都应办理纳税申报

　　B.纳税人在纳税申报期限内无应纳税额可不办理纳税申报

　　C.纳税人在享受减税待遇期间可不办理纳税申报

　　D.纳税人在享受免税待遇期间可不办理纳税申报

5.关于纳税申报，下列说法中正确的是（　　）。

A.纳税人应当自行确定纳税申报的时间

B.纳税人、扣缴义务人可以自行决定采取邮寄、电文方式办理纳税申报或者报送代扣代缴、代收代缴税款报告表

C.电子申报是指采用税务机关确定的电话语音、电子数据交换和网络传输等电子方式进行申报

D.纳税人采取邮寄方式办理纳税申报的，以寄出地的邮戳为申报凭据

6.关于纳税申报期限和申报内容，下列说法中正确的是（　　）。

A.实行定期定额缴纳税款的纳税人，经税务机关批准，可以实行简易申报、简并征期的纳税申报方式

B.生产经营规模大、会计核算准确的纳税人可以实行简易申报、简并征期的纳税申报方式

C.无固定经营场所的纳税人，可以不进行纳税申报

D.无固定经营场所的纳税人，必须采取邮寄方式办理纳税申报

7.经主管税务机关批准，生产经营规模较大、财务制度健全、会计核算准确、一贯依法纳税的企业，可依照税法的规定采取除（　　）之外的方法进行申报缴纳税款，按规定向主管税务机关办理纳税申报并报送纳税资料和财务会计报表。

A.自行计算应纳税款

B.自行填写、审核纳税申报表

C.自行确定税款缴纳期限

D.自行填写税收缴款书，到开户银行解缴应纳税款

8.应当按规定办理纳税申报的不包括（　　）。

A.已办理涉税事务登记的负有纳税义务的单位和个人

B.未办理涉税事务登记的负有纳税义务的单位和个人

C.负有代扣代缴税款义务的扣缴义务人

D.所有税款的实际负担人

9.纳税人延期办理纳税申报应具备的条件不包括（　　）。

A.因不可抗力等原因不能按期办理纳税申报

B.经主管税务机关核准

C.经省以上税务局批准

D.在规定的纳税期内预缴税款

10.纳税期限是依法确定的纳税人（　　）的期限。

A.办理纳税登记　　　　　　　　　B.办理税款预缴

C.据以计算应纳税额　　　　　　　D.解缴税款

三、多项选择题

1.纳税申报方式主要包括（　　）。

A.直接申报　　　　B.邮寄申报　　　　C.电子申报　　　　D.简易申报

2.纳税人办理纳税申报时，应当如实填写纳税申报表，并应根据不同的情况报送下列（　　）等有关证件、资料。

A.财务会计报表及其说明材料

B.与纳税有关的合同、协议书及凭证

C.税控装置的电子报税资料

D.外出经营活动税收管理证明和异地完税凭证

3.在纳税期限内纳税人必须向主管税务机关办理纳税申报的情况有（　　）。

A.有应税收入　　　　　　　　　　B.有应税所得

C.生产经营期间无应税收入　　　　D.享受减免税期间

4.经核准延期申报的纳税人，应当在纳税期内预缴税款，并在核准的延期内办理税款结算。预缴税款的数额包括（　　）。

A.下期应当缴纳的税额　　　　　　B.本期估算的税额

C.上期实际缴纳的税额　　　　　　D.税务机关核定的税额

5.简易申报的方式包括（　　）。

A.以缴纳税款凭证代替申报　　　　B.税务工作人员上门接受申报

C.简并征期　　　　　　　　　　　D.免予申报

【知识点1-4】税款征收方式及缴纳

一、判断题

1.税务机关对可不设或应设未设账簿的或虽设账簿但难以查账的纳税人，可以采取查定征收方式。　　　　　　　　　　　　　　　　　　　　　　　　　　（　　）

2.纳税人因有特殊困难不能按期缴纳税款的，经县以上税务局批准，可以延期缴纳税款。　　　　　　　　　　　　　　　　　　　　　　　　　　　　　　　（　　）

3.纳税人自结算缴纳税款之日起3年内发现多缴税款的，可以向税务机关要求退还多缴的税款。　　　　　　　　　　　　　　　　　　　　　　　　　　　　　（　　）

4.加收滞纳金的起止时间为纳税人、扣缴义务人发生税款滞纳之日起至纳税人、扣缴义务人实际缴纳或者解缴税款之日止。　　　　　　　　　　　　　　　　（　　）

5.税务机关发现纳税人多缴税款的，应当自发现之日起30日内办理退还手续；纳税人发现多缴税款，要求退还的，税务机关应自接到纳税人退还申请之日起30日内查实并办理退还手续。　　　　　　　　　　　　　　　　　　　　　　　　　（　　）

6.某企业财务人员于2007年6月采取虚假纳税申报的方式少缴增值税10万元。2016年5月，税务机关发现了此问题，因超过了追征期，所以不得追缴这笔税款。（　　）

7.只要税务机关有根据认为纳税人有明显的转移、隐匿其应纳税的商品、货物以及其他财产或应纳税收入等行为或迹象的，就可以对纳税人采取税收保全措施。

（　　）

8.因纳税人、扣缴义务人计算错误等失误，未缴或者少缴税款的，税务机关在3年内可以追征；有特殊情况（即数额在10万元以上）的，税务机关可以无限期追征。

（　　）

9.税务机关可依法到纳税人的生产、生活、经营场所和货物存放地检查纳税人应纳税的商品、货物或者其他财产。　　　　　　　　　　　　　　　　　　（　　）

10.纳税人、扣缴义务人逃避、拒绝或以其他方式阻挠税务机关检查的，由税务机关责令改正，可处1万元以下的罚款；情节严重的，处1万元以上5万元以下的罚款。

（　　）

二、单项选择题

1.对账簿、凭证、会计等核算制度比较健全的纳税人应采取的税款征收方式为（　　）。

　　A.查账征收　　　　B.查定征收　　　　C.查验征收　　　　D.邮寄申报

2.因税务机关的责任，致使纳税人、扣缴义务人未缴或少缴税款的，税务机关在（　　）内可以要求纳税人、扣缴义务人补缴税款，但是不得加收滞纳金。

　　A.1年　　　　　　B.2年　　　　　　C.3年　　　　　　　D.5年

3.某企业2018年3月份（税款所属期）的应纳税额为8万元，按规定应在4月15日前缴纳，但由于种种原因直到5月15日才缴纳，则该纳税人实际应缴纳税款和滞纳金共计（　　）元。

　　A.80 000　　　　　B.84 800　　　　　C.81 200　　　　　D.83 600

4.纳税人因有特殊困难，不能按期缴纳税款的，经省、自治区、直辖市税务局批准，可以延期缴纳税款，但最长不超过（　　）。

　　A.6个月　　　　　B.3个月　　　　　C.12个月　　　　　D.1个月

5.2018年6月，某公司因财务人员调动进行账目清理时发现有两笔收入用错了税率，多缴了税款，一笔系2011年1月的，另一笔系2017年5月的，该公司马上向税务机关提出退税。根据《税收征管法》的规定，（　　）退税。

　　A.2011年和2017年的多缴税款均可以

　　B.2017年的多缴税款可以退税，2011年的不可以

　　C.2011年的多缴税款可以退税，2017年的不可以

　　D.2011年和2017年的多缴税款均不可以

6.纳税人因有特殊困难不能按期缴纳税款的，经（　　）批准，可以延期缴纳税款。

　　A.税务所　　　　　　　　　　B.国家税务总局

　　C.县以上税务局（分局）　　　D.省级税务局

7.纳税人自（　　）之日起3年内发现多缴税款的，可以向税务机关要求退还多缴的税款。

　　A.结算缴纳税款　　B.会计记账　　　C.办理纳税申报　　D.计算应纳税额

8.下列情形中，构成偷税罪的是（　　）。

　　A.偷税数额占应纳税额的10%以上的

　　B.偷税数额超过1万元的

　　C.偷税数额占应纳税额10%以上或偷税数额超过1万元的

　　D.偷税数额占应纳税额10%以上且偷税数额超过1万元的

9.出租车司机张某打电话给税务所长：如不答应减免应缴未缴的3万元税款，就伺机将其撞死。张某的这种行为属于（　　）。

　　A.骗税行为　　　　　B.抗税行为　　　　　C.偷税行为　　　　　D.逃税行为

10.对偷税、抗税、骗税的，税务机关的税款追征期是（　　）。

　　A.3年　　　　　　　B.5年　　　　　　　C.10年　　　　　　　D.无限期

三、多项选择题

1.目前，我国税款征收的方式主要有（　　）。

　　A.查账征收　　　B.查定征收　　　　C.查验征收　　　　D.定期定额征收

2.税务检查权是税务机关在检查活动中依法享有的权利，《税收征管法》规定的税务机关的权利有（　　）。

　　A.检查纳税人的账簿、记账凭证、报表和有关资料

　　B.责成纳税人提供与纳税有关的文件、评审材料和有关资料

　　C.到纳税人的生产经营场所和货物存放地检查纳税人应纳税的商品、货物或者其他财产

　　D.对纳税人的住宅及其他生活场所进行检查

3.《税收征管法》规定，税务机关可以采取的强制执行措施主要有（　　）。

　　A.书面通知纳税人开户银行冻结支付纳税人的金额相当于应纳税款的存款

　　B.书面通知纳税人开户银行从其存款中扣缴税款

　　C.扣押、查封纳税人的价值相当于应纳税款的商品、货物或者其他财产

　　D.扣押、查封、拍卖其价值相当于应纳税款的商品、货物或者其他财产，以拍卖所得抵缴税款

4.下列行为中，由税务机关责令限期改正，处2 000元以下的罚款；情节严重的，处2 000元以上10 000元以下罚款的有（　　）。

　　A.未按规定将其全部银行账号向税务机关报告

　　B.未按规定设置、保管账簿

　　C.未按规定的期限办理纳税申报

　　D.未按规定安装、使用税控装置

5.对纳税人的（　　）行为，税务机关可以无限期追征其税款、滞纳金。

　　A.偷税　　　　　　B.抗税　　　　　C.骗税　　　　　D.误算

项目二
增值税的业务操作

第一部分　重点难点提示

【知识点2-1】增值税的纳税人和征税范围

一、增值税纳税人的确定

增值税是对在我国境内销售货物，提供加工、修理修配劳务和销售服务、无形资产、不动产，以及进口货物的单位和个人，以其取得的增值额为征税对象征收的一种税。

增值税纳税人按其经营规模大小及会计核算健全与否，划分为小规模纳税人和一般纳税人，两类纳税人具体划分规定见表2-1。

表2-1　　　　　　　　　　两类纳税人具体划分规定

纳税人	会计核算	年应征增值税销售额
小规模纳税人	不要求健全	500万元及以下
一般纳税人	要求健全	500万元以上

另外规定：

①年应税销售额超过小规模纳税人标准的个人一律视同小规模纳税人，不经常发生应税行为的单位和个体工商户可选择按小规模纳税人纳税。

②年应税销售额未超过小规模纳税人标准以及新开业的纳税人，如果会计核算健全，能够提供准确税务资料的，可以向主管税务机关办理一般纳税人资格登记，成为一般纳税人。

③下列纳税人不办理一般纳税人资格认定：个体工商户以外的其他个人；选择按照小规模纳税人纳税的非企业性单位；选择按照小规模纳税人纳税的不经常发生应税行为的企业。

④纳税人兼有销售货物、加工修理修配劳务、服务、无形资产或者不动产的，应当分别核算适用不同税率或者征收率的销售额，未分别核算销售额的，从高适用税率或者征收率。

二、增值税的征税范围

我国现行增值税的征税范围包括在我国境内的销售货物、提供应税劳务和销售服务、无形资产、不动产及进口货物。具体征税范围见表2-2。

表2-2　　　　　　　　　　增值税具体征税范围

征税范围	内　　容
一般规定	销售货物：货物必须是有形动产，包括电力、热力、气体
	提供加工、修理修配劳务：加工是指受托加工货物并收取加工费的业务；修理修配是指受托对损伤和丧失功能的货物进行修复，使其恢复原状和功能的业务
	应税服务：是指提供交通运输服务、邮政服务、电信服务、建筑服务、金融服务、现代服务、生活服务
	销售无形资产：指转让无形资产所有权或者使用权的业务活动
	销售不动产：转让不动产所有权的业务活动
	进口货物：报关进口的应税货物（享受免税政策的货物除外）

续表

征税范围		内　容
特殊规定	特殊项目	货物期货（包括商品期货和贵金属期货），在期货的实物交割环节纳税
		银行销售金银的业务，应当征收增值税
		典当业的死当物品销售业务和寄售业代委托人销售寄售物品的业务
		集邮商品（如邮票、首日封、邮折等）的生产，以及销售的邮品
	特殊行为	视同销售行为：单位或者个体工商户的下列行为，视同销售货物，征收增值税： ①将货物交付其他单位或者个人代销； ②销售代销货物； ③设有两个以上机构并实行统一核算的纳税人，将货物从一个机构移送至其他机构用于销售，但相关机构设在同一县（市）的除外； ④将自产、委托加工的货物用于免税项目、简易计税项目； ⑤将自产、委托加工的货物用于集体福利或者个人消费； ⑥将自产、委托加工或者购进的货物作为投资，提供给其他单位或者个体工商户； ⑦将自产、委托加工或者购进的货物分配给股东或者投资者； ⑧将自产、委托加工或者购进的货物无偿赠送其他单位或者个人； ⑨向其他单位或者个人无偿提供服务、转让无形资产或者不动产，但用于公益事业或者以社会公众为对象的除外
		混合销售行为：一项销售行为如果既涉及货物又涉及服务，为混合销售。从事货物的生产、批发或者零售的单位和个体工商户的混合销售行为，按照销售货物缴纳增值税；其他单位和个体工商户的混合销售行为，按照销售服务缴纳增值税
		兼营行为：纳税人销售货物、加工修理修配劳务、服务、无形资产或者不动产，适用不同税率或者征收率的，应当分别核算适用不同税率或者征收率的销售额，未分别核算销售额的，从高适用税率或者征收率

【知识点2-2】增值税税率、征收率及优惠政策

一、增值税税率和征收率
增值税税率和征收率具体见表2-3。

表2-3 增值税税率和征收率表

纳税人	税率和征收率	适用范围
一般纳税人	基本税率13%	除适用低税率外的大部分货物；提供应税劳务；提供有形动产租赁服务
	低税率9%	从2019年4月1日起，低税率为9%：农产品（含粮食）、自来水、暖气、石油液化气、天然气、食用植物油、冷气、热水、煤气、居民用煤炭制品、食用盐、农机、饲料、农药、农膜、化肥、沼气、二甲醚、图书、报纸、杂志、音像制品、电子出版物
		交通运输业服务、邮政业服务、基础电信服务、建筑服务、不动产租赁服务、销售不动产、转让土地使用权
	低税率6%	除了适用13%和9%税率之外的其他服务业、无形资产应税行为
	零税率	出口货物或应税服务（另有规定除外）；注意：零税率不等于免税
	征收率5%	下列特定行为可选择5%的简易计税方法：①销售其2016年4月30日前取得或者自建的不动产；②房地产开发企业销售自行开发的房地产老项目；③出租其2016年4月30日前取得的不动产
	征收率3%（销售自产货物）	①县级及县级以下小型水力发电单位生产的电力；②建筑用和生产建筑材料所用的砂、土、石料或其他矿物连续生产的砖、瓦、石灰；③用微生物、微生物代谢产物、动物毒素、人或动物的血液或组织制成的生物制品；④自来水公司销售的自来水；⑤商品混凝土
	征收率3%	①寄售商店代销寄售物品；②典当业销售死当物品；③经国务院或其授权机关批准认定的免税商店零售免税货物；④特定的应税服务行为
	征收率3%减按2%	①销售旧货；②销售自己使用过的2009年1月1日或纳入营改增试点之日以前购入的固定资产
小规模纳税人	基本征收率3%	销售货物、加工修理修配劳务、服务、无形资产
	征收率2%	销售自己使用过的固定资产
	征收率3%减按2%	销售旧货
	征收率5%	①销售不动产（不含个体工商户销售购买的住房和其他个人销售不动产）；②房地产开发企业中的小规模纳税人，销售自行开发的房地产项目；③出租不动产（不含个人出租住房）

注意：一般纳税人购进农业生产者销售的免税农业产品和向小规模纳税人购买农业产品，按买价和9%的抵扣率计算进项税额（纳税人购进用于生产销售或委托加工13%税率货物的农产品，按照10%的扣除率计算进项税额）。

二、增值税的优惠政策

增值税的优惠政策具体见表2-4。

表2-4 增值税的优惠政策

类 别	具 体 内 容
条例规定的免税项目	①农业生产者销售的自产农业产品；②避孕药品和用具；③古旧图书；④直接用于科学研究、科学试验和教学的进口仪器、设备；⑤外国政府、国际组织无偿援助的进口物资和设备；⑥由残疾人组织直接进口供残疾人专用的物品；⑦个人销售自己使用过的物品
规章规定的免税项目	①对资源综合利用方面的优惠政策；②对再生资源利用实行即征即退方面的优惠政策；③对自行开发生产软件产品的优惠政策；④对农民专业合作社的优惠政策；⑤利用生物柴油实行先征后退的优惠政策；⑥营业税改征增值税试点过渡优惠政策（免征项目、不征收增值税项目、增值税即征即退政策、扣减增值税政策、其他减免规定）
起征点	销售货物的，为月销售额5 000～20 000元
	销售应税劳务的，为月销售额5 000～20 000元
	按次纳税的，为每次（日）销售额300～500元

注意：

①纳税人兼营减免税项目的，必须分别核算，否则不得享受减免税优惠。

②起征点的规定仅适用于个人。

③增值税小规模纳税人中月销售额未达到2万元的企业或非企业性单位，免征增值税。2021年12月31日前，对月销售额10万元以下（含本数）的增值税小规模纳税人，免征增值税。

【技能点2-1】增值税专用发票的使用

一、增值税专用发票的领购和开具范围

（1）领购范围

一般纳税人可以凭发票领购簿、IC卡和经办人身份证明领购增值税专用发票。一般纳税人有下列情形之一的，不得领购开具专用发票：①会计核算不健全，不能向税务机关准确提供增值税销项税额、进项税额、应纳税额数据及其他有关增值税税务资料的。②有《税收征管法》规定的税收违法行为，拒不接受税务机关处理的。③有下列行为之一，经税务机关责令限期改正而仍未改正的：虚开增值税专用发票；私自印制专用发票；向税务机关以外的单位和个人买取专用发票；借用他人专用发票；未按规定开具专用发票；未按规定保管专用发票和专用设备；未按规定申请办理防伪税控系统变更发行；未按规定接受税务机关检查。

（2）开具范围

一般纳税人有下列情形之一的，不得开具增值税专用发票：①向消费者个人销售货物、加工修理修配劳务、服务、无形资产或者不动产的；②适用免征增值税规定的应税行为。

增值税小规模纳税人发生应税行为，购买方索取增值税专用发票的，自2019年8月13日起，可以自愿使用增值税发票管理系统自行开具。

二、增值税专用发票的基本内容和开具要求

增值税专用发票由基本联次或者基本联次附加其他联次构成。基本联次为三联，依次为记账联、抵扣联和发票联。增值税专用发票开具要求：①项目齐全，与实际交易相符；②字迹清楚，不得压线、错格；③发票联和抵扣联加盖财务专用章或者发票专用章；④按照增值税纳税义务发生时间开具。不符合上列要求的专用发票，购买方有权拒收。

三、增值税专用发票进项税额的抵扣

除国家税务总局另有规定的除外，自2020年3月1日起，取消增值税扣税凭证的认证确认、稽查比对、申报抵扣的期限，一般纳税人对取得的增值税专用发票可以不再进行认证，通过增值税发票税控开票软件登录本省增值税发票查询平台，查询、选择用于申报抵扣、出口退税或者代办退税的增值税发票信息。

四、丢失已开具增值税专用发票的处理

纳税人同时丢失已开具增值税专用发票或机动车销售统一发票的发票联和抵扣联，可凭加盖销售方发票专用章的相应发票记账联复印件，作为增值税进项税额的抵扣凭证、退税凭证或记账凭证。

纳税人丢失已开具增值税专用发票或机动车销售统一发票的抵扣联，可凭相应发票的发票联复印件，作为增值税进项税额的抵扣凭证或退税凭证。

纳税人丢失已开具增值税专用发票或机动车销售统一发票的发票联，可凭相应发票的抵扣联复印件，作为记账凭证。

【技能点2-2】一般纳税人应纳税额的计算

一、一般纳税人应纳税额的计算

计算方法及公式：在实际工作中，采用进项抵扣法；当期应纳税额＝当期销项税额－当期进项税额。

（1）销项税额的计算

$$销项税额 = 不含税销售额 × 税率$$

不含税销售额的计算与销售方式及行为密切相关，具体见表2-5。

（2）进项税额的计算

一般纳税人购进货物、加工修理修配劳务、服务、无形资产或者不动产所支付的进项税额，符合税法规定的，准予从销项税额中抵扣。准予抵扣进项税额的具体规定见表2-6。

表2-5　　　　　　　　　　　　　　　　计税销售额的确定

分类	具体的销售方式	税法规定的销售额
一般销售方式	①销售货物；②提供加工、修理修配劳务；③销售服务、无形资产或者不动产	①购买方或接受方收取的全部价款和价外费用（注意价外费用的确认）；②销售额含税，则：计税销售额＝含税销售额÷（1＋税率或征收率）；③凡是价外费用、逾期包装物押金，应视为含税收入，在计税时换算成不含税收入再并入销售额
特殊销售方式	折扣方式	①销售额或价款和折扣额在同一张发票上分别注明的：按折扣后的销售额或价款计算增值税；②将折扣额另开发票：不论财务上如何处理，均不得从销售额或价款中减除折扣额
	以旧换新	按新货物的同期销售价格确定销售额，不得扣减旧货物的收购价格；但对金银首饰以旧换新业务，可按销售方实际收取的不含税的全部价款征收增值税
	还本销售	以货物的销售价格作为销售额，不得从销售额中减除还本支出
	以物易物	双方都应作正常的购销处理，以各自发出的货物核算销售额并计算销项税额和进项税额
	包装物押金	①除税法另有规定外，包装物押金单独记账核算的，且时间在1年以内，又未过期的，不并入销售额征税；②包装物押金超过1年或者已经逾期的，无论是否退还均并入销售额征税；③对销售除啤酒、黄酒外的其他酒类产品而收取的包装物押金，无论是否返还以及会计上如何核算，均应并入当期销售额征税【提示】包装物租金在销货时，应作为价外费用并入销售额计算销售税额
其他销售情形	视同销售	按下列顺序确定其销售额：①按纳税人最近时期同类货物、劳务、服务、无形资产或者不动产的平均价格确定；②按其他纳税人最近时期同类货物、劳务、服务、无形资产或者不动产的平均价格确定；③按组成计税价格确定：组成计税价格＝成本×（1＋成本利润率）
	销售额明显偏低且无正当理由	

表2-6　　　　　　　　　　　　　准予从销项税额中抵扣的进项税额

扣抵方法	具体内容
以票抵扣	①从销售方取得的增值税专用发票上注明的增值税税额。②从海关取得的海关进口增值税专用缴款书上注明的增值税税额。③从境外单位或者个人购进服务、无形资产或者不动产，自税务机关或者扣缴义务人取得的解缴税款的完税凭证上注明的增值税税额。④旅客运输服务的抵扣。自2019年4月1日起，纳税人购进国内旅客运输服务，其进项税额允许从销项税额中抵扣
计算抵扣　外购免税农产品	计算公式：进项税额＝买价×9%"买价"为收购发票上的货价，即为纳税人购进农产品在农产品收购发票或者销售发票上注明的价款和按规定缴纳的烟叶税
加计抵减	自2019年4月1日至2021年12月31日，允许生产、生活性服务业纳税人按照当期可抵扣进项税额加计10%（自2019年10月1日至2021年12月31日，生活性服务业加计15%），抵减应纳税额。生产、生活性服务业纳税人，是指提供邮政服务、电信服务、现代服务、生活服务取得的销售额占全部销售额的比重超过50%的纳税人

纳税人购进货物或者应税劳务，取得的扣税凭证不符合法律、行政法规或者国务院

税务主管部门有关规定的，其进项税额不得从销项税额中抵扣。具体内容见表2-7。

表2-7   不得从销项税额中抵扣的进项税额

进项税额不得抵扣项目	法律解析	不得抵扣进项税额的税务处理
用于简易计税项目、免税项目、集体福利或者个人消费的购进货物、加工修理修配劳务、服务、无形资产和不动产		事项发生时即知不得抵扣的增值税，计入货物成本；已抵扣进项税额的货物改变用途而形成的不得抵扣事项，应在改变用途当期作进项税额转出处理，方法如下： ①按原抵扣的进项税额转出。 ②按当期实际成本计算转出。 ③按公式计算转出： 不得抵扣的进项税额 = 当期无法划分的全部进项税额 ×（当期简易计税方法计税项目销售额 + 免征增值税项目销售额）÷ 当期全部销售额 ④已抵扣进项税额的固定资产、无形资产或者不动产，发生不得抵扣进项税额的情形时，按下列公式计算转出： 不得抵扣的进项税额 = 固定资产、无形资产或者不动产净值 × 适用税率
非正常损失的购进货物及相关的加工修理修配劳务和交通运输业服务	非正常损失是指因管理不善造成被盗、丢失、霉烂变质，以及因违反法律法规造成货物或者不动产被依法没收、销毁、拆除的情形，不包括自然灾害损失	
非正常损失的在产品、产成品所耗用的购进货物、加工修理修配劳务或者交通运输业服务		
非正常损失的不动产，以及该不动产所耗用的购进货物、设计服务和建筑服务		
非正常损失的不动产在建工程所耗用的购进货物、设计服务和建筑服务		
购进的贷款服务、餐饮服务、居民日常服务和娱乐服务		
纳税人接受贷款服务向贷款方支付的与该笔贷款直接相关的投融资顾问费、手续费、咨询费等费用		
上述各项规定的货物的运输费用和销售免税货物的运输费用	增值税专用发票的开具应伴随货物进行	

【技能点2-3】小规模纳税人及进口货物应纳税额的计算

一、小规模纳税人应纳税额的计算

小规模纳税人销售货物、劳务或者应税服务，实行按照销售额和征收率计算应纳税额的简易办法，并不得抵扣进项税额。其应纳税额的计算公式为：

$$应纳税额 = 销售额 × 征收率$$

小规模纳税人因销售货物退回或者折让退还给购买方的销售额，应从发生销售货物退回或者折让当期的销售额中扣减。

二、进口货物应纳税额的计算

纳税人进口货物，按照组成计税价格和规定的税率计算应纳税额，不得扣除任何税额。组成计税价格和应纳税额的计算公式为：

$$组成计税价格 = 关税完税价格 + 关税 + 消费税$$
$$= （关税完税价格 + 关税）÷（1 - 消费税税率）$$
$$应纳税额 = 组成计税价格 × 税率$$

进口货物的增值税由海关代征，并由海关向进口人开具海关进口增值税专用缴款书。纳税人取得的海关进口增值税专用缴款书是计算增值税进项税额的唯一依据。

【技能点2-4】增值税的会计核算

一、会计科目的设置

会计上核算增值税时应设置的会计科目见表2-8。

表2-8　　增值税会计科目的设置

类别	一般纳税人科目设置	小规模纳税人科目设置
一级科目	应交税费	应交税费
二级科目	应交增值税、未交增值税、预交增值税、待抵扣进项税额、待认证进项税额、待转销项税额、增值税留抵税额、简易计税、转让金融商品应交增值税、代扣代交增值税等	应交增值税等
三级科目（专栏）	借方：进项税额、已交税金、出口抵减内销产品应纳税额、转出未交增值税、减免税款、销项税额抵减等	无
	贷方：销项税额、出口退税、进项税额转出、转出多交增值税等	
账页格式	以多栏式为主，也可采用三栏式	三栏式

二、一般纳税人增值税的会计核算

一般纳税人增值税的账务处理方法见表2-9。

表2-9　　一般纳税人增值税的账务处理方法

销项税额、进项税额类型	账务处理
纳税人销售货物、劳务、服务	借：银行存款　贷：主营业务收入　　应交税费——应交增值税（销项税额）
纳税人转让2016年4月30日前取得的不动产，选择简易计税方法	借：银行存款　贷：固定资产清理　　应交税费——应交增值税（简易计税）
纳税人将自产、委托加工的货物用于集体福利	借：应付职工薪酬　贷：库存商品　　应交税费——应交增值税（销项税额）
纳税人2016年5月1日后取得并在会计制度上按固定资产核算的不动产或者2016年5月1日后取得的不动产在建工程	借：固定资产　　应交税费——应交增值税（进项税额）　贷：银行存款等
已抵扣进项税额的购进货物或者应税劳务改变用途，用于免税项目、简易计税项目、集体福利或个人消费	借：应付职工薪酬等　贷：库存商品等　　应交税费——应交增值税（进项税额转出）

【知识点2-3】增值税征收管理规定

一、纳税义务发生时间

销售货物、劳务或者应税服务，纳税义务发生时间为收讫销售款或者取得索取销售款凭据的当天；先开具发票的，为开具发票的当天。具体见表2-10。

表2-10   增值税纳税义务发生时间

具体情形	纳税义务发生时间	备注
采取直接收款方式销售货物	为收讫销售款或者取得索取销售款凭据的当天	不论货物是否发出
采取托收承付和委托银行收款方式销售货物	为发出货物并办妥托收手续的当天	
采取赊销和分期收款方式销售货物	为书面合同约定的收款日期的当天	无书面合同的或者书面合同没有约定收款日期的，为货物发出的当天
采取预收货款方式销售货物	为货物发出的当天	但生产销售生产工期超过12个月的大型机械设备、船舶、飞机等货物，为收到预收款或者书面合同约定的收款日期的当天
委托其他纳税人代销货物	为收到代销单位的代销清单或者收到全部或者部分货款的当天	未收到代销清单及货款的，为发出代销货物满180天的当天
提供应税劳务、销售应税服务	为提供应税劳务、应税服务并收讫销售款或者取得索取销售款凭据的当天	先开具发票的，为开具发票的当天
转让金融商品	为金融商品所有权转移的当天	
纳税人发生视同销售行为	为货物移送、服务及无形资产转让完成的当天或者不动产权属变更的当天	委托他人代销、销售代销货物的除外
进口货物	为报关进口的当天	
采取预收款方式提供建筑服务、租赁服务	为收到预收款的当天	

二、纳税期限

增值税的纳税期限分别为1日、3日、5日、10日、15日、1个月或者1个季度。以1个季度为纳税期限的规定仅适用于小规模纳税人、银行、财务公司、信托投资公司、信用社以及财政部和国家税务总局规定的其他纳税人。

纳税人以1个月或者1个季度为1个纳税期的，自期满之日起15日内申报纳税；以1日、3日、5日、10日或者15日为1个纳税期的，自期满之日起5日内预缴税款，于次月1日起15日内申报纳税并结清上月应纳税款。

扣缴义务人解缴税款的期限，依照上述规定执行。

纳税人进口货物，应当自海关填发海关进口增值税专用缴纳书之日起15日内缴纳税款。

三、纳税地点

一般情况下，增值税实行"就地纳税"原则。具体规定如下：

（1）固定业户：机构所在地。

（2）非固定业户：应税行为发生地。

（3）其他个人提供建筑服务，销售或者租赁不动产，转让自然资源使用权：建筑服务发生地、不动产所在地、自然资源所在地。

（4）进口货物：报关地海关。

（5）扣缴义务人：机构所在地或者居住地。

【技能点2-5】增值税纳税申报实务操作

一、提供纳税申报资料

一般纳税人纳税申报时，应提供增值税纳税申报表（增值税一般纳税人适用）及其4个附表、增值税减免税申报明细表及其他税务机关要求报送的资料。

小规模纳税人纳税申报时，应提供增值税纳税申报表（小规模纳税人适用）、普通发票领用存月报表、企业财务会计报表及其他税务机关要求报送的资料。

二、纳税申报程序

一般纳税人办理纳税申报，需要经过专用发票办理申报、税款缴纳等工作。

【知识点2-4】增值税出口退税的管理规定

按照现行规定，增值税出口货物退（免）税的方式主要有出口免税并退税、出口免税不退税和出口不免税也不退税三种方式。

出口货物的退税率，是出口货物的实际退税额与退税计税依据的比例。现行出口货物的增值税退税率在5%～13%之间。出口应税服务和无形资产的退税率为13%、9%、6%三档。

【技能点2-6】增值税出口退（免）税额的计算

出口货物等只有在适用既免税又退税的政策时，才会涉及如何计算退税的问题。具体有两种方法：一是"免、抵、退"办法，主要适用于自营和委托出口自产货物的生产企业和提供适用零税率的应税服务和无形资产企业；二是"先征后退"办法，目前主要用于收购货物出口的外（工）贸企业。

货物出口"免、抵、退"办法具体见表2-11。

表2-11　　　　　　　　　　　货物出口"免、抵、退"办法

步骤	计算公式及说明
第一步：免	出口货物不计销项税额
第二步：剔	当期免抵退税不得免征和抵扣税额 = 当期出口货物离岸价 × 外汇人民币牌价 ×（当期出口货物征税率 − 出口货物退税率）− 当期免抵退税不得免征和抵扣税额抵减额 其中：当期免抵退税不得免征和抵扣税额抵减额 = 当期免税购进原材料价格 ×（出口货物征税率 − 出口货物退税率）
第三步：抵	当期应纳税额 = 当期内销货物的销项税额 −（当期进项税额 − 当期免抵退不得免征和抵扣税额）− 上期期末留抵税额 说明：若计算结果为正数，说明企业应缴纳增值税，不涉及退税（但涉及免、抵税）；若计算结果为负数，则进入下一步对比大小计算应退税额
第四步：退	①计算当期免抵退税额 当期免抵退税额 = 出口货物离岸价 × 外汇人民币牌价 × 出口货物退税率 − 免抵退税额抵减额 其中：免抵退税额抵减额 = 免税购进原材料价格 × 出口货物退税率 ②计算当期应退税额和免抵税额 A.如当期期末留抵税额 ≤ 当期免抵退税额，则： 当期应退税额 = 当期期末留抵税额 当期免抵税额 = 当期免抵退税额 − 当期应退税额 B.如当期期末留抵税额 > 当期免抵退税额，则： 当期应退税额 = 当期免抵退税额 当期免抵税额 = 0 当期期末留抵税额根据当期增值税纳税申报表中的"期末留抵税额"确定

应税服务、无形资产出口"免、抵、退"办法计算步骤如下：

（1）计算零税率应税服务（含无形资产，下同）当期免抵退税额

$$当期零税率应税服务免抵退税额 = 当期零税率应税服务免抵退税计税价格 × 外汇人民币牌价 × 零税率应税服务退税率$$

零税率应税服务免抵退税计税价格为提供零税率应税服务取得的全部价款。

（2）计算当期应退税额和当期免抵税额

①当期期末留抵税额 ≤ 当期免抵退税额时：

$$当期应退税额 = 当期期末留抵税额$$
$$当期免抵税额 = 当期免抵退税额 − 当期应退税额$$

②当期期末留抵税额 > 当期免抵退税额时：

$$当期应退税额 = 当期免抵退税额$$
$$当期免抵税额 = 0$$

"当期期末留抵税额"为当期增值税纳税申报表中的"期末留抵税额"。

零税率应税服务提供者如同时有货物出口的，可结合现行出口货物免抵退税公式一并计算免抵退税额。

货物出口"先征后退"办法具体见表2-12。

表2-12　　　　　　　　　　货物出口"先征后退"办法

出口货物来源	计算公式及说明
从一般纳税人购进货物直接出口	应退税额＝外贸收购不含增值税购进金额×退税率 或　　　＝出口货物数量×加权平均单价×退税率
从小规模纳税人购进货物出口	从小规模纳税人购进由税务机关代开增值税专用发票的出口货物： 应退税额＝增值税专用发票上注明的销售额×退税率

【技能点2-7】出口货物退（免）增值税的会计核算

一、"免、抵、退"办法下的会计核算

（1）实现出口收入时：

借：银行存款等

　　贷：主营业务收入

（2）根据计算的"当期免抵退税不得免征和抵扣税额"：

借：主营业务成本

　　贷：应交税费——应交增值税（进项税额转出）

（3）根据计算的"当期免抵税额"：

借：应交税费——应交增值税（出口抵减内销产品应纳税额）

　　贷：应交税费——应交增值税（出口退税）

根据计算的"当期应退税额"：

借：其他应收款

　　贷：应交税费——应交增值税（出口退税）

二、"先征后退"办法下的会计核算

（1）根据计算的"应退税额"：

借：其他应收款

　　贷：应交税费——应交增值税（出口退税）

（2）根据计算的"不得抵扣或退税额"：

借：主营业务成本

　　贷：应交税费——应交增值税（进项税额转出）

第二部分　职业判断能力训练

【知识点2-1】增值税的纳税人和征税范围

一、判断题

1.在实际工作中，凡是属于生产资料转移价值的因素，都应该作为扣除项目，从商

品总价值中扣除。　　　　　　　　　　　　　　　　　　　　　（　　）

2.我国现行的增值税是对在我国境内销售货物、提供加工修理修配劳务以及销售服务、无形资产、不动产的单位和个人，就其取得的应税销售额计算税款，并实行税款抵扣制的一种流转税。　　　　　　　　　　　　　　　　　　　　（　　）

3."生产型增值税"与"消费型增值税"的区别在于是否允许企业购入固定资产所含的税金进行抵扣。　　　　　　　　　　　　　　　　　　　　　　（　　）

4.增值税是价外税，消费税是价内税。　　　　　　　　　　　　（　　）

5.单位或个体工商户聘用的员工为本单位或雇主提供加工、修理修配劳务的，不征收增值税。　　　　　　　　　　　　　　　　　　　　　　　　　（　　）

6.某商店将4月份购进的一种饮料于8月份作为防暑降温用品发放给本单位职工，应视同销售计算增值税。　　　　　　　　　　　　　　　　　　　　（　　）

7.单位或者个体工商户聘用的员工为本单位或者雇主提供取得工资的服务，不征收增值税。　　　　　　　　　　　　　　　　　　　　　　　　　　　（　　）

8.商场将购进货物作为集体福利发放给职工，应作视同销售计征增值税。（　　）

9.纳税人兼有不同税率的销售货物、加工修理修配劳务、服务、无形资产或者不动产，未分别核算销售额的，从高适用税率。　　　　　　　　　　　　（　　）

10.凡报关进口的应税货物，均应缴纳增值税（享受免税政策的货物除外）。
　　　　　　　　　　　　　　　　　　　　　　　　　　　　　　（　　）

二、单项选择题

1.生产型增值税的特点是（　　）。

A.将当期购入固定资产价款一次性全部扣除

B.不允许扣除任何外购固定资产的价款

C.只允许扣除当期应计入产品价值的折旧部分

D.只允许扣除当期应计入产品价值的流动资产和折旧费

2.下列各项中，不属于增值税的特点的是（　　）。

A.实行价外税　　　　　　　　　B.税收负担不可转嫁

C.实行比例税率　　　　　　　　D.凭票扣税

3.现行增值税纳税人中所称中华人民共和国境内是指销售货物的（　　）在我国境内。

A.起运地　　　　B.最终销售地　　　C.货物支付地　　　D.企业所在地

4.增值税的征税对象为（　　）。

A.营业额　　　　B.增值额　　　　　C.销售额　　　　　D.毛利

5.以生产或提供劳务为主并兼营货物批发或零售的纳税人年应税销售额在（　　）的应办理增值税一般纳税人登记手续。

A.500万元以下　　B.500万元以上　　C.80万元以下　　　D.80万元以上

6.下列各项中，不属于增值税视同销售行为的是（　　）。

A.将自产的货物用于免税项目　　　　B.将外购的货物用于投资

C.将购买的货物用于捐赠　　　　　　D.将购买的货物用于集体福利

7.电信企业提供短信和彩信服务，属于（　　　）。

　　A.基础电信服务　　　　　　　　B.增值电信服务

　　C.邮政普通服务　　　　　　　　D.邮政特殊服务

8.按照现行规定，下列各项中必须被认定为小规模纳税人的是（　　　）。

　　A.年不含税销售额在60万元以上的从事货物生产的纳税人

　　B.年不含税销售额在100万元以上的从事货物批发的纳税人

　　C.年不含税销售额在500万元以下、会计核算制度不健全的从事货物零售的纳税人

　　D.年不含税销售额在500万元以下、会计核算制度健全的从事货物生产的纳税人

9.下列关于增值税纳税人的说法中，表述正确的是（　　　）。

　　A.一经认定为小规模纳税人的不得再申请登记为一般纳税人

　　B.年应税销售额超过小规模纳税人标准的其他个人，可以申请一般纳税人资格的登记

　　C.纳税人经认定为一般纳税人后，销售额低于一般纳税人标准的，应转为小规模纳税人

　　D.某批发企业的年应征增值税销售额为515万元，可以申请一般纳税人资格的登记

10.企业技术咨询服务属于（　　　）。

　　A.金融服务　　　　B.现代服务　　　　C.生活服务　　　　D.电信服务

三、多项选择题

1.增值税的类型包括（　　　）。

　　A.分配型增值税　　B.生产型增值税　　C.消费型增值税　　D.收入型增值税

2.应征收增值税的行业包括（　　　）。

　　A.商品流通行业　　B.建筑业　　　　　C.交通运输业　　　D.制造业

3.划分一般纳税人和小规模纳税人的标准包括（　　　）。

　　A.销售额达到规定标准　　　　　　B.经营效益好

　　C.会计核算健全　　　　　　　　　D.有上级主管部门

4.依据增值税的有关规定，不办理增值税一般纳税人资格登记的有（　　　）。

　　A.个体经营者以外的其他个人

　　B.选择按照小规模纳税人纳税的非企业性单位

　　C.从事货物生产业务的小规模企业

　　D.选择按照小规模纳税人纳税的不经常发生应税行为的企业

5.我国现行增值税的征收范围包括（　　　）。

　　A.在中国境内销售货物　　　　　　B.在中国境内提供应税劳务

　　C.进口货物　　　　　　　　　　　D.过境货物

6.下列各项中，属于增值税征税范围的有（　　　）。

　　A.销售钢材　　　B.销售自来水　　　C.销售电力　　　D.销售房屋

7.单位和个人提供的下列劳务中，应征收增值税的有（　　　）。

A.汽车的修配　　B.房屋的修理　　　C.受托加工的白酒　D.房屋的装潢

8.下列行为中，属于视同销售货物应征收增值税的有（　　　　）。

A.委托他人代销货物　　　　　　B.销售代销货物

C.将自产的货物作为福利发放给职工　D.将外购的货物用于免征增值税项目

9.下列各项中，属于生活服务业范围的有（　　　）。

A.旅游娱乐服务　　　　　　　　B.教育医疗服务

C.文化创意服务　　　　　　　　D.装饰修缮服务

10.关于增值税征税范围中的"在境内销售服务、无形资产或不动产"，下列说法中正确的有（　　　）。

A.服务（租赁不动产除外）或者无形资产（自然资源使用权除外）的销售方或者购买方在境内

B.所销售或者租赁的不动产在境内

C.所销售自然资源使用权的自然资源在境内

D.境外单位或者个人向境内单位或者个人销售完全在境外发生的服务

【知识点2-2】增值税的税率、征收率及优惠政策

一、判断题

1.纳税人出口货物，税率为零，因此一般纳税人的税率有两档，即基本税率和零税率。　　　　　　　　　　　　　　　　　　　　　　　　　（　　　）

2.免征增值税的农业产品按照买价的13%的扣除率计算进项税额，准予抵扣。
　　　　　　　　　　　　　　　　　　　　　　　　　　　　　　（　　　）

3.增值税的免税、减税项目由国务院规定，任何地区、部门均不得规定免税、减税项目。　　　　　　　　　　　　　　　　　　　　　　　　　（　　　）

4.居民用煤炭制品按13%的税率征收增值税。　　　　　　　　　（　　　）

5.一般纳税人销售自己使用过的不得抵扣且未抵扣进项税额的固定资产，应当按照适用税率（即13%）征收增值税。　　　　　　　　　　　　　　　（　　　）

6.增值税的征收率，不仅适用于小规模纳税人，也适用于一般纳税人。（　　　）

7.个人销售的自己使用过的物品，免征增值税。　　　　　　　　　（　　　）

8.提供语音通话服务的基础电信服务的增值税税率为6%。　　　　（　　　）

9.从事学历教育的学校提供的教育服务免征增值税。　　　　　　　（　　　）

10.一般纳税人销售自己使用过的2008年12月31日或纳入营改增试点之日前购进或自制的固定资产，按3%征收率减按2%征收增值税并且不得开具增值税专用发票，或者依照3%征收率缴纳增值税，可开具增值税专用发票。　　　　　（　　　）

二、单项选择题

1.下列货物适用13%增值税税率的是（　　　）。

A.生产销售啤酒　　　　　　　　B.生产销售煤炭

C.生产销售石油液化气　　　　　　　　D.生产销售暖气

2.下列各项中，不免征增值税的是（　　　）。

    A.接受外国政府无偿捐赠的进口货物

    B.高校食堂为某公司提供外销快餐

    C.纳税人生产、销售、批发和零售滴灌带和滴灌管产品

    D.农业生产者销售自产农产品

3.下列货物目前允许按9%抵扣进项税额的是（　　　）。

    A.购进的免税农产品　　　　　　　　　B.购进的废旧物资

    C.租入机器设备　　　　　　　　　　　D.购进原材料支付的运费

4.纳税人销售的下列货物中，属于免征增值税的是（　　　）。

    A.销售农业机械　　　　　　　　　　　B.销售煤炭

    C.销售日用百货　　　　　　　　　　　D.销售自产的农产品

5.在增值税法规中，"出口货物零税率"具体是指（　　　）。

    A.出口货物免税　　　　　　　　　　　B.该货物的增值税税率为零

    C.出口货物的整体税负为零　　　　　　D.以上都正确

6.下列说法中不正确的是（　　　）。

    A.古旧图书销售应当免征增值税

    B.金银首饰以旧换新销售业务，以其价格差额作为计税销售额

    C.黄金冶炼企业生产销售的黄金免征增值税

    D.残疾人组织进口供残疾人专用的物品免征增值税

7.下列关于增值税征收率的表述中，错误的是（　　　）。

    A.一般纳税人销售旧货，按照简易办法依照3%征收率减按2%征收增值税

    B.小规模纳税人销售自己使用过的固定资产，减按2%的征收率征收增值税

    C.一般纳税人销售其2016年4月30日前取得或者自建的不动产，可选择简易计税
      方法，按3%的征收率征收增值税

    D.小规模纳税人出租不动产（不含个人出租住房），按5%的征收率征收增值税

8.下列各项业务中，不免征增值税的是（　　　）。

    A.农业生产者销售自产农产品

    B.销售古旧图书

    C.销售速冻水饺

    D.由残疾人的组织直接进口供残疾人专用的物品

9.根据增值税现行规定，下列货物中适用9%税率的是（　　　）。

    A.饲料添加剂　　　　　　　　　　　　B.出版社出版的图书

    C.农业灌溉用水　　　　　　　　　　　D.蚊香

10.根据增值税现行规定，下列服务中适用6%税率的是（　　　）。

    A.邮政普通服务　　　　　　　　　　　B.航空运输服务

    C.研发和技术服务　　　　　　　　　　D.安装服务

三、多项选择题

1.下列各项符合现行增值税规定的有（　　　）。

A.增值税对单位和个人规定了起征点

B.纳税人销售额未达到规定的增值税起征点的，免征增值税；达到起征点的，就超过部分计算缴纳增值税

C.销售货物的增值税起征点，为月销售额5 000～20 000元；销售应税劳务的增值税起征点，为月销售额5 000～20 000元

D.按次纳税的增值税起征点，为每次（日）销售额300～500元

2.下列各项中，属于免征增值税的有（　　　）。

A.农业生产者销售自产的粮食　　　　B.药厂销售避孕药品

C.个人销售自己使用过的物品　　　　D.机械厂销售农业机具

3.下列各项中，免征增值税的有（　　　）。

A.生产销售避孕药品和用具

B.污水处理劳务

C.残疾人个人提供的加工、修理修配劳务

D.个人转让著作权

4.下列关于一般纳税人选择增值税征收率的说法中，正确的有（　　　）。

A.销售自产自来水可按3%的征收率选用简易计税办法

B.地铁、出租车、长途客运班车等公共交通运输服务可按3%的征收率选用简易计税办法

C.出租其2016年4月30日前取得的不动产可按5%的征收率选用简易计税办法

D.为2016年4月30日前开工的建筑工程项目提供建筑服务可按5%的征收率选用简易计税办法

5.下列各项中，适用9%税率的业务有（　　　）。

A.有形动产租赁服务　　　　B.不动产租赁服务

C.销售不动产　　　　D.安装修缮服务

【技能点2-1】增值税专用发票的使用

一、判断题

1.增值税专用发票只限于增值税一般纳税人领购使用。（　　　）

2.小规模纳税人如符合规定条件，需开具专用发票的，可由当地税务机关代开增值税专用发票。（　　　）

3.对已开具增值税专用发票的销售货物、加工修理修配劳务、服务、无形资产或者不动产，销售方要及时足额计入当期销售额计税。（　　　）

4.纳税人应在增值税专用发票开具之日起90日内到税务机关认证或进行选择抵扣。（　　　）

5.增值税的抵扣联是作为购买方报送主管税务机关认证（选择抵扣）和留存备查的凭证。　　　　　　　　　　　　　　　　　　　　　　　　　　　（　　）

二、单项选择题

1.下列情形中，可以开具增值税专用发票的是（　　　）。

　　A.向消费者个人销售货物、加工修理修配劳务、服务、无形资产或者不动产

　　B.适用免征增值税规定的应税行为

　　C.小规模纳税人零售货物或者提供应税劳务

　　D.酒店服务业提供住宿服务

2.下列各项中，不属于增值税专用发票开具要求的是（　　　）。

　　A.字迹清楚，不得压线、错格

　　B.发票联和抵扣联加盖财务专用章或者发票专用章

　　C.对外国企业要用外国文字

　　D.项目齐全，与实际交易相符

三、多项选择题

1.增值税专用发票纸质基本联次一般包括（　　　）。

　　A.记账联　　　　　B.抵扣联　　　　　C.发票联　　　　　D.存根联

2.一般纳税人领购增值税专用发票需提供（　　　）。

　　A.发票领购簿　　　　　　　　B.IC卡

　　C.经办人身份证明　　　　　　D.企业法人身份证明

3.一般纳税人有下列情形之一的，不得领购增值税专用发票（　　　）。

　　A.会计核算不健全，不能向税务机关准确提供增值税销项税额、进项税额、应纳税额数据及其他有关增值税税务资料的

　　B.有《税收征管法》规定的税收违法行为，拒不接受税务机关处理的

　　C.向税务机关以外的单位和个人买取增值税专用发票，经税务机关责令改正而仍未改正的

　　D.私自印制增值税专用发票，经税务机关责令改正而仍未改正的

【技能点2-2】一般纳税人应纳税额的计算

一、判断题

1.增值税的计税依据是不含增值税的价格，它的最终承担者是经营者。　（　　）

2.酒类产品收取的包装物押金，无论是否返还以及会计上如何核算，均应并入当期销售额征税。　　　　　　　　　　　　　　　　　　　　　　　　（　　）

3.销项税额=销售额×税率，由销售方自己承担。　　　　　　　　　（　　）

4.应纳税额等于当期销项税额减去当期进项税额，因此，所有的进项税额都可以抵扣，不足部分可以结转下期继续抵扣。　　　　　　　　　　　　　　　（　　）

5.采取还本销售方式销售货物，其销售额就是货物的销售价格，不得从销售额中减

除还本支出。　　　　　　　　　　　　　　　　　　　　　　　　（　）

6.纳税人代收代垫的运费，应视为价外收费征收增值税。　　　　　　（　）

7.商业企业采取分期付款方式购进货物的，凡是发生销售方先全额开具专用发票，购货方再按规定分期付款情况的，应在每次支付款项以后申报抵扣进项税额。（　）

8.纳税人采取折扣方式销售货物，销售额和折扣额不在同一张发票上分别注明的，可按折扣后销售额征收增值税。　　　　　　　　　　　　　　　　（　）

9.增值税一般纳税人将外购货物作为职工集体福利发放，应视同销售计征增值税。

　　　　　　　　　　　　　　　　　　　　　　　　　　　　　　（　）

10.以物易物交易事项应分别开具合法的票据，如收到的货物不能取得增值税专用发票或其他合法凭证，其进项税额不得抵扣。　　　　　　　　　　（　）

二、单项选择题

1.增值税一般纳税人销售货物或者应税劳务，采用销售额和销项税额合并定价方法的，其计算销售额的公式是（　　）。

　A.销售额=含税销售额÷（1+税率）　　B.销售额=不含税销售额÷（1+税率）

　C.销售额=含税销售额÷（1-税率）　　D.销售额=不含税销售额÷（1-税率）

2.某零售企业为一般纳税人，月销售收入为39 550元，则该企业当月计税销售额为（　　）元。

　A.35 000　　　　B.39 757　　　　C.38 632　　　　D.47 911

3.某服装厂将自产的服装作为福利发给本厂职工，该批产品的制造成本共计10万元，利润率为10%，按当月同类产品的平均售价计算为18万元，则计征增值税的销售额为（　　）万元。

　A.10　　　　　B.9　　　　　C.11　　　　　D.18

4.某单位采取折扣方式销售货物，折扣额单独开发票，则增值税销售额应确定为（　　）。

　A.扣除折扣额的销售额　　　　B.不扣除折扣额的销售额

　C.折扣额　　　　　　　　　D.加上折扣额的销售额

5.某商场实行还本销售家具的方式，家具现售价为16 500元，5年后还本，则该商场增值税的计税销售额为（　　）元。

　A.16 500　　　　B.3 300　　　　C.1 650　　　　D.不征税

6.某单位外购如下货物，按照增值税的有关规定，可以作为进项税额从销项税额中抵扣的是（　　）。

　A.外购的低值易耗品　　　　B.外购的材料用于专门的免征增值税项目

　C.外购的货物用于简易计税项目　　D.外购的货物分给职工个人

7.某企业2019年11月购入不动产，取得增值税专用发票，注明价款为1 000万元、税额为90万元，则2019年11月该企业能抵扣的进项税额为（　　）万元。

　A.60　　　　　B.90　　　　　C.40　　　　　D.0

8.某商场为增值税一般纳税人，因管理不善发生火灾，库存外购冰箱10台损坏，每台零售价为1 440元，每台进价为1 000元（不含税），则不得抵扣的进项税额为（　　）元。

　　A.1 300　　　　　　B.14 400　　　　　C.12 413.79　　　　D.8 547

　　9.某商贸企业（一般纳税人）受托代销某品牌服装，取得代销收入9.04万元（零售价），与委托方进行结算，取得的增值税专用发票上注明的税额为1.16万元，则该商贸企业代销业务应缴纳的增值税为（　　）万元。

　　A.1.28　　　　　　B.0.35　　　　　　C.0.12　　　　　　D.1.48

　　10.某商业企业（一般纳税人）为甲公司代销货物，按零售价（含税）以5%收取手续费5 000元，尚未收到甲公司开来的增值税专用发票。则该代销业务应纳增值税销项税额为（　　）元。

　　A.11 504.42　　　　B.850　　　　　　C.13 000　　　　　D.1 300

　　11.某建筑公司，附设工厂（一般纳税人）生产A、B两种建筑材料，本月销售A种建筑材料取得销售收入28.25万元（含增值税），则销售A建筑材料应缴纳的增值税为（　　）万元。

　　A.3.25　　　　　　B.4.64　　　　　　C.4.93　　　　　　D.2.87

　　12.某酒厂为一般纳税人，本月向一小规模纳税人销售白酒，开具的普通发票上注明的金额为93 600元，同时收取单独核算的包装物押金2 000元（尚未逾期）。则此业务酒厂的销项税额为（　　）元。

　　A.10 768.14　　　　B.10 998.23　　　　C.12 168　　　　　D.12 428

　　13.某公司2019年10月销售自己2017年1月购入并作为固定资产使用的设备，价税合计金额为117 520元，原购买发票上注明的价款为120 000元、增值税为20 400元，则该企业转让设备行为应（　　）。

　　A.计算增值税销项税额13 520元　　　　B.计算缴纳增值税2 320元

　　C.计算缴纳增值税4 640元　　　　　　D.免税

　　14.某白酒生产企业为增值税一般纳税人，当期白酒销售收入为12.43万元（含税），当期发出包装物收取押金5.65万元，当期逾期未归还收回包装物押金2.26万元。该企业本期应申报的销项税额为（　　）万元。

　　A.1.78　　　　　　B.2.90　　　　　　C.2.21　　　　　　D.2.58

　　15.某黄酒厂销售黄酒的不含税销售额为100万元，发出货物包装物押金为5.65万元，定期60天收回，则该黄酒厂当期增值税销项税额为（　　）万元。

　　A.13　　　　　　　B.16.94　　　　　　C.117.99　　　　　D.18

三、多项选择题

　　1.某单位外购如下货物，按增值税有关规定不能作为进项税额抵扣的有（　　）。

　　A.外购的生产性固定资产　　　　　　B.外购货物用于免税项目

　　C.外购货物用于集体福利　　　　　　D.外购货物用于无偿赠送他人

　　2.某工厂（一般纳税人）2019年8月发出一批材料委托甲企业加工，9月份加工完毕并验收入库，取得的防伪税控系统增值税专用发票上注明的税额为2.6万元，并于当月经税务机关认证（选择抵扣）；10月份将加工收回货物制成的产品用于免税项目，账面成本为50万元（无同类产品售价），12月份支付加工费及税款。则关于该企业的下列说法中正确的有（　　）。

A.9月份的进项税额为2.6万元   B.10月份的销项税额为8.5万元

C.10月份的销项税额为7.15万元   D.12月份的进项税额为3.2万元

3.某商场（增值税一般纳税人）与其供货企业达成协议，按销售量挂钩进行平销返利。10月，向供货方购进商品取得税控增值税专用发票，注明价款120万元、进项税额15.6万元，并通过主管税务机关认证（选择抵扣），当月按平价全部销售，月末供货方向该商场支付返利4.8万元。该项业务的下列处理符合有关规定的有（   ）。

A.商场应按120万元计算销项税额

B.商场应按124.8万元计算销项税额

C.商场当月应抵扣的进项税额为15.6万元

D.商场当月应抵扣的进项税额为15.05万元

4.下列关于混合销售与兼营的表述中，正确的有（   ）。

A.同一纳税人既销售货物、加工修理修配劳务又销售服务、无形资产或者不动产的行为，称为兼营

B.一项销售行为如果既涉及货物又涉及服务，称为混合销售

C.从事货物的生产、批发或者零售的单位和个体工商户的混合销售行为，按销售货物缴纳增值税

D.纳税人兼有不同税率的销售货物、加工修理修配劳务、服务、无形资产或者不动产，未分别核算销售额的，从高适用税率

5.增值税相关法律规定，对销售除（   ）以外的其他酒类产品而收取的包装押金，无论是否返还、会计上如何核算，均应并入当期销售额计征增值税。

A.啤酒   B.黄酒   C.白酒   D.药酒

6.增值税的计税依据销售额中，价外费用不包含的项目有（   ）。

A.包装物租金   B.委托加工应税消费品代收代缴的消费税

C.增值税   D.包装费、装卸费

7.纳税人视同销售的销售额按下列方法顺序确定（   ）。

A.当月同类货物的最高销售价格

B.纳税人最近时期同类货物的平均销售价格

C.其他纳税人最近时期同类货物的平均销售价格

D.组成计税价格

8.下列各项中，允许从增值税计税销售额中扣除的有（   ）。

A.开在同一张发票上的销售折扣额

B.销售折扣额

C.销售折让额

D.销售退货额

9.甲厂用自产锅炉换取乙厂的钢材作为生产材料，双方互开了增值税发票，则下列说法中正确的有（   ）。

A.甲厂应计算销项税额   B.甲厂应抵扣进项税额

C.乙厂应计算销项税额   D.乙厂应抵扣进项税额

10.A公司和B公司均为增值税一般纳税人，A公司本月外购一批货物支付货款5 000元，取得增值税专用发票，委托B公司加工，支付加工费（含税）1 130元，并取得B公司开具的增值税专用发票。货物加工好收回后，A公司将这批货物直接对外销售，开出的增值税专用发票上注明的价款为8 000元。根据以上所述，以下说法中正确的有（　　　）。

A.A公司对外销售时应纳增值税260元

B.B公司受托加工业务应纳增值税130元

C.A公司应当缴纳增值税480元

D.B公司无须缴纳增值税

四、不定项选择题

1.某农机生产企业为增值税一般纳税人，拥有自己的专业研发团队。2019年7月发生下列业务：

（1）外购A材料用于生产农机，取得的普通发票上注明的金额为6 000元；委托某运输企业（增值税一般纳税人）将原材料运回企业仓库，支付不含税运费2 600元，取得增值税专用发票。

（2）从小规模纳税人处购入B材料用于生产农机，取得的税务机关代开的增值税专用发票上注明的价款为4 000元。

（3）从一般纳税人处购进农机零配件，取得的增值税专用发票上注明的价款为7 000元，本月领用其中的80%用于生产农机。

（4）当月销售一批农机给甲企业，取得不含税价款5 0000元。

（5）为乙企业提供农机设计劳务，取得价税合计金额为3 000元，同时将自己研发的一项生产技术所有权转让给乙企业，取得转让金额4 000元。

已知：农机的增值税税率为9%，农机零配件的增值税税率为13%，交通运输业增值税税率为9%，小规模纳税人适用的征收率为3%，设计服务的增值税税率为6%。假设该企业取得的上述相关发票均已通过认证（选择抵扣）并在当月抵扣。

要求：根据上述资料，回答下列问题。

（1）该企业2019年7月外购A材料和B材料准予抵扣的进项税额为（　　　）元。

A.354　　　　　　B.1 340　　　　　　C.1 869　　　　　　D.1 916

（2）该企业2019年7月准予抵扣的进项税额为（　　　）元。

A.1 264　　　　　　B.4 512　　　　　　C.6 504　　　　　　D.1 258

（3）该企业对业务（5）增值税销项税额的计算，下列各项中正确的是（　　　）。

A.3 000÷（1+6%）×6%=169.81（元）

B.（3 000+4 000）÷（1+6%）×6%=396.23（元）

C.3 000×6%=180（元）

D.（3 000+4 000）×6%=420（元）

（4）该企业2019年7月应缴纳的增值税税额为（　　　）元。

A.4 956.78　　　　　B.5 245.51　　　　　C.4 865.81　　　　　D.3 405.81

2.甲化妆品生产企业为增值税一般纳税人，2019年10月的期末留抵税额为300元，

11月份发生如下业务：

（1）进口一批高档化妆品，海关审定的关税完税价格为10 000元（人民币，下同），按规定向海关缴纳相关税费，并取得海关填发的专用缴款书；委托某运输公司将该批化妆品运回企业，支付不含税运费1 000元，取得运输企业开具的运输业增值税专用发票。该批化妆品当期全部领用用于生产化妆品。

（2）领用10月份从一般纳税人处外购的香水一批，用于本企业的集体福利，该批香水的账面成本为3 000元（购入时已抵扣进项税额）。

（3）当月销售20箱自产高档化妆品取得不含税价款20 000元，销售人员出差提供的火车票和飞机票上注明的金额合计为15 000元。

（4）当月用自产的10箱同类化妆品投资到乙企业，取得乙企业5%的股权，同类高档化妆品的不含税售价为10 000元。

（5）为宣传自己新研发的一种新高档化妆品，当月委托某广告公司（增值税一般纳税人）制作广告，支付广告公司不含税广告费5 000元，取得广告公司开具的增值税专用发票。

已知：关税税率为20%，高档化妆品消费税税率为15%，交通运输业增值税税率为9%，广告服务业增值税税率为6%，化妆品增值税税率为13%。

假设该企业取得的上述相关发票均通过认证（选择抵扣）并可以在当期抵扣。

要求：根据上述资料，回答下列问题。

（1）该企业进口化妆品应纳进口环节增值税为（   ）元。

A.2 040　　　　　　B.1 632　　　　　　C.1 600　　　　　　D.1 835.29

（2）下列关于当期准予抵扣的进项税额的说法中，正确的有（   ）。

A.上期期末留抵税额300元准予在当期销项税额中抵扣

B.领用外购香水用于集体福利准予抵扣进项税额

C.销售人员出差提供的火车票和飞机票不得计算进项税额抵扣

D.支付广告公司的广告费不得抵扣进项税额

（3）当月增值税销项税额为（   ）元。

A.8 500　　　　　　B.5 400　　　　　　C.3 900　　　　　　D.5 610

（4）当月应向税务机关缴纳的增值税税额为（   ）元。

A.1 238.53　　　　　B.3 200　　　　　　C.2 860　　　　　　D.3 166

3.某市罐头厂为增值税一般纳税人，2019年8月份的购销情况如下：

（1）填开增值税专用发票销售应税货物，不含税销售额为850 000元；

（2）填开普通发票销售应税货物，销售收入为41 760元；

（3）购进生产用原料的免税农业产品，农产品收购发票上注明买价580 000元；

（4）购进辅助材料支付货款128 000元，增值税专用发票上注明税额16 640元，支付运输货物的不含税运费1 000元，并取得运输企业开具的增值税专用发票；

（5）该罐头厂用价值20 000元（不含增值税）的罐头换进某糖精厂一批糖精，换进糖精的价值是18 000元（不含增值税），双方均开具了增值税专用发票。

假设上述专用发票都通过了相关认证（选择抵扣）。

要求：根据上述资料，回答下列问题。

（1）该罐头厂2019年8月增值税的销项税额是（　　）元。

　A.144 500　　　　B.6 120　　　　C.117 904.25　　　　D.150 620

（2）该罐头厂2019年8月增值税的进项税额是（　　）元。

　A.75 400　　　　B.77 070　　　　C.3 060　　　　D.21 760

（3）该罐头厂2019年8月应纳增值税税额是（　　）元。

　A.40 834.25　　　B.3 060　　　　C.155 550　　　　D.91 550

（4）增值税的纳税期限为（　　）。

　A.1日　　　　　B.1个月　　　　C.1个季度　　　　D.1年

4.某生产企业为增值税一般纳税人，2019年8月发生以下业务：

（1）进口一批生产用原材料，关税完税价格折合人民币为20万元，关税税率为10%，缴纳进口环节税金后海关予以放行，取得海关进口增值税专用缴款书。

（2）从农民手中购入一批粮食，农产品收购发票上注明收购金额为5万元，委托运输公司将粮食运回企业，支付不含税运费0.8万元，取得增值税专用发票，当月因管理不善丢失10%，剩余90%生产领用。

（3）购入一批实木地板用于装修经营办公楼，取得的增值税专用发票上注明价款10万元。

（4）购入一辆小汽车自用，取得的机动车销售统一发票上注明价款15万元、增值税1.95万元。

（5）采取分期收款方式销售一批产品，不含税金额共计100万元，合同约定当月收取货款的60%，剩余40%货款于下月收取。

（6）将自产的一批产品无偿赠送给大客户，该批产品成本为20万元，已知同类产品不含税售价为26万元，成本利润率为10%。

假设上述取得的发票都已经过认证（选择抵扣）并允许在当月抵扣。

要求：根据上述资料，回答下列问题。

（1）该企业当月进口环节应缴纳的增值税为（　　）元。

　A.14 000　　　　B.17 400　　　　C.34 000　　　　D.28 600

（2）该企业当月国内购进业务中准予抵扣的增值税进项税额为（　　）元。

　A.37 648　　　　B.41 004　　　　C.160 004　　　　D.143 004

（3）该企业当月的增值税销项税额为（　　）元。

　A.214 200　　　B.139 400　　　C.102 000　　　D.111 800

（4）该企业当月共计应向税务机关缴纳的增值税为（　　）元。

　A.162 996　　　B.45 552　　　C.163 996　　　D.196 996

5.某商业企业是增值税一般纳税人，2019年10月发生下列业务：

（1）购入商品一批，取得增值税专用发票，价款为10 000元，税款为1 300元。

（2）3个月前从农民手中收购的一批粮食毁损，账面成本为5 220元。

（3）从农民手中收购大豆1吨，税务机关规定的收购凭证上注明收购款为1 500元。

（4）从小规模纳税人处购买商品一批，取得税务机关代开的发票，注明价款为

30 000元、税款为900元，款项已付，货物未入库，发票已认证（选择抵扣）。

（5）购买建材一批用于修缮仓库，价款为20 000元，税款为2 600元。

（6）零售日用商品，取得含税收入150 000元。

（7）将2个月前购入的一批布料捐赠受灾地区，账面成本为20 000元，同类商品不含税销售价格为30 000元。

（8）外购电脑20台，取得增值税专用发票，每台不含税单价为6 000元，购入后办公使用5台，捐赠希望小学5台，另10台全部零售，零售价为每台8 000元。

假定相关可抵扣进项税额的发票均经过认证（选择抵扣）并申报抵扣。

要求：根据上述资料，回答下列问题。

（1）下列该企业对业务（2）增值税进项税额转出的计算中，正确的是（　　）。

　　A.5 220 ÷ (1 − 10%) × 10% = 580（元）

　　B.5 220 × 10% = 522（元）

　　C.5 220 ÷ (1 − 13%) × 13% = 780（元）

　　D.5 220 × 13% = 678.6（元）

（2）该企业当期可从销项税额中抵扣的进项税额（减去转出的进项税额）为（　　）元。

　　A.25 916.40　　　　B.19 970　　　　　　C.25 525.84　　　　　D.25 707.60

（3）该企业当期增值税销项税额为（　　）元。

　　A.38 518.80　　　　B.51 000　　　　　　C.34 961.95　　　　　D.44 200

（4）该企业当期应纳增值税税额为（　　）元。

　　A.12 602.40　　　　B.25 185　　　　　　C.14 991.95　　　　　D.18 492.40

【技能点2-3】小规模纳税人及进口货物应纳税额的计算

一、判断题

1.增值税小规模纳税人购进货物取得增值税专用发票可抵扣进项税额，取得普通发票不允许扣除进项税额。　　　　　　　　　　　　　　　　　　　　　　　（　　）

2.小规模纳税人提供的适用简易计税方法计税的应税服务，因服务中止或者折让而退还给接受方的销售额，应当从当期销售额中扣减。　　　　　　　　　　　　（　　）

3.纳税人进口应纳消费税的货物时，在计算增值税的计税价格中既不包括进口时应缴纳的消费税，也不包括进口时应缴纳的增值税。　　　　　　　　　　　　（　　）

4.纳税人进口货物，按照组成计税价格和规定的税率计算应纳税额，不得扣除任何税额。　　　　　　　　　　　　　　　　　　　　　　　　　　　　　　　（　　）

5.进口货物的增值税由海关代征，并由海关向进口人开具进口增值税专用缴款书。纳税人取得的进口增值税专用缴款书，是计算增值税进项税额的唯一依据。（　　）

二、单项选择题

1.某小型工业企业是增值税小规模纳税人。2019年8月，该企业取得销售收入

12.36万元（含增值税）；购进原材料一批，支付货款3.09万元（含增值税）。则该企业当月的应纳增值税税额为（　　）万元。

　　A.0.32　　　　　　B.0.35　　　　　　C.0.36　　　　　　D.0.37

2.某商店为增值税小规模纳税人。2019年5月，该企业购进童装280套，"六·一"儿童节之前以每套128元的含税价格全部零售出去。则该商店当月销售这批童装应缴纳的增值税税额为（　　）元。

　　A.1 043.88　　　　B.1 075.20　　　　C.6 092.80　　　　D.5 207.52

3.某个体经营者从食品厂购进各种小食品销售，当月购进各种小食品支付15 000元，食品厂开具的增值税专用发票上注明的税额为1 500元。该个体经营者采用合并定价方式，当月销售小食品取得价款35 000元。则该个体经营者当月应纳增值税税额为（　　）元。

　　A.1 050　　　　　B.1 019.42　　　　C.5 950　　　　　D.5 085.47

4.某机械厂属增值税小规模纳税人。2019年10月，该厂销售货物开具的普通发票上注明的金额为2 060元；受托加工货物一批，委托方提供的材料金额为3 000元，机械厂收取加工费委托税务所代开增值税专用发票上注明的金额为1 000元。则该机械厂当月应缴纳的增值税税额为（　　）元。

　　A.91.8　　　　　　B.90　　　　　　　C.60　　　　　　　D.30

5.某商贸企业（增值税一般纳税人）进口机器一台，关税完税价格为200万元，假设进口关税为40万元；本月将机器售出，取得不含税销售额350万元。则该商贸企业本月应纳增值税税额为（　　）万元。

　　A.25.5　　　　　　B.59.5　　　　　　C.14.3　　　　　　D.40.8

三、多项选择题

1.小规模纳税人进口货物，海关进口环节代征增值税可能使用（　　）。

　　A.3%的征收率　　　B.4%的征收率　　　C.13%的税率　　　D.9%的税率

2.以下关于增值税征收率的表述中，正确的有（　　）。

　　A.小规模纳税人销售自己使用过的固定资产，减按2%的征收率征收增值税

　　B.小规模纳税人销售自己使用过的除固定资产以外的物品，应按3%的征收率征收增值税

　　C.一般纳税人销售自己使用过的除固定资产以外的物品，应当按照适用税率征收增值税

　　D.小规模纳税人出租不动产（不含个人出租住房），按5%的征收率征收增值税

3.下列进口货物中，需缴纳增值税的有（　　）。

　　A.国外企业捐赠的货物

　　B.进口购进后自用的办公设备

　　C.国内出口转内销货物

　　D.直接用于教学、科研的进口设备、仪器

4.增值税相关法规所称"免税品"包括（　　）。

　　A.免征关税的进口商品

　　B.免征关税、进口环节税的进口商品

　　C.实行退（免）税的国产商品

　　D.实行退（免）税进入免税店销售的国产商品

5.下列有关小规模纳税人征税和管理的说法中，正确的有（　　）。

　　A.销售货物不得使用增值税专用发票

　　B.购进货物可以使用扣税凭证抵扣税款

　　C.不享有税款抵扣权

　　D.应纳税额采用简易征收办法计算

四、不定项选择题

1.某商场是增值税小规模纳税人，2019年8月，该商场取得零售收入185 400元；销售旧货一批，开具普通发票，取得含税销售额52 000元，原值为40 000元。为客户提供广告设计服务，取得含税收入30 000元。

要求：根据上述资料，回答下列问题。

（1）该商场当月零售收入应缴纳的增值税税额为（　　）元。

　　A.5 400　　　　　　B.5 562　　　　　　C.31 518　　　　　　D.3 708

（2）该商场出售旧货应缴纳的增值税税额为（　　）元。

　　A.879　　　　　　B.1 009.71　　　　　　C.1 514.56　　　　　　D.1 040

（3）该商场为客户提供广告设计服务应缴纳的增值税税额为（　　）元。

　　A.900　　　　　　B.873.79　　　　　　C.1 800　　　　　　D.1 698.11

（4）该商场当月应缴纳的增值税税额合计数为（　　）元。

　　A.7 179　　　　　　B.6 655.5　　　　　　C.7 283.5　　　　　　D.7 022.56

2.某生产小电器的企业是增值税小规模纳税人，2019年10月发生下列业务：

（1）外购材料一批用于生产，取得增值税发票，注明价款10 000元、增值税1 300元；外购一台生产设备，取得增值税发票，注明价款30 000元、增值税3 900元。

（2）委托外贸企业进口一批塑料材料，关税完税价格为15 000元，关税税率为6%，支付了相关税费将材料运回企业。

（3）销售50件自产A型小电器，价税合并取得收入12 360元。

（4）将2件A型小电器赠送客户试用。

（5）将使用过的一批旧包装物出售，价税合计取得收入2 472元。

（6）将使用过的一台旧设备出售，原价为40 000元，售价为15 450元。

要求：根据上述资料，回答下列问题。

（1）该企业进口塑料材料应缴纳的增值税税额为（　　）元。

　　A.2 550　　　　　　B.477　　　　　　C.2 067　　　　　　D.450

（2）该企业出售旧包装物应缴纳的增值税税额为（　　）元。

　　A.72　　　　　　B.74.16　　　　　　C.49.44　　　　　　D.48

（3）该企业出售旧设备应缴纳的增值税税额为（　　）元。

　　A.309　　　　　　B.300　　　　　　C.463.5　　　　　　D.450

（4）该企业当月应缴纳的增值税税额合计数（不含进口环节税金）为（　　）元。

A.742.8 　　　　 B.374.4 　　　　 C.446.4 　　　　 D.746.4

【技能点2-4】增值税的会计核算

一、判断题

1."应交税费——应交增值税（减免税款）"科目用来记录一般纳税人按现行增值税制度规定准予减免的增值税税额。　　　　　　　　　　（　　）

2.企业销售货物后，若发生销货退回或销售折让，应记入"应交税费——应交增值税（销项税额）"科目的借方。　　　　　　　　　　　　（　　）

3.包装物随同产品销售单独计价时销售额应记入"主营业务收入"科目，并计算缴纳增值税。　　　　　　　　　　　　　　　　　　　　（　　）

4.销售折扣在购货方实际付现时才能确认，现金折扣不能冲减销售额，也不能抵减销项税额，而只能作为一种理财费用记入"财务费用"科目。　　（　　）

5.小规模纳税人只需设置"应交税费——应交增值税"二级账户，采用三栏式账页。　　　　　　　　　　　　　　　　　　　　　　　　　（　　）

二、单项选择题

1.企业将自产的货物无偿赠送他人，应视同销售货物计算应纳增值税，借记"营业外支出"科目，贷记"库存商品"和（　　）科目。

A."应交税费——应交增值税（销项税额）"

B."应交税费——应交增值税（进项税额转出）"

C."应交税费——应交增值税（进项税额）"

D."应交税费——应交增值税（转出未交增值税）"

2.某企业本月将自产的一批食品发给职工，生产成本为20万元（耗用上月外购材料价值15万元），成本利润率为10%。则下列说法中，正确的是（　　）。

A.应反映销项税额2.86万元　　　　　　B.应反映销项税额3.4万元

C.应反映应纳税额3.4万元　　　　　　　D.应转出进项税额1.95万元

3.天宏工厂委托渔阳木器厂加工产品包装用木箱，发出材料价值15 000元，支付加工费3 500元和增值税455元。天宏工厂支付加工费和增值税时，正确的会计分录为（　　）。

A.借：委托加工物资　　　　　　　　　　　　　　　　　3 500

　　应交税费——应交增值税（进项税额）　　　　　　　455

　　　贷：银行存款　　　　　　　　　　　　　　　　　　　3 955

B.借：在途物资　　　　　　　　　　　　　　　　　　　3 500

　　应交税费——应交增值税（进项税额）　　　　　　　455

　　　贷：银行存款　　　　　　　　　　　　　　　　　　　3 955

C.借：周转材料　　　　　　　　　　　　　　　　　　　3 500

　　应交税费——应交增值税（进项税额）　　　　　　　455

    贷：银行存款   3 955

  D.借：委托加工物资   3 955

    贷：应交税费——应交增值税（进项税额转出）   455

      银行存款   3 500

  4.小规模纳税人不实行税款抵扣制，因此，在购进货物时不论收到普通发票还是增值税专用发票，其会计处理均为（ ）。

  A.借：原材料等

    应交税费——应交增值税（进项税额）

      贷：银行存款等

  B.借：原材料等

      贷：银行存款等

  C.借：原材料等

    应交税费——应交增值税

      贷：银行存款等

  D.借：原材料等

      贷：银行存款等

      应交税费——应交增值税（进项税额转出）

  5.企业接受修理修配劳务，应根据增值税专用发票上注明的修理修配费用借记"制造费用""管理费用"等科目，按专用发票上注明的进项税额，借记（ ）科目。

  A."应交税费——应交增值税（进项税额）"

  B."应交税费——应交增值税（进项税额转出）"

  C."应交税费——应交增值税（销项税额）"

  D."应交税费——应交增值税"

三、多项选择题

  1.企业应在"应交税费——应交增值税"明细账中设置（ ）等专栏。

  A.进项税额   B.已交税金   C.销项税额   D.未交增值税

  2.增值税一般纳税人企业购进的生产、经营用货物日后被用于（ ），即改变其用途时，应将其相应的增值税记入"应交税费——应交增值税（进项税额转出）"科目的贷方。

  A.免征增值税项目   B.集体福利

  C.分配给股东   D.无偿赠送他人

  3.有关视同销售的会计处理，下列会计分录中正确的有（ ）。

  A.企业将自产或委托加工的货物用于职工集体福利时，其会计处理为：

    借：应付职工薪酬

      贷：库存商品等

        应交税费——应交增值税（销项税额）

  B.企业将自产、委托加工或购买的货物作为投资时，其会计处理为：

    借：长期股权投资等

　　　　　　贷：库存商品等
　　　　　　　　应交税费——应交增值税（销项税额）
　　　C.企业将自产、委托加工或购买的货物分配给股东时，其会计处理为：
　　　　借：应付股利等
　　　　　　贷：主营业务收入
　　　　　　　　应交税费——应交增值税（销项税额）
　　　D.企业将自产、委托加工的货物分配给个人用于消费时，其会计处理为：
　　　　借：应付职工薪酬
　　　　　　贷：主营业务收入
　　　　　　　　应交税费——应交增值税（销项税额）
　　4.一般纳税人生产企业的下列业务中，应作进项税额转出处理的有（　　　　）。
　　　A.已抵扣税款的购进货物用于免税项目建设
　　　B.水灾后损失的产品所耗用的购进货物
　　　C.生产过程废品所耗用的购进货物
　　　D.已抵扣税款的购进货物用于职工集体福利
　　5.下列已取得增值税专用发票的项目中，可作为进项税额抵扣的有（　　　　）。
　　　A.外购的修理备用件　　　　　　　　B.外购的企业营销用小车
　　　C.外购的生产用车辆　　　　　　　　D.外购的生产设备

【知识点2-3】增值税征收管理规定

一、判断题

　　1.进口货物纳税义务发生的时间为报关进口后15天。　　　　　　　　　　（　　）
　　2.总机构和分支机构不在同一县（市）的，应当分别向各自所在地主管税务机关申报纳税。　　　　　　　　　　　　　　　　　　　　　　　　　　　　　　　（　　）
　　3.委托其他纳税人代销货物，为收到代销单位的代销清单或者收到全部或者部分货款的当天。未收到代销清单及货款的，为发出代销货物满180天的当天。（　　）
　　4.非固定业户销售货物或应税劳务，应向销售地或劳务发生地主管税务机关申报纳税。　　　　　　　　　　　　　　　　　　　　　　　　　　　　　　　　（　　）
　　5.纳税人销售货物或者应税劳务，先开具发票的，其增值税纳税义务发生时间为实际收到款项的当天。　　　　　　　　　　　　　　　　　　　　　　　　　（　　）

二、单项选择题

　　1.以1个月为一期的增值税纳税人，于期满后（　　　）日内申报纳税。
　　　A.1　　　　　　　　　B.5　　　　　　　　　C.10　　　　　　　　　D.15
　　2.总机构和分支机构不在同一县（市）的纳税人经（　　　）的税务机关批准，其分支机构应纳税款也可以由总机构汇总向总机构所在地主管税务机关申报纳税。
　　　A.国家税务总局或其授权　　　　　　B.省级以上

　　C.总机构所在地　　　　　　　　　D.分支机构所在地

3.进口货物的增值税由（　　）征收。

　　A.进口地税务机关　　　　　　　　B.海关

　　C.交货地税务机关　　　　　　　　D.进口方所在地税务机关

4.下列结算方式中，以货物发出当天为增值税纳税义务发生时间的是（　　）。

　　A.预收货款　　　　　　　　　　　B.赊销

　　C.分期收款　　　　　　　　　　　D.将货物交付他人代销

5.增值税的纳税期限为（　　）。

　　A.5日、10日、15日、1个月

　　B.1日、5日、10日、15日、1个月

　　C.1日、3日、5日、10日、15日、1个月

　　D.1日、3日、5日、10日、15日、1个月或1个季度

三、多项选择题

1.下列关于纳税义务发生时间的说法中，正确的有（　　）。

　　A.采取赊销方式销售货物的，为货物发出的当天

　　B.采取预收货款方式销售货物的，为货物发出的当天

　　C.采取托收承付方式销售货物的，为发出货物并办妥托收手续的当天

　　D.采取直接收款方式销售货物的，为收讫销售款或者取得索取销售款凭据的当天

2.下列关于纳税义务发生时间的表述中，正确的有（　　）。

　　A.委托其他纳税人代销货物，其纳税义务发生时间为收到代销款的当天

　　B.销售应税劳务的，其纳税义务发生时间为提供劳务同时收讫销售款或取得索取销售款凭据的当天

　　C.企业采取分期收款方式销售货物的，其纳税义务的发生时间为书面合同规定的收款日期

　　D.先开具发票的，其纳税义务的发生时间为开具发票的当天

3.下列关于增值税纳税地点的表述中，正确的有（　　）。

　　A.进口货物应当由进口人或者代理人向报送地海关申报纳税

　　B.固定业户应当向其机构所在地主管税务机关申报纳税

　　C.固定业户跨县（市）提供建筑服务或者销售取得的不动产，应按规定在建筑服务发生或不动产所在地预缴税款后，向机构所在地主管税务机关进行纳税申报

　　D.非固定业户销售货物或者应税劳务，应当向销售地或应税劳务地主管税务机关申请纳税

【技能点2-5】增值税纳税申报实务操作

一、判断题

1.增值税纳税人，不论有无销售额，均应按主管税务机关核定的纳税期限按期填报

增值税纳税申报表，并于次月1日起7日内，向当地税务机关申报。（　　）

2.增值税小规模纳税人纳税申报时，应提供增值税纳税申报表、普通发票领用存月报表、企业财务会计报表及其他税务机关要求报送的资料。（　　）

3.增值税的报税是指在报税期内，一般单位在月底前，将IC卡拿到税务机关，由税务人员将IC卡的信息读入税务机关的金税系统。（　　）

4.增值税的抄税是指在当月的最后一天，通常是在次月1日早上开票前，利用防伪税控开票系统进行抄税处理，将本月开具增值税专用发票的信息读入IC卡，抄税完成后本月不允许再开具发票。（　　）

5.经过抄税，税务机关确保了所有抵扣的进项发票都进入金税系统；经过报税，税务机关确保了所有开具的销项发票进入了金税系统。（　　）

二、单项选择题

1.增值税暂行条例规定，纳税人不论有无销售额，均应按主管税务机关核定的纳税期限按期填报增值税纳税申报表，并于次月1日起（　　）日内，向当地税务机关申报。

A.5　　　　　　　　B.7　　　　　　　　C.10　　　　　　　　D.15

2.一般纳税人适用的增值税纳税申报表中的"应抵扣税额合计"栏的计算公式为（　　）。

A."进税税额+上期留抵税额−进项税额转出−免抵退货物应退税额+按适用税率计算的纳税检查应补缴税额"

B."进税税额+上期留抵税额−进项税额转出"

C."进税税额+上期留抵税额−进项税额转出−免抵退货物应退税额"

D."进税税额+上期留抵税额−进项税额转出+免抵退货物应退税额"

3.一般纳税人抄税的时间为（　　）。

A.当月最后一笔业务完了之后，通常为次月1日早上开票前

B.次月7日前

C.次月10日前

D.次月15日前

4.一般纳税人报税的时间为（　　）。

A.当月最后一笔业务完了之后，通常为次月1日早上开票前

B.一般在次月7日前

C.一般在次月10日前

D.一般在次月15日前

5.纳税人增值税专用发票认证（或选择抵扣）时间为（　　）。

A.月底前　　　　　　　　　　　　　B.一般在次月7日前

C.一般在次月10日前　　　　　　　　D.一般在次月15日前

三、多项选择题

1.增值税一般纳税人采用的增值税纳税申报表主表的附表包括（　　）。

A.本期销售情况明细表　　　　　　　B.本期进项税额情况明细表

C.资产负债表　　　　　　　　　　　D.利润表

2.增值税一般纳税人进行增值税纳税申报时，提供的附报资料包括（　　）。

A.增值税专用发票抵扣联　　　　　　B.海关进口货物完税凭证的复印件

C.税控机动车销售统一发票抵扣联　　D.收购农产品普通发票复印件

3.增值税一般纳税人在办理增值税纳税申报前，需要完成的工作有（　　）。

A.专用发票认证（选择抵扣）　　　　B.抄税

C.报税　　　　　　　　　　　　　　D.税款缴纳

4.纳税人办理增值税纳税申报的方式包括（　　）。

A.上门申报　　　B.网上申报　　　C.直接申报　　　　D.间接申报

5.目前增值税专用发票的认证方式可以选择（　　）。

A.手工认证

B.网上认证

C.符合条件的纳税人可以不再认证，自行登录系统选择抵扣

D.机械认证

【知识点2-4】增值税出口退税的管理规定

一、判断题

1.出口企业应将不同退税率的货物分开核算和申报，凡划分不清适用税率的，一律从低适用税率计算退税。　　　　　　　　　　　　　　　　　　　　　　（　　）

2.现行出口货物增值税退税率实行比例税率，具体退税率根据出口货物报关单上列明的商品代码，对应国家税务总局下发的退税率文库确定。　　　　　　　　（　　）

3.未按照"免、抵、退"办法办理出口退税的生产企业，对出口货物一律先按增值税暂行条例的规定征税。　　　　　　　　　　　　　　　　　　　　　　　（　　）

4.对出口不免税也不退税的出口货物视同内销处理。　　　　　　　　　（　　）

5.生产企业在货物报关出口之日（以出口货物报关单（出口退税专用）上注明的出口日期为准）起30天内，到主管税务机关办理"免、抵、退"税申报，同时报送出口货物"免、抵、退"税电子申报数据。　　　　　　　　　　　　　　　　　（　　）

二、单项选择题

1.企业申报出口货物退（免）税的地点一般在（　　）。

A.出口地税务机关　　　　　　　　　B.购货地税务机关

C.就近的税务机关　　　　　　　　　D.主管退税的税务机关

2.下列各项中，适用增值税出口免税不退税政策的货物是（　　）。

A.军品　　　　　B.原油　　　　　C.天然牛黄　　　　D.糖

3.出口企业代理其他企业出口后，应在货物报关出口之日起（　　）天内凭出口货物报关单、代理出口协议，向主管税务机关申请开具"代理出口货物证明"，并及时转给委托出口企业。

A.30　　　　　　B.60　　　　　　C.90　　　　　　　D.180

4.下列出口货物中，可享受增值税"免税并退税"待遇的是（　　　）。

　　A.加工企业来料加工复出口的货物

　　B.生产企业自营或委托外贸企业代理出口的自产货物

　　C.属于小规模纳税人的生产性企业自营出口的自产货物

　　D.外贸企业从小规模纳税人购进并持有普通发票的出口货物

5.下列货物不免税也不退税的是（　　　）。

　　A.来料加工复出口的货物　　　　　　　B.进料加工复出口的货物

　　C.援外出口货物　　　　　　　　　　　D.外贸企业直接购进免税货物出口

三、多项选择题

1.我国的出口退（免）税的方法有（　　　）。

　　A.出口不免税也不退税　　　　　　　　B.出口免税不退税

　　C.出口不免税退税　　　　　　　　　　D.出口免税并退税

2.下列货物的出口，享受增值税出口免税不退税政策的有（　　　）。

　　A.汽车生产企业委托外贸企业出口的汽车

　　B.小规模生产企业委托外贸企业代理出口的自产货物

　　C.外贸企业出口的避孕药品

　　D.从农业生产者直接购进的免税农产品出口

3.可以退（免）增值税的出口货物应具备的条件有（　　　）。

　　A.属于增值税的征税范围　　　　　　　B.报关离境

　　C.财务上作销售处理　　　　　　　　　D.用于宣传而对外赠送的产品

4.根据增值税现行规定，下列企业可享受出口货物退（免）税政策的有（　　　）。

　　A.经国家商务主管部门及其授权单位批准的有进出口经营权的外贸企业

　　B.经国家商务主管部门及其授权单位批准的有进出口经营权的自营生产企业

　　C.委托外贸企业代理出口的生产企业

　　D.借出口经营权、挂靠出口货物的企业

5.办理增值税出口退税时，必须提供的凭证有（　　　）。

　　A.购进出口货物的增值税专用发票（抵扣联）、出口销售发票

　　B.盖有海关验讫章的出口货物报关单（出口退税专用）

　　C.有委托业务的需提供由受托方税务机关签发的代理出口证明

　　D.主管退税机关要求提供的其他资料

【技能点2-6】增值税出口退（免）税额的计算

一、判断题

1.外贸企业与工业企业出口退税的计算方法相同。　　　　　　　　　　（　　　）

2.外贸企业从小规模纳税人购进并持有普通发票的货物出口，一律免税但不予退税。　　　　　　　　　　　　　　　　　　　　　　　　　　　　　　（　　　）

3.免抵退税的计税依据为出口货物离岸价。　　　　　　　　　　　　　（　　）

4.生产企业自营或委托外贸企业代理出口自产货物，除另有规定外，增值税一律实行"免、抵、退"管理办法。　　　　　　　　　　　　　　　　　　　　　（　　）

5."免、抵、退"办法中的"退"税，是指生产企业出口的自产货物在当月内应抵顶的进项税额小于应纳税额时，对未抵顶完的部分予以退税。　　　　　　　　（　　）

二、单项选择题

1.在"免、抵、退"办法中，当期应退税额应根据（　　）原则确定。

A."期末留抵税额"与"当期免抵退税额"孰小

B."期末留抵税额"与"当期免抵退税额"孰大

C."当期应纳税额"与"当期免抵退税额"孰小

D."当期应纳税额"与"当期免抵退税额"孰大

2.按照增值税现行规定，生产企业委托外贸企业代理出口货物，其增值税的退（免）税环节和方法是（　　）。

A.对生产企业实行退税，采取"先征后退"办法

B.对外贸企业实行退税，采取"即征即退"办法

C.对生产企业和外贸企业分别实行退税，采取"先征后退"办法

D.对生产企业实行退税，采取"免、抵、退"办法

3.某电器生产企业自营出口自产货物，2019年6月末计算出的期末留抵税额为8万元，当期免抵退税额为12万元，则该企业的当期免抵税额为（　　）万元。

A.8　　　　　　B.12　　　　　　C.4　　　　　　D.15

4.某进出口公司2019年8月出口美国平纹布2 000平方米，进货增值税专用发票上列明单价为20元/平方米，计税金额为40 000元，退税率为13%，则其应退税额为（　　）元。

A.6 800　　　　　　B.5 200　　　　　　C.1 600　　　　　　D.0

三、多项选择题

1.一般而言，对生产企业免抵退税，下列说法中正确的有（　　）。

A.当期应纳税额≥0时，当期应退税额=0

B.当期应纳税额＞0时，当期应退税额=当期免抵退税额

C.当期期末留抵税额＜当期免抵退税额时，当期免抵税额=当期免抵退税额

D.当期期末留抵税额≥当期免抵退税额时，当期应退税额=当期免抵退税额

2.某国际运输公司已登记为一般纳税人，该企业实行"免、抵、退"税管理办法。该企业2019年8月份承接了3个国际运输业务，取得收入60万元人民币，该企业增值税纳税申报时，期末留抵税额为15万元人民币。则下列说法中正确的有（　　）。

A.当期零税率应税服务免抵退税额为5.4万元

B.当期应退税额为5.4万元

C.当期应退税额为9.6万元

D.退税申报后，结转下期留抵税额为9.6万元

3.某有出口经营权的生产企业（一般纳税人），2019年8月从国内购进生产用钢材，

取得的增值税专用发票上注明的价款为 368 000 元，本月内销货物的销售额为 150 000 元，出口货物的离岸价格为 348 600 元。则下列表述中正确的有（   ）。（增值税出口退税率为9%）

    A.应退增值税 14 396 元   B.应退增值税 41 832 元
    C.免抵增值税 0   D.免抵增值税 16 978 元

四、不定项选择题

1.某有出口经营权的生产企业 12 月销售产品取得销售额 100 000 元，出口产品一批取得收入 500 000 元（出口离岸价，人民币），当月取得进项税额 50 000 元，上期留抵税额为 10 000 元，产品征税率为 13%，退税率为 11%，企业实行免抵退税办法。

要求：根据上述资料，回答下列问题。

（1）当月免抵退税不得免征和抵扣税额为（   ）元。
    A.10 000   B.75 000   C.34 000   D.41 000
（2）当月免抵退税额为（   ）元。
    A.10 000   B.55 000   C.15 000   D.10 000
（3）当月应退税额为（   ）元。
    A.10 000   B.0   C.37 000   D.17 000
（4）当月免抵税额为（   ）元。
    A.10 000   B.50 000   C.34 000   D.18 000

2.某自营出口生产企业是增值税一般纳税人，出口货物的征税率为 13%，退税率为 9%。2019 年 8 月，该企业外购货物准予抵扣的进项税额为 42 万元，货已入库。另外进料加工免税进口料件 90 万元。上期期末留抵税额 3 万元。当月内销货物销售额为 100 万元，销项税额为 13 万元。本月出口货物销售折合人民币 200 万元。该企业实行免抵退税办法。

要求：根据上述资料，回答下列问题。

（1）当期免抵退税不得免征和抵扣税额为（   ）万元。
    A.4.4   B.8   C.0   D.26
（2）当期免抵退税额为（   ）万元。
    A.26   B.9.9   C.0   D.27
（3）当期应退税额为（   ）万元。
    A.23.6   B.9.9   C.0   D.26
（4）当期免抵税额为（   ）万元。
    A.23.6   B.14.3   C.0   D.26

【技能点2-7】出口货物退（免）增值税的会计核算

一、判断题

1.采用"免、抵、退"办法时，生产企业当期出口货物不予抵扣或退税的税额，应借记"主营业务成本"科目，贷记"应交税费——应交增值税（进项税额转出）"科目。　　　　　　　　　　　　　　　　　　　　　（　　）

2.采用"先征后退"办法时，外贸企业按照规定退税率计算应收出口退税款时，借记"其他应收款"科目，贷记"应交税费——应交增值税（出口退税）"科目。　　　　　　　　　　　　　　　　　　　　　　　　　　　（　　）

二、单项选择题

1.有自营出口权的生产企业，采用"免、抵、退"办法时，结转当期不予抵扣或退税的税款时应（　　）。

A.贷记"应交税费——应交增值税（进项税额转出）"科目

B.贷记"应交税费——应交增值税（出口抵减内销产品应纳税额）"科目

C.借记"应交税费——应交增值税（进项税额转出）"科目

D.借记"应交税费——应交增值税（出口抵减内销产品应纳税额）"科目

2.外贸企业组织货物出口时，应按（　　）乘以退税率，计算应退税额。

A.出口货物购进时取得的增值税专用发票上记载的进项税额

B.出口货物购进时取得的增值税专用发票上记载的金额

C.出口货物出口时取得的销售发票上记载的金额

D.出口货物出口时取得的不含关税的金额

三、多项选择题

1.有自营出口权的生产企业，出口货物按规定的退税率计算的出口货物的进项税额抵减内销产品应纳税额时，应（　　）。

A.借记"主营业务成本"科目

B.借记"应交税费——应交增值税（出口抵减内销产品应纳税额）"科目

C.借记"应交税费——应交增值税（进项税额转出）"科目

D.贷记"应交税费——应交增值税（出口退税）"科目

2.外贸企业按照规定退税率计算应收出口退税款时，应（　　）。

A.借记"其他应收款"科目

B.借记"应交税费——应交增值税（出口退税）"科目

C.贷记"其他应收款"科目

D.贷记"应交税费——应交增值税（出口退税）"科目

第三部分　职业实践能力训练

一、实训要求

1.根据东海市华永贸易有限公司提供的2019年7月份材料，编制有关会计分录并填制记账凭证。

2.根据上述资料计算东海市华永贸易有限公司2019年7月份应缴纳的增值税。

3.登记"应交税费——应交增值税"明细账。

4.填制增值税纳税申报表和相关附表。

二、实训条件

在税务实训室进行；东海市华永贸易有限公司2019年7月的有关进销资料；增值税纳税申报表（增值税一般纳税人适用）、增值税纳税申报表附列资料（一）、增值税纳税申报表附列资料（二）和固定资产（不含不动产）进项税额抵扣情况表；"应交税费——应交增值税"明细账页。相关表单见表2-13至表2-19。

三、实训材料

1.基本信息

企业名称：东海市华永贸易有限公司

纳税人识别号：268106789123456

企业地址：东海市人民路24号

法人代表：刘华

注册资本：5 000万元

企业类型：有限责任公司

企业开户银行及账号：工商银行东海市人民支行 8523171260123456789

2.具体业务

东海市华永贸易有限公司于2008年1月成立，为增值税一般纳税人，增值税纳税期为1个月，使用防伪税控系统。2019年6月末留抵税额为3 000元，7月份主要经济业务如下：

（1）销售电子产品取得货款700 000元，开具防伪税控增值税专用发票15份。销售食用植物油取得货款500 000元，其中：开具防伪税控增值税专用发票6份，销售额为300 000元；开具普通发票18份，不含税销售额为200 000元。

（2）提供加工劳务取得收入400 000元，开具防伪税控增值税专用发票18份。

（3）按简易计税办法适用3%税率征收的货物销售额为103 000元（含税），开具防伪税控增值税专用发票2份。

（4）职工集体福利领用账面成本为40 000元的购进货物。

（5）因管理不善致使账面成本为30 000元的货物被盗。

（6）本期按简易办法征税货物的账面成本为80 000元，应负担的进项税额为13 600元。

（7）购进货物情况：①本期认证（选择抵扣）相符且本期申报抵扣的防伪税控增值税专用发票8份，金额为450 000元，进项税额为58 500万元；②前期认证（选择抵扣）相符且本期申报抵扣2份，金额为160 000元，进项税额为20 800元；③农产品收购发票14份，金额为350 000元；④货物运输业增值税专用发票8份，注明运费220 000元，税款为19 800元。

表2-13 "应交税费——应交增值税（销项税额）"明细账

年		记账凭证号数	摘要	入账发票份数		借方	贷方												借或贷	余额
月	日			专用发票	普通发票		应税行为						视同销售							
							13%	10%	9%	6%	5%	3%	13%	10%	9%	6%	5%	3%		

表2-14　"应交税费——应交增值税（进项税额）"明细账

年		记账凭证号数	摘要	入账发票份数		借　方								贷方	借或贷	余额
月	日			专用发票	普通发票	13%	9%	9%	农产品	10%	6%	5%	3%			

表2-15

"应交税费——应交增值税（进项税额转出）"明细账

记账年		凭证号数	摘要	借方	贷方							借或贷	余额
月	日				13%	9%	9% 农产品	10%	6%	5%	3%		

表2-16　"应交税费——应交增值税" 明细账

年		记账凭证号数	摘要	页数	借　方				贷　方			借或贷	余额
月	日				进项税额	已交税额	减免税额	出口抵免税额	销项税额	出口退税	进项税额转出		

表2-17　　　　　　　　　　**增值税纳税申报表**
（一般纳税人适用）

根据国家税收法律法规及增值税相关规定制定本表。纳税人不论有无销售额，均应按税务机关核定的纳税期限填写本表，并向当地税务机关申报。

税款所属时间：自　年　月　日至　年　月　日　　填表日期：　年　月　日

纳税人识别号 □□□□□□□□□□□□□□□□　所属行业：

纳税人名称		法定代表人姓名		注册地址		营业地址	
开户银行及账号		企业登记注册类型			电话号码		

项目		栏次	一般项目		即征即退项目	
			本月数	本年累计	本月数	本年累计
销售额	（一）按适用税率计税销售额	1				
	其中：应税货物销售额	2				
	应税劳务销售额	3				
	纳税检查调整的销售额	4				
	（二）按简易办法计税销售额	5				
	其中：纳税检查调整的销售额	6				
	（三）免、抵、退办法出口销售额	7			—	—
	（四）免税销售额	8			—	—
	其中：免税货物销售额	9			—	—
	免税劳务销售额	10			—	—
税款计算	销项税额	11				
	进项税额	12				
	上期留抵税额	13			—	—
	进项税额转出	14				
	免、抵、退应退税额	15			—	—
	按适用税率计算的纳税检查应补缴税额	16			—	—
	应抵扣税额合计	17=12+13-14-15+16			—	—
	实际抵扣税额	18（如17<11，则为17，否则为11）				

续表

项目		栏次	一般项目		即征即退项目	
			本月数	本年累计	本月数	本年累计
税款计算	实际抵扣税额	18（如17<11，则为17，否则为11）				
	应纳税额	19=11-18				
	期末留抵税额	20=17-18			—	—
	简易计税办法计算的应纳税额	21				
	按简易计税办法计算的纳税检查应补缴税额	22			—	—
	应纳税额减征额	23				
	应纳税额合计	24=19+21-23				
税款缴纳	期初未缴税额（多缴为负数）	25				
	实收出口开具专用缴款书退税额	26			—	—
	本期已缴税额	27=28+29+30+31				
	①分次预缴税额	28			—	—
	②出口开具专用缴款书预缴税额	29			—	—
	③本期缴纳上期应纳税额	30				
	④本期缴纳欠缴税额	31				
	期末未缴税额（多缴为负数）	32=24+25+26-27				
	其中：欠缴税额（≥0）	33=25+26-27			—	—
	本期应补（退）税额	34=24-28-29			—	—
	即征即退实际退税额	35	—	—		
	期初未缴查补税额	36			—	—
	本期入库查补税额	37			—	—
	期末未缴查补税额	38=16+22+36-37			—	—

授权声明	如果你已委托代理人申报，请填写下列资料： 为代理一切税务事宜，现授权 （地址）　　　　　为本纳税人的代理申报人，任何与本申报表有关的往来文件，都可寄予此人。 授权人签字：	申报人声明	本纳税申报表是根据国家税收法律法规及相关规定填报的，我确定它是真实的、可靠的、完整的。 声明人签字：

主管税务机关：　　　　　　接收人：　　　　　　　　接收日期：

表2-18

增值税纳税申报表附列资料（一）

（本期销售情况明细）

纳税人名称：（公章）

税款所属时间：　　年　月　日至　　年　月　日　　　　　　金额单位：元至角分

项目及栏次		开具税控增值税专用发票		开具其他发票		未开具发票		纳税检查调整		合计		价税合计	服务、不动产和无形资产扣除项目本期实际扣除金额	扣除后	
		销售额	销项（应纳）税额	销售额	销项（应纳）税额	销售额	销项（应纳）税额	销售额	销项（应纳）税额	销售额	销项（应纳）税额			含税（免税）销售额	销项（应纳）税额
		1	2	3	4	5	6	7	8	9=1+3+5+7	10=2+4+6+8	11=9+10	12	13=11-12	14=13÷(100%+税率)或征收率×税率或征收率
一般计税方法计税	全部征税项目	13%税率的货物及加工修理修配劳务　1														
		13%税率的有形动产租赁服务　2														
		9%税率的货物及加工修理修配劳务　3														
		9%税率的服务、不动产和无形资产　4														
		6%税率　5														
	其中：即征即退项目	即征即退货物及加工修理修配劳务　6		—	—	—	—	—	—	—			—	—	—	—
		即征即退服务、不动产和无形资产　7		—	—	—	—	—	—	—			—	—	—	—

续表

项目及栏次		开具税控增值税专用发票		开具其他发票		未开具发票		纳税检查调整		合计			服务、不动产和无形资产扣除项目本期实际扣除金额	扣除后	
		销售额	销项（应纳）税额	销售额	销项（应纳）税额	销售额	销项（应纳）税额	销售额	销项（应纳）税额	销售额	销项（应纳）税额	价税合计		含税（免税）销售额	销项（应纳）税额
		1	2	3	4	5	6	7	8	9=1+3+5+7	10=2+4+6+8	11=9+10	12	13=11-12	$14=13\div(100\%+税率)$ 或征收率×税率或征收率
二、简易计税方法计税 全部征税项目	8　6%征收率 的货物及劳务												—	—	—
	9a　5%征收率 的货物及劳务												—	—	—
	9b　5%征收率 的服务、不动产和无形资产														
	10　4%征收率 的货物及劳务												—	—	—
	11　3%征收率 的货物及劳务												—	—	—
	12　3%征收率 的服务、不动产和无形资产														
	13a　预征率　%												—	—	—
	13b　预征率　%												—	—	—
	13c　预征率　%												—	—	—
其中：即征即退项目	14　即征即退货物及加工修理修配劳务	—	—	—	—	—	—	—	—				—	—	—
	15　即征即退服务、不动产和无形资产	—	—	—	—	—	—	—	—						
三、免抵退税	16　货物及加工修理修配劳务	—	—	—	—	—	—	—	—		—		—	—	—
	17　服务、不动产和无形资产	—	—	—	—	—	—	—	—		—				
四、免税	18　货物及加工修理修配劳务	—	—	—	—	—	—	—	—		—		—	—	—
	19　服务、不动产和无形资产	—	—	—	—	—	—	—	—		—				

表2-19　　　　　　　　　　**增值税纳税申报表附列资料（二）**

（本期进项税额明细）

税款所属时间：　　年　月　日至　　年　月　日

纳税人名称：（公章）　　　　　　　　　　　　　　　　金额单位：元至角分

一、申报抵扣的进项税额				
项目	栏次	份数	金额	税额
（一）认证相符的增值税专用发票	1=2+3			
其中：本期认证相符且本期申报抵扣	2			
前期认证相符且本期申报抵扣	3			
（二）其他扣税凭证	4=5+6+7+8a+8b			
其中：海关进口增值税专用缴款书	5			
农产品收购发票或者销售发票	6			
代扣代缴税收缴款凭证	7			—
加计扣除农产品进项税额	8a		—	—
其他	8b			
（三）本期用于购建不动产的扣税凭证	9			
（四）本期用于抵扣的旅客运输服务扣税凭证	10		—	—
（五）外贸企业进项税额抵扣证明	11			
当期申报抵扣进项税额合计	12=1+4+11			
二、进项税额转出额				
项目	栏次	税额		
本期进项税转出额	13=14至23之和			
其中：免税项目用	14			
集体福利、个人消费	15			
非正常损失	16			
简易计税方法征税项目用	17			
免抵退税办法不得抵扣的进项税额	18			
纳税检查调减进项税额	19			
红字专用发票通知单注明的进项税额	20			
上期留抵税额抵减欠税	21			
上期留抵税额退税	22			
其他应作进项税额转出的情形	23			
三、待抵扣进项税额				
项目	栏次	份数	金额	税额
（一）认证相符的增值税专用发票	24	—	—	—
期初已认证相符但未申报抵扣	25			
本期认证相符且本期未申报抵扣	26			
期末已认证相符但未申报抵扣	27			
其中：按照税法规定不允许抵扣	28			
（二）其他扣税凭证	29=30至33之和			
其中：海关进口增值税专用缴款书	30			
农产品收购发票或者销售发票	31			
代扣代缴税收缴款凭证	32		—	
其他	33			
	34			
四、其他				
项目	栏次	份数	金额	税额
本期认证相符的税控增值税专用发票	35			
代扣代缴税额	36		—	

项目三

消费税的业务操作

第一部分　重点难点提示

【知识点3-1】消费税的纳税人和征税范围

一、消费税的概念与特点

消费税是对我国境内从事生产、委托加工和进口应税消费品的单位和个人，就其销售额或销售数量，在特定环节征收的一种税。它具有以下特点：①征税项目具有选择性；②征税环节具有单一性；③征税方法具有多样性；④税收的调节具有特殊性；⑤消费税具有转嫁性。

二、消费税的纳税义务人和征税范围

（1）消费税的纳税义务人

消费税的纳税义务人为在中华人民共和国境内生产、批发、委托加工和进口应税消费品的单位和个人。自2009年1月1日起，增加了国务院确定的销售应税消费品的其他单位和个人。

（2）征税范围

消费品的征税范围包括以下税目：烟、酒、高档化妆品、贵重首饰及珠宝玉石、鞭炮焰火、成品油、摩托车、小汽车、高尔夫球及球具、高档手表、游艇、木制一次性筷子、实木地板、电池、涂料，共15类货物。

【知识点3-2】消费税的税率与优惠政策

消费税实行定额税率、比例税率和从量定额与从价定率相结合的复合计税3种形式，共设置了20余档不同的税率（税额）。具体见表3-1。

表3-1　　　　　　　　　　　　　消费税税率

项目		适用范围
税率的一般规定	定额税率	啤酒；黄酒；成品油
	从量定额与从价定率相结合的复合计税	白酒；生产、批发、进口、委托加工的卷烟
	比例税率	除啤酒、黄酒、成品油、卷烟、白酒以外的其他各项应税消费品：1%～36%
特殊情况下的税率规定	按最高税率征税的特殊情况	①纳税人兼营不同税率的应税消费品未分别核算的 ②将不同税率的应税消费品组成套装销售的
	贵重首饰及珠宝玉石的税率	金、银和金基、银基合金首饰以及金、银和金基、银基合金的镶嵌首饰和钻石、钻石饰品在零售环节征税，税率为5%；其他首饰在生产、进口、委托加工环节征税，税率为10%

消费税只对税法列举的几种特殊消费品征税，其目的在于调节收入分配、控制适度消费，因此，税法很少对消费税制定税收优惠政策，目前只对特殊生产的成品油、应税消费的军品、特殊电池、特殊涂料（施工状态下挥发性有机物含量低于420克/升（含））暂免征收消费税。

【技能点3-1】直接对外销售与自产自用应税消费品应纳税额的计算

消费税应纳税额的计算有三种方法，从价定率、从量定额计征法以及从价定率和从量定额复合计征法，具体见表3-2。

表3-2　　　　　　　　　　　　　消费税应纳税额的计算

计税方法	计税依据	适用范围	公　式
从价定率	销售额	除列举项目外的应税消费品	应纳税额＝销售额×比例税率
从量定额	销售数量	啤酒、黄酒、成品油	应纳税额＝销售数量×单位税额
复合计征	销售额、销售数量	粮食白酒、薯类白酒、卷烟	应纳税额＝销售数量×单位税额＋销售额×比例税率

一、计税依据确定的一般原则

确定消费税计税销售额、销售数量的一般原则见表3-3。

表3-3　　　　　　　　　　　消费税计税销售额、销售数量的确定

计税依据	规　定	备　注
直接对外销售业务的销售额	①包括向购买方收取的全部价款和价外费用；②价外费用是指价外收取的手续费、补贴、基金、集资费、返还利润、奖励费、违约金、滞纳金、延期付款利息、赔偿金、代收款项、代垫款项、包装费、包装物租金、储备费、优质费、运输装卸费以及其他各种性质的价外收费，但不包括政府性基金或者行政事业性收费；③不包括以委托方名义开具发票代委托方收取的款项	①连同包装物销售的，均并入销售额中征收消费税；②不作价随同产品销售，而是收取押金的，则不应并入销售额征税，但对押金超过1年或者已经逾期的，无论是否退还均并入销售额征税；③对销售除啤酒、黄酒外的其他酒类产品而收取的包装物押金，无论是否返还以及会计上如何核算，均应并入当期销售额征税
自产自用应税消费品的销售价格	按照纳税人生产的同类消费品的销售价格计税	组成计税价格＝（成本＋利润）÷（1－比例税率）
	没有同类消费品销售价格的，按组成计税价格计税	组成计税价格＝（成本＋利润＋自产自用数量×定额税率）÷（1－比例税率）
销售数量	①销售应税消费品的，为应税消费品的销售数量；②自产自用应税消费品的，为应税消费品的移送使用数量	

二、已纳消费税的抵扣规定

因消费税实行单一环节征收，用外购的特定已税消费品连续生产应税消费品的，在

销售时，可按当期生产领用数量计算准予扣除外购已纳消费税。具体见表3-4。

表3-4 外购消费品已纳消费税的扣除

内 容	规 定
扣除范围	①外购已税烟丝为原料生产的卷烟； ②外购已税高档化妆品为原料生产的高档化妆品； ③外购已税珠宝玉石为原料生产的贵重首饰及珠宝玉石； ④外购已税鞭炮、焰火为原料生产的鞭炮、焰火； ⑤外购已税杆头、杆身和握把为原料生产的高尔夫球杆； ⑥外购已税木制一次性筷子为原料生产的木制一次性筷子； ⑦外购已税实木地板为原料生产的实木地板； ⑧外购已税石脑油为原料生产的应税消费品； ⑨外购已税润滑油为原料生产的润滑油，外购已税汽油、柴油为原料生产的汽油、柴油
计算公式	当期准予扣除的已纳税额=期初库存的应税消费品已纳税额+当期外购应税消费品已纳税额−期末库存的应税消费品已纳税额

【技能点3-2】委托加工与进口应税消费品应纳税额的计算

一、计税依据的确定

委托加工与进口应税消费品的计税依据见表3-5。

表3-5 委托加工与进口应税消费品的计税依据

项目	具体规定	组成计税价格计算公式	销售数量
委托加工应税消费品	按照受托方同类消费品的销售价格计税；没有同类消费品销售价格的，按照组成计税价格计税	组成计税价格＝（材料成本＋加工费）÷（1−比例税率） 组成计税价格＝（材料成本＋加工费＋委托加工数量×定额税率）÷（1−比例税率）	纳税人收回的应税消费品数量
进口应税消费品	按照组成计税价格计税	组成计税价格＝（关税完税价格＋关税）÷（1−比例税率） 组成计税价格＝（关税完税价格＋关税＋进口数量×定额税率）÷（1−比例税率）	海关核定的应税消费品进口征税数量

二、已纳消费税的抵扣规定

用委托加工收回的已税消费品连续生产应税消费品的，在销售时，可按当期生产领用数量计算准予扣除的委托加工收回已纳消费税。具体见表3-6。

表3-6　　　　　　　　委托加工收回消费品已纳消费税的扣除

内　容	规　定
扣除范围	①委托加工收回的已税烟丝为原料生产的卷烟； ②委托加工收回的已税高档化妆品为原料生产的高档化妆品； ③委托加工收回的已税珠宝玉石为原料生产的贵重首饰及珠宝玉石； ④委托加工收回的已税鞭炮、焰火为原料生产的鞭炮、焰火； ⑤委托加工收回的已税杆头、杆身和握把为原料生产的高尔夫球杆； ⑥委托加工收回的已税木制一次性筷子为原料生产的木制一次性筷子； ⑦委托加工收回的已税实木地板为原料生产的实木地板； ⑧委托加工收回的已税石脑油为原料生产的应税消费品； ⑨委托加工收回的已税润滑油为原料生产的润滑油，外购已税汽油、柴油为原料生产的汽油、柴油
计算公式	①委托加工应税消费品： 当期准予扣除的已纳税额=期初库存的应税消费品已纳税额+当期收回的委托加工应税消费品已纳税额-期末库存的应税消费品已纳税额 ②进口应税消费品： 当期准予扣除的进口应税消费品已纳税额=期初库存进口应税消费品已纳税额+当期进口应税消费品已纳税额-期末库存进口应税消费品已纳税额

【技能点3-3】消费税的会计核算

由于消费税属于价内税，即销售额中含有应负担的消费税税额，企业出售应税消费品而收取的消费税，已通过"主营业务收入"等科目体现企业收入，企业缴纳的消费税应作为费用、成本的内容加以核算，记入"税金及附加"科目，这是消费税与增值税会计处理上最主要的区别。

计提消费税时，除了贷记"应交税费——应交消费税"科目外，同时还涉及"税金及附加""其他业务成本""长期股权投资""在建工程""营业外支出""应付职工薪酬"等科目。

【知识点3-3】消费税征收管理规定

一、纳税义务发生时间（见表3-7）

表3-7　　　　　　　　消费税纳税义务发生时间

具体情形	纳税义务发生时间
托收承付和委托银行收款方式	发出应税消费品并办妥托收手续的当天
赊销和分期收款方式	销售合同约定的收款日期的当天
预收货款方式	发出应税消费品的当天
其他结算方式	收讫销售款或者取得索取销售款凭据的当天
自产自用应税消费品	移送使用的当天
委托加工应税消费品	纳税人提货的当天
进口应税消费品	报关进口的当天

二、纳税地点（见表3-8）

表3-8　　　　　　　　　　　　　　消费税纳税地点

具体情形	纳税地点
自产自销和自产自用行为	纳税人机构所在地或居住地
委托加工行为	由受托方向所在地主管税务机关代收代缴消费税
	委托个人加工，由委托方向其机构所在地或居住地主管税务机关缴纳
进口行为	由进口人或者其代理人向报关地海关申报
到外地（外县、市）销售或委托外地代销	纳税人机构所在地或居住地
总机构和分支机构不在同一县（市）的	各自机构所在地或总机构所在地

三、纳税环节

消费税的纳税环节包括：生产环节（委托加工）、进口环节、零售环节、批发环节。

四、纳税期限

消费税的纳税人以1个月或者1个季度为1个纳税期的，自期满之日起15日内申报纳税；以其他期限纳税的，自期满之日起5日内预缴税款，于次月1日起15日内申报纳税并结清上月税款。

纳税人进口应税消费品，应当自海关填发税款缴纳证之日起15日内缴纳税款。

【技能点3-4】消费税纳税申报的实务操作

纳税人无论当期有无销售或是否盈利，均应在次月1日至15日内根据应税消费品分别填写"烟类应税消费品消费税纳税申报表""酒类应税消费品消费税纳税申报表""成品油消费税纳税申报表""小汽车消费税纳税申报表""其他应税消费品消费税纳税申报表"，向主管税务机关进行纳税申报。

除了纳税申报表以外，每类申报表都有附表，包括："本期准予扣除计算表""本期代收代缴税额计算表""生产经营情况表""准予扣除消费税凭证明细表"等，在申报时一并填写。

【知识点3-4】消费税出口退税的管理规定

一、应税消费品退（免）税的适用范围

（1）必须是属于消费税征税范围的货物。

（2）必须是在财务上作销售处理的货物。

（3）必须是报关离境的货物。

（4）必须是出口收汇并已核销的货物。

二、出口应税消费品退（免）税政策

出口应税消费品退（免）消费税在政策上包括出口免税并退税、出口免税但不退

税、出口不免税也不退税三种。

三、出口应税消费品办理退（免）税后的管理

（1）外贸企业出口应税消费品后发生退关或退货

已办理退税的出口应税消费品，发生退关或者国外退货，进口时予以免税的，报关出口者必须及时向其所在地主管税务机关申报补缴已退的消费税税款。

（2）生产企业直接出口应税消费品发生退关或退货

纳税人直接出口的应税消费品办理免税后发生退关或国外退货，进口时已予以免税的，经所在地主管税务机关批准，可暂不办理补税，待其转为国内销售时，再向其主管税务机关申报补缴消费税。

【技能点3-5】消费税出口退税额的计算及会计核算

一、消费税出口退税额的计算

（1）从价定率计征消费税的应税消费品

应退消费税税额 = 出口货物的工厂销售额 × 消费税税率

（2）从量定额计征消费税的应税消费品

应退消费税税额 = 出口数量 × 单位税额

（3）复合计征消费税的应税消费品

应退消费税税额 = 出口货物的工厂销售额 × 消费税税率 + 出口数量 × 单位税额

二、出口应税消费品的会计核算

生产企业直接出口自产应税消费品时，按规定予以直接免税，不计算应缴消费税；免税后发生退货或退关的，也可以暂不办理补税，待其转为国内销售时，再申报缴纳消费税。

生产企业将应税消费品销售给外贸企业，由外贸企业自营出口的，按先征后退办法进行核算。即外贸企业从生产企业购入应税消费品时，先缴纳消费税，在产品报关出口后，再申请出口退税；退税后若发生退货或退关，应及时补缴消费税。

第二部分 职业判断能力训练

【知识点3-1】消费税的纳税人和征税范围

一、判断题

1.消费税属于流转税、中央税、价内税。　　　　　　　　　　　　　（　　　）

2.征收消费税的应税消费品一般均应征收增值税。　　　　　　　　　（　　　）

3.石化厂销售汽油应征收消费税，不征收增值税。　　　　　　　　　（　　　）

4.委托加工应税消费品的纳税义务人是受托方。 （　　）

5.纳税人将自产、委托加工收回和进口的应税消费品发放给本企业职工，均应视同销售征收消费税和增值税。 （　　）

6.税法规定，对于自产自用的应税消费品用于连续生产应税消费品的不征税，体现了税不重征和计税简便的原则。 （　　）

7.进口应税消费品不需要缴纳消费税。 （　　）

8.影视演员化妆用的上妆油不属于应税消费品。 （　　）

9.农用拖拉机的专用轮胎属于应税消费品。 （　　）

10.消费税不可能在零售环节征收。 （　　）

二、单项选择题

1.我国除另有规定外，只是对所有货物普遍征收增值税的基础上选择一部分消费品征收（　　）。

　　A.消费税　　　　　B.车船税　　　　　C.关税　　　　　D.资源税

2.消费税属于（　　）。

　　A.价内税　　　　　　　　　　　B.价外税转价内税

　　C.价外税　　　　　　　　　　　D.价内税转价外税

3.消费税纳税义务人规定中的"中华人民共和国境内"，是指生产、委托加工和进口属于应当征收消费税的消费品的（　　）在境内。

　　A.生产地　　　　　　　　　　　B.使用地

　　C.起运地或所在地　　　　　　　D.销售地

4.根据税法的规定，下列说法中不正确的是（　　）。

　　A.凡是征收消费税的消费品一般均征收增值税

　　B.凡是征收增值税的货物一般均征收消费税

　　C.应税消费品征收增值税的，其税基含有消费税

　　D.应税消费品征收消费税的，其税基不含有增值税

5.下列各项业务中，应承担消费税纳税义务的是（　　）。

　　A.在中国境内零售高档化妆品

　　B.在中国境内委托加工高档化妆品

　　C.出口国内生产的高档化妆品

　　D.将委托加工收回的高档化妆品在国内销售

6.下列情形中，不征收消费税的是（　　）。

　　A.用于广告宣传的样品白酒

　　B.用于本企业招待的卷烟

　　C.委托加工收回后以不高于受托方计税价格销售的粮食白酒

　　D.抵偿债务的小汽车

7.下列货物中，应当缴纳消费税的是（　　）。

　　A.汽车厂生产的小汽车移送至改装分厂改装加长型豪华小轿车

　　B.汽车厂生产的小轿车用于本厂研究所作碰撞实验

C.汽车制造商赞助汽车拉力赛的越野车

D.汽车轮胎厂生产的子午线轮胎

8.下列情况中，应征收消费税的是（   ）。

A.外购零部件组装电视机销售

B.商业零售企业外购已税珠宝玉石加工成金银首饰后销售

C.委托加工的粮食白酒收回后用于职工福利

D.委托加工的实木地板收回后以不高于受托方计税价格出售

9.依据消费税的有关规定，下列行为中应缴纳消费税的是（   ）。

A.进口卷烟   B.进口服装   C.零售化妆品   D.零售白酒

10.依据消费税的有关规定，下列消费品中属于消费税征税范围的是（   ）。

A.高尔夫球包   C.护肤护发品   B.竹制筷子   D.电动汽车

三、多项选择题

1.根据消费税现行规定，下列表述中正确的有（   ）。

A.消费税税收负担具有转嫁性

B.消费税的税率呈现单一税率形式

C.消费品生产企业没有对外销售的应税消费品均不征消费税

D.消费税税目列举的消费品都属于消费税的征税范围

2.根据消费税的现行规定，下列车辆不属于应税小汽车征税范围的有（   ）。

A.电动汽车

B.用厢式货车改装的商务车

C.用中轻型商务车底盘改装的中轻型商务客车

D.车身12米并且有25座的大客车

3.下列各项中，应当缴纳消费税的有（   ）。

A.用于本企业连续生产的应税消费品

B.用于奖励代理商销售业绩的应税消费品

C.用于本企业生产基建工程的应税消费品

D.用于捐助国家指定的慈善机构的应税消费品

4.下列行为中，既缴纳增值税又缴纳消费税的有（   ）。

A.酒厂将自产的白酒赠送给协作单位

B.卷烟厂将自产的烟丝移送用于生产卷烟

C.地板厂将生产的新型实木地板奖励给有突出贡献的职工

D.汽车厂将自产的应税小汽车赞助给某艺术节组委会

5.视同销售计征消费税的消费品有（   ）。

A.纳税人用于连续生产的应税消费品

B.用于职工福利的应税消费品

C.用于奖励的应税消费品

D.委托加工的应税消费品

6.应征收消费税的产品有（   ）。

A.将自产的应税消费品用来奖励职工

B.将出厂前的高档化妆品进行化学检验

C.自行车轮胎

D.作为展销品的高档化妆品

7.下列属于零售环节征收消费税的货物有（　　）。

　A.珠宝玉石　　　　B.金银首饰　　　　C.钻石饰品　　　　D.钻石

8.依据消费税的有关规定，下列消费品中属于高档化妆品税目的有（　　）。

　A.高档香水、香精　　　　　　　B.高档护肤类化妆品

　C.高档指甲油、蓝眼油　　　　　D.演员化妆用的上妆油、卸妆油

9.下列消费品属于消费税征税范围的有（　　）。

　A.未经涂饰的素板　　　　　　　B.汽油

　C.卸妆油　　　　　　　　　　　D.沙丁车

10.以下属于消费税的纳税义务人的有（　　）。

　A.生产应税消费品的单位和个人

　B.进口应税消费品的单位和个人

　C.委托加工应税消费品的单位和个人

　D.金银首饰的零售单位和个人

【知识点3-2】消费税的税率与优惠政策

一、判断题

1.黄酒适用比例税率征收消费税。　　　　　　　　　　　　　　　（　　）

2.烟草制品一律采用复合计税征收消费税。　　　　　　　　　　　（　　）

3.纳税人兼营不同税率的应税消费品（即生产销售两种税率以上的应税消费品时）应当分别核算不同税率应税消费品的销售额或销售数量，未分别核算的，按最高税率征税。　　　　　　　　　　　　　　　　　　　　　　　　　　　　（　　）

4.消费税的税率呈现单一税率形式。　　　　　　　　　　　　　　（　　）

5.销售啤酒时收取的包装物押金不计入啤酒的出厂价中。　　　　　（　　）

二、单项选择题

1.纳税人将应税消费品与非应税消费品以及适用税率不同的应税消费品组成成套消费品销售的，应按（　　）。

　A.应税消费品的平均税率计征　　　B.应税消费品的最高税率计征

　C.应税消费品的不同税率分别计征　D.应税消费品的最低税率计征

2.下列应税酒类消费品中，实行从量定额与从价定率相结合征税办法的是（　　）。

　A.粮食白酒　　B.啤酒　　　　C.黄酒　　　　D.葡萄酒

3.下列按规定适用15%税率的消费品是（　　）。

　A.烟　　　　　B.酒　　　　　C.高档手表　　D.鞭炮

4.以外购的不同品种的白酒勾兑的白酒，一律按照（   ）的税率征税。

    A.粮食白酒　　　　B.薯类白酒　　　　C.其他酒　　　　D.平均数

5.对外销售的下列成品油中，目前暂缓征收消费税的是（   ）。

    A.航空煤油　　　　B.溶剂油　　　　　C.润滑油　　　　D.燃料油

三、多项选择题

1.下列各项中，符合消费税有关征收规定的有（   ）。

    A.以外购的不同品种白酒勾兑的白酒，一律按照粮食白酒的税率征税

    B.对用薯类和粮食以外的其他原料混合生产的白酒，一律按照薯类白酒的税率征税

    C.对用粮食和薯类、糠麸等多种原料混合生产的白酒，一律按照薯类白酒的税率征税

    D.外购酒精生产的白酒，凡酒精所用原料无法确定的，一律按照粮食白酒的税率征税

2.我国现行的消费税税率主要有（   ）。

    A.比例税率　　　　B.平均税率　　　　C.定额税率　　　　D.累进税率

3.下列按规定适用5%税率的消费税货物包括（   ）。

    A.实木地板　　　　　　　　　　B.高档手表

    C.木制一次性筷子　　　　　　　D.其他酒

4.下列关于目前消费税税率的表述中正确的有（   ）。

    A.卷烟生产环节：每标准箱150元定额税，按每标准条的售价分别适用56%和36%的税率

    B.粮食白酒：每500克0.5元定额税，从价税税率20%

    C.薯类白酒：每500克0.5元定额税，从价税税率20%

    D.高档化妆品的税率是15%

5.根据消费税现行政策的有关规定，下列说法中正确的有（   ）。

    A.娱乐业、饮食业自制啤酒适用啤酒最高税额250元/吨

    B.委托加工的卷烟按照受托方同牌号规格卷烟的征税类别和适用税率征税

    C.对于每标准条卷烟调拨价格在70元以上的（含70元），卷烟从价消费税税率为56%

    D.卷烟批发环节从价计征部分按5%的税率计征消费税

【技能点3-1】直接对外销售与自产自用应税消费品应纳税额的计算

一、判断题

1.卷烟厂生产的烟丝，如果直接对外销售，应缴纳消费税，但如果烟丝用于本厂连续生产卷烟，其烟丝就不征收消费税，只对最终生产出来的卷烟征收消费税。

    （   ）

2.生产企业销售酒类产品而收取的包装物押金，无论押金是否返还及会计上如何核算，均不需并入酒类产品销售额计征消费税。（　　）

3.应税消费品的销售额包括向购买方收取的全部价款和价外费用，但承运部门的运费发票直接开具给购货方的除外。（　　）

4.纳税人用外购的已税珠宝玉石生产的改在零售环节征收消费税的金银首饰（含镶嵌首饰），在计税时一律不得扣除外购珠宝玉石的已纳税款。（　　）

5.企业在没有同类产品售价的情况下，可以按企业的实际成本利润率推算计税价格来计算该类产品的应纳消费税。（　　）

6.用外购已税酒精生产的白酒，其消费税的计税依据为销售额扣除外购已税酒精进价后的余额。（　　）

7.纳税人用于换取生产资料和消费资料、投资入股、抵偿债务的应税消费品，应以纳税人同类消费品的平均销售价格为依据计算消费税。（　　）

8.金店采用"以旧换新"方式销售的金银首饰，其征收消费税的计税依据是同类新金银首饰的销售价格。（　　）

9.包装物连同应税消费品销售单独计价的，包装物不征收消费税。（　　）

10.纳税人将自己生产的应税消费品无偿赠送给他人时，按近期同类产品的平均售价征收消费税。（　　）

二、单项选择题

1.一位客户向某汽车制造厂（增值税一般纳税人）订购自用汽车一辆，支付货款（含税）241 200元，另付设计、改装费30 000元。该辆汽车计征消费税的销售额为（　　）元。

A.214 359　　　　B.240 000　　　　C.250 800　　　　D.280 800

2.某烟厂7月外购烟丝，取得的增值税专用发票上注明的增值税为6.5万元，本月生产卷烟领用80%，期初尚有库存外购烟丝价值2万元，期末库存烟丝价值12万元，则该厂本月应纳消费税中可扣除的消费税是（　　）万元。

A.6.8　　　　B.9.6　　　　C.12　　　　D.40

3.星果酒厂本月销售果啤10吨，售价为2 500元/吨（不含增值税），同时收取包装物押金6 000元，则下列表述中正确的是（　　）。

A.该厂应纳消费税税额为2 200元　　　B.该厂应纳消费税税额为2 500元

C.确定税率时押金不作考虑　　　D.果啤押金并入计税价格一同计税

4.某酒厂研发生产一种新型粮食白酒，第一批生产1 000千克，成本为17万元，作为礼品赠送品尝，没有同类白酒售价。已知粮食白酒的成本利润率为10%，则该批酒应纳消费税税额为（　　）万元。

A.4.80　　　　B.6.55　　　　C.7.91　　　　D.8.20

5.某销售公司2019年11月份销售高档化妆品的含增值税收入为40 000元，该公司11月份高档化妆品销售收入应纳消费税税额为（　　）元。

A.20 000　　　　B.17 094　　　　C.5 310　　　　D.14 872

6.某酒厂于2019年8月将自产的5吨新型粮食白酒作为福利发放给本厂职工，已知该批白酒的成本为 100 000 元，无同类产品市场销售价格。根据消费税法律制度的规定，该批白酒应缴纳的消费税税额为（　　　）元。

　　A.27 000　　　　　　B.27 500　　　　　　C.32 500　　　　　　D.33 750

7.2019 年 3 月，某卷烟厂从甲企业购进烟丝，取得增值税专用发票，注明的价款为 50 万元；当月领用 60% 用于生产 A 牌卷烟（甲类卷烟）；本月销售 A 牌卷烟 80 箱（标准箱），取得不含税销售额 400 万元。则当月该卷烟厂应纳消费税税额为（　　　）万元。

　　A.210.2　　　　　　B.216.2　　　　　　C.224　　　　　　D.225.2

8.某白酒厂 2019 年用外购粮食白酒以曲香调味生产浓香型白酒 100 吨，全部销售，不含税价款 1 480 万元尚未收到，则该厂当月应缴纳消费税（　　　）万元。

　　A.306　　　　　　B.112　　　　　　C.121　　　　　　D.102.57

9.某酒厂 2019 年 12 月销售粮食白酒 3 000 千克，取得不含税价款 100 万元及包装物押金 5 万元，包装物 2 个月后归还厂家，则该酒厂应纳消费税税额为（　　　）万元。

　　A.21.18　　　　　　B.26.37　　　　　　C.23.75　　　　　　D.24.25

10.某汽车厂为增值税一般纳税人，主要生产小汽车和小客车，小汽车不含税出厂价为 12.5 万元，小客车不含税出厂价为 6.8 万元。2019 年 8 月发生如下业务：本月销售小汽车 8 600 辆，将 2 辆小汽车移送本厂研究所作破坏性碰撞实验，3 辆作为广告样品；销售小客车 576 辆，将本厂生产的 10 辆小客车移送改装分厂，将其改装为救护车。该企业上述业务应纳消费税（　　　）万元。（本题中小汽车消费税税率为 3%，小客车消费税税率为 5%）

　　A.8 804.24　　　　　B.3 425.37　　　　　C.8 804.94　　　　　D.8 798.84

三、多项选择题

1.纳税人销售应税消费品向购买方收取的价外费用不包括（　　　）。

　　A.手续费　　　　　　　　　　　　B.发票开具给购货方的承运部门的运费

　　C.违约金　　　　　　　　　　　　D.委托方代收代缴的消费税

2.下列情形的应税消费品，以同期应税消费品最高销售价格作为计税依据的有（　　　）。

　　A.用于抵偿债务的应税消费品　　　　B.用于馈赠的应税消费品

　　C.换取生产资料的应税消费品　　　　D.换取消费资料的应税消费品

3.关于酒类产品消费税的征收，下列说法中错误的有（　　　）。

　　A.啤酒、黄酒采用比例税率

　　B.以外购不同品种的白酒勾兑的白酒，一律按照粮食白酒的税率征税

　　C.已核定最低计税价格的白酒，销售单位对外销售价格持续上涨或下降时间达 3 个月以上的，税务机关重新核定最低计税价格

　　D.白酒生产企业销售给销售单位的白酒，生产企业消费税计税价格低于销售单位对外销售价格 70% 以下的，税务机关应核定消费税最低计税价格

4.下列应税消费品销售时可以扣除外购已税消费品已纳税额的有（　　　）。

　　A.外购已税烟丝生产的卷烟

B.外购已税小汽车生产的小汽车

C.外购已税散装白酒装瓶出售的白酒

D.外购已税高档化妆品生产的高档化妆品

5.纳税人销售的应税消费品，以外汇结算销售额的，其销售额的人民币折合率可以选择（　　）的国家外汇牌价（原则上为中间价）。

A.结算当天　　　　B.结算次日　　　　C.结算当月1日　　　　D.结算当月月末

四、不定项选择题

位于市区的甲手表生产企业为增值税一般纳税人，2019年10月份发生如下经营业务：

（1）向乙企业销售A类手表100只，取得含税销售收入90.4万元；向丙企业销售B类手表80只，取得不含税销售收入96万元。

（2）外购生产手表用零部件，取得的增值税专用发票上注明的增值税税额为30 000元，因管理不善丢失其中的10%。

（3）将3只A类手表发放给职工作为奖励。

（4）当月将位于境内的一宗土地的土地使用权对外出租，取得含税租金收入5万元。

高档手表的消费税税率为20%，出租土地使用权的增值税征收率为5%（采用简易计税办法）。

要求：根据上述资料，回答下列问题。

（1）关于发放给职工作为奖励的3只A类手表的税务处理，下列说法中正确的是（　　）。

A.不视同销售，不缴纳增值税

B.视同销售，应确认增值税销项税额3 120元

C.应缴纳消费税0

D.应缴纳消费税4 800元

（2）甲手表生产企业出租土地使用权应缴纳的增值税税额为（　　）元。

A.2 380.95　　　B.2 500　　　　C.2 625　　　　D.3 000

（3）甲手表生产企业2019年10月份应缴纳的增值税税额为（　　）元。

A.275 660.95　　　B. 207 300.95　　　C.278 780　　　　D.274 825

（4）甲手表生产企业2019年10月份应缴纳的消费税税额为（　　）元。

A.199 200　　　B.192 000　　　C.264 000　　　D.164 102.56

【技能点3-2】委托加工与进口应税消费品应纳税额的计算

一、判断题

1.受托方以委托方名义购买原材料生产应税消费品的，可作为委托加工的应税消费品，由受托方向委托方交货时代收代缴消费税。　　　　　　　　　　　（　　）

2.委托加工的应税消费品，应按受托方同类消费品的销售价格征收消费税。

（　　）

3.纳税人以外购或委托加工收回的已税珠宝玉石为原料生产的在零售环节征收消费税的金银首饰，在计税时不得扣除外购或委托加工的已纳税款。（　　）

4.某卷烟厂用委托加工收回的已税烟丝为原料连续生产烟丝，在计算纳税时，准予从应纳消费税税额中扣除委托加工收回的烟丝已纳消费税税款。（　　）

5.委托加工的应税消费品，应按委托方的同类消费品的销售价格征收消费税。

（　　）

二、单项选择题

1.甲企业委托乙企业加工应税消费品，指的是（　　）。

A.甲发料，乙加工

B.甲委托乙购买原材料，由乙加工

C.甲发订单，乙按甲的要求加工

D.甲先将资金划给乙，乙以甲的名义购料并加工

2.某企业委托酒厂加工药酒10箱，该药酒无同类产品销售价格，已知委托方提供的原料成本为2万元，受托方垫付辅料成本0.15万元，另收取加工费0.4万元，则该酒厂代收的消费税为（　　）元。

A.2 550　　　　　　B.2 833　　　　　　C.4 817　　　　　　D.8 500

3.进口应税消费品应按组成计税价格计算纳税，组成计税价格的计算公式为（　　）。

A.（成本＋利润）÷（1－消费税税率）

B.（材料成本＋加工费）÷（1－消费税税率）

C.（关税完税价格＋关税）÷（1－消费税税率）

D.销售额÷（1＋征收率）

4.某商贸公司2019年8月从国外进口一批应税消费品，已知该批应税消费品的关税完税价格为90万元，按规定应缴纳关税18万元。假定进口应税消费品的消费税税率为10％，则该批应税消费品进口环节应缴纳的消费税为（　　）万元。

A.8　　　　　　　　B.10　　　　　　　　C.12　　　　　　　　D.13

5.某商场为增值税一般纳税人，主要经营批发和零售业务，2019年9月有关生产经营情况如下：珠宝首饰行采用以旧换新方式销售金银首饰，实际取得零售收入9.28万元，该批首饰市场零售价为15.08万元；销售钻石首饰取得零售收入17.40万元，修理钻石饰品取得修理收入0.464万元，销售其他首饰取得零售收入13.92万元；销售服装取得不含税收入600万元。则该商场应缴纳消费税（　　）万元。

A.1.18　　　　　　B.1.17　　　　　　C.1.25　　　　　　D.2.02

三、多项选择题

1.如果出现下列（　　）情形，无论纳税人在财务上如何处理，都不得作为委托加工应税消费品，而应按销售自制应税消费品缴纳消费税。

A.受托方提供原材料生产的应税消费品

B.受托方先将原材料卖给委托方，然后再接受加工的应税消费品

C.受托方以委托方名义购进原材料生产的应税消费品

D.受托方将代垫辅料另行收费卖给委托方生产的应税消费品

2.根据现行消费税的规定，下列说法中错误的有（　　）。

A.纳税人销售金银首饰，计税依据为含增值税的销售额

B.金银首饰连同包装物销售，计税依据为含包装物金额的销售额

C.带料加工金银首饰，计税依据为受托方收取的加工费

D.以旧换新销售金银首饰，计税依据为新金银首饰的销售额

四、不定项选择题

甲酒厂为增值税一般纳税人，10月发生以下业务：

（1）从农业生产者手中收购粮食30吨，每吨收购价为2 000元，共计支付收购价款60 000元。

（2）甲酒厂将收购的粮食从收购地直接运往异地的乙酒厂生产加工白酒，白酒加工完毕，企业收回白酒8吨，取得乙酒厂开具的防伪税控增值税专用发票，注明加工费为25 000元，代垫辅料价值15 000元，加工的白酒当地无同类产品市场价格。

（3）本月内甲酒厂将收回的白酒批发售出7吨，每吨不含税销售额为16 000元。另外支付给运输单位的销货运输费取得增值税专用发票，注明运输费为10 000元，税款为900元。

（白酒的消费税固定税额为每500克0.5元，比例税率为20%）。

要求：根据上述资料，回答下列问题。

（1）乙酒厂应代收代缴的消费税税额为（　　）元。

　A.33 500　　　　　B.31 050　　　　　C.25 050　　　　　D.23 050

（2）乙酒厂应纳增值税税额为（　　）元。

　A.2 550　　　　　B.4 250　　　　　C.5 200　　　　　D.3 250

（3）甲酒厂批发出售时应纳消费税税额为（　　）元。

　A.0　　　　　　　B.87.5　　　　　　C.351.25　　　　　D.225.20

（4）甲酒厂应纳增值税税额为（　　）元。

　A.2 460　　　　　B.19 040　　　　　C.15 700　　　　　D.5 240

【技能点3-3】消费税的会计核算

一、判断题

1.消费税是一种价内税，纳税人销售应税消费品的售价中包含了消费税，因此，纳税人缴纳的消费税应记入"税金及附加"科目，从销售收入中得到补偿。

（　　）

2.随同商品出售但单独计价的包装物，其收入记入"其他业务收入"科目；按规定缴纳的消费税，记入"其他业务成本"科目。（　　）

3.纳税人将自产的应税消费品用于捐赠或赞助的，按规定应缴纳的消费税借记"税金及附加"科目。　　　　　　　　　　　　　　　　　　　　（　　）

4.进口应税消费品时，由海关代征的进口消费税，应计入应税消费品的成本中，借记"固定资产""在途物资"等科目。　　　　　　　　　　　　　　　　（　　）

5.委托加工的应税消费品收回后用于连续生产应税消费品按规定准予抵扣的消费税，不计入委托加工成本中，委托方支付时，应借记"应交税费——应交消费税"科目。　　　　　　　　　　　　　　　　　　　　　　　　　　　　（　　）

二、单项选择题

1.企业收回委托加工应税消费品用于对外销售的，其支付的消费税，应当记入的借方科目是（　　）。

A."委托加工物资"　　　　　　　　B."应交税费——应交消费税"

C."其他应付款——待转消费税"　　D."原材料"

2.某生产企业生产销售镀金包金首饰，其包装物单独计价核算，对于取得的包装物收入应缴纳的消费税，正确的会计处理是记入（　　）科目的借方。

A."生产成本"　　　　　　　　　　B."税金及附加"

C."其他业务成本"　　　　　　　　D."销售费用"

三、多项选择题

1.某摩托车生产企业为增值税一般纳税人，2019年6月将自产的摩托车5辆移交本厂福利部门使用，该摩托车不含税售价为7 000元/辆，生产成本为5 000元/辆，消费税税率为3%。对于该项业务的会计处理正确的有（　　）。

A.上述自产自用行为应视同销售，同时计征增值税和消费税

B.增值税销项税额为4 550元

C.消费税税额为1 050元

D.借：固定资产　　　　　　　　　　　　　　　　　　　　30 600

　　贷：库存商品　　　　　　　　　　　　　　　　　　25 000

　　　　应交税费——应交增值税（销项税额）　　　　　 4 550

　　　　　　　　——应交消费税　　　　　　　　　　　 1 050

2.某酒厂系增值税一般纳税人，欠甲公司货款50 000元，经双方协商现以自产粮食白酒10吨抵偿债务，该粮食白酒的成本为30 00元/吨，每吨售价在4 800~5 200元范围内浮动，平均售价为5 000元/吨。下列关于上述业务的会计处理正确的有（　　）。

A.增值税的计税依据为货物的平均售价，即50 000元

B.消费税的计税依据为货物的最高售价，即52 000元

C.借：应付账款——甲公司　　　　　　　　　　　　　　50 000

　　贷：主营业务收入　　　　　　　　　　　　　　　43 500

　　　　应交税费——应交增值税（销项税额）　　　　 6 500

D.借：税金及附加　　　　　　　　　　　　　　　　　　20 400

　　贷：应交税费——应交消费税　　　　　　　　　　20 400

3.木材加工厂将自产的一批实木地板用于装修厂部办公楼，其会计分录为（　　　）。

A.借：在建工程

　　贷：应交税费——应交增值税（销项税额）

B.借：在建工程

　　贷：应交税费——应交消费税

C.借：税金及附加

　　贷：应交税费——应交消费税

D.借：在建工程

　　贷：库存商品

【知识点3-3】消费税征收管理规定

一、判断题

1.委托加工应税消费税品的，消费税应由委托方向受托方所在地主管税务机关申报纳税。　（　　　）

2.纳税人销售的应税消费品，如因质量等原因由购买者退回时，经所在地税务机关审核批准后，可自行抵减应纳税款，也可以退还已征收的消费税税款。　（　　　）

3.纳税人直接出口的应税消费品办理免税后发生退关或国外退货，进口时已予以免税的，报关出口者必须及时向所在地主管税务机关申报补缴已退的消费税税款。

（　　　）

4.金银首饰消费税的纳税义务发生时间为收讫销售款或取得索取销售款凭据的当天。　（　　　）

5.纳税人进口应税消费品，应当自海关填发税款缴款书次日起15日内缴纳税款。

（　　　）

二、单项选择题

1.下列各项中，符合消费税纳税义务发生时间规定的是（　　　）。

A.进口的应税消费品，为取得进口货物的当天

B.自产自用的应税消费品，为移送使用的当天

C.委托加工的应税消费品，为支付加工费的当天

D.采取预收货款结算方式的应税消费品，为收到预收货款的当天

2.下列各项中，符合消费税有关规定的是（　　　）。

A.纳税人的总、分支机构不在同一县（市）的，一律在总机构所在地缴纳消费税

B.纳税人销售的应税消费品，除另有规定外，应向纳税人机构所在地税务机关申报纳税

C.纳税人委托加工应税消费品，其纳税义务发生时间为纳税人支付加工费的当天

D.因质量原因由购买者退回的消费品，可退已征的消费税，也可直接抵减应纳税额

3.纳税人进口的应税消费品，其纳税义务的发生时间为（　　）的当天。

　　A.纳税人办完入关手续　　　　　　B.消费品报关进口

　　C.纳税人提货　　　　　　　　　　D.纳税人接到通知

4.某消费税纳税人销售应税消费品，下列关于其纳税义务发生时间的说法中正确的是（　　）。

　　A.采取预收货款结算方式的，为收到货款的当天

　　B.采取托收承付结算方式的，为货物发出的当天

　　C.采取赊销方式的，为双方约定的任一时间

　　D.采取分期收款结算方式的，为销售合同规定的收款日期的当天

5.进口消费品的消费税由（　　）代征。

　　A.海关　　　　　　B.税务机关　　　　C.市场监管部门　　　D.邮政部门

三、多项选择题

1.下列关于消费税纳税义务发生时间的说法中，正确的有（　　）。

　　A.某酒厂销售葡萄酒20箱并收取价款4 800元，其纳税义务发生时间为收款的当天

　　B.某汽车厂自产自用3台小汽车，其纳税义务发生时间为移送使用的当天

　　C.某烟花企业采用托收承付结算方式销售焰火，其纳税义务发生时间为发出焰火并办妥托收手续的当天

　　D.某化妆品厂采用赊销方式销售高档化妆品，合同约定收款日期为6月30日，实际收到货款为7月30日，纳税义务发生时间为6月30日

2.下列关于消费税纳税地点的表述中，正确的有（　　）。

　　A.纳税人销售的应税消费品和自产自用的应税消费品，除国家另有规定外，应向纳税人机构所在地的税务机关申报缴纳消费税

　　B.纳税人到外县（市）销售或者委托外县（市）代销自产应税消费品，应事先向其所在地主管税务机关提出申请，在应税消费品销售以后回纳税人机构所在地缴纳消费税

　　C.纳税人的总机构与分支机构不在同一县（市）的，应当在生产应税消费品的分支机构所在地缴纳消费税

　　D.委托加工的应税消费品，一般由受托方和委托方本着方便缴纳的原则就近向税务机关解缴消费税税款

3.关于自产自用消费品的业务，下列说法中正确的有（　　）。

　　A.某企业将自产的杆头用于本企业高尔夫球杆的生产，应该在杆头移送时，将杆头应纳的消费税计入高尔夫球杆成本

　　B.某企业将自产的高档化妆品用于企业经销点的试用产品，应该在化妆品移送时，将化妆品的消费税计入销售费用

　　C.某企业将自产的白酒用于巧克力的生产中，应该在白酒移送时，将白酒的消费税计入巧克力的成本

　　D.某企业将自产的烟丝用于卷烟的生产，应该在烟丝移送时，将烟丝的消费税计

入卷烟的成本

【技能点3-4】消费税纳税申报实务操作

一、判断题

1.纳税人无论当期有无销售或是否盈利，均应在次月1日至15日内根据应税消费品分别填写相应的消费税纳税申报表，向主管税务机关进行纳税申报。 （ ）

2.纳税人销售的应税消费品，如因质量等原因由购买者退回时，经机构所在地或者居住地主管税务机关审核批准后，可退还已缴纳的消费税税款，但不能自行直接抵减应纳税款。 （ ）

二、单项选择题

1.根据消费税有关规定，下列表述中正确的是（   ）。

A.受托加工的应税消费品，受托方为个人的，由受托方向机构所在地或居住地的主管税务机关解缴消费税税款

B.进口应税消费品，向报关地海关申报纳税

C.纳税人到外县（市）销售应税消费品的，于应税消费品销售后，向销售所在地税务机关申报纳税

D.出口的应税消费品办理退税后，发生退关，经批准可暂不办理补税

2.消费税各类申报表的下列项目填报中错误的是（   ）。

A."期初未缴税额"填写本期期初应缴未缴的消费税税额，多缴为负数，其数值等于上期"期末未缴税额"

B."本期缴纳前期应纳税额"填写纳税申报前已预先缴纳入库的消费税税额

C.本期应补（退）税额=应纳税额（合计栏金额）-本期准予扣除税额-本期减（免）税额-本期预缴税额

D.期末未缴税额=期初未缴税额+本期应补（退）税额-本期缴纳前期应纳税额

三、多项选择题

1.不同的应税消费品采用不同的消费税纳税申报表，具体包括（   ）。

A.烟类应税消费品消费税纳税申报表

B.酒类应税消费品消费税纳税申报表

C.成品油消费税纳税申报表

D.化妆品消费税纳税申报表

2.消费税的各类申报表一般都有附表，以下属于消费税纳税申报表附表的有（   ）。

A.本期准予抵减税额计算表　　　　　B.本期代收代缴税额计算表

C.生产经营情况表　　　　　　　　　D.准予扣除消费税凭证明细表

【知识点3-4】消费税出口退税的管理规定

一、判断题

1.企业应将不同消费税税率的出口应税消费品分开核算和申报，凡划分不清适用税率的，不得退税。   （   ）

2.除规定不退税的应税消费品以外，对生产企业委托外贸企业代理出口的应税消费品，一律免征消费税。   （   ）

3.某酒厂（有自营出口权）出口外销一批白酒，离岸价格折合人民币为60万元，因该酒厂直接出口，可申请出口退还消费税。   （   ）

4.有出口经营权的外贸企业将购进的应税消费品直接出口的适用出口免税但并不退税。   （   ）

5.有出口经营权的生产性企业自营出口的适用出口免税但不退税。   （   ）

二、单项选择题

1.出口应税消费品的免税办法由（   ）规定。

A.国家税务总局   B.国务院

C.全国人大及其常委会   D.税务机关

2.下列说法中，不符合消费税法律规定的是（   ）。

A.外贸企业受其他外贸企业的委托代理出口应税消费品的，可享受"出口免税并退税"的政策

B.有出口经营权的外贸企业购进应税消费品直接出口的，免税并退税

C.有出口经营权的生产性企业自营出口应税消费品的，可以依据其实际出口量免征消费税

D.有出口经营权的生产性企业委托外贸企业代理出口自产应税消费品的，不征税但可退税

三、多项选择题

1.下列各项中，属于我国消费税现行政策的有（   ）。

A.免税但不退税   B.不免税但退税

C.免税并退税   D.不免税也不退税

2.下列企业出口应税消费品时，既退（免）增值税又退（免）消费税的有（   ）。

A.酒厂出口白酒   B.烟厂出口卷烟、雪茄烟

C.外贸企业收购烟、酒后出口   D.外贸企业委托外贸代理出口烟、酒

3.生产应税消费品自营出口或委托外贸企业代理出口自产应税消费品，其出口退税政策有（   ）。

A.增值税采用免抵退税政策   B.消费税采用免税并退税政策

C.增值税采用先征后退政策   D.消费税采用免税但不退税政策

【技能点3-5】消费税出口退税额的计算及会计核算

一、判断题

1.从价定率计征消费税的应税消费品，出口退税时应依照外贸企业从工厂购进货物时征收消费税的价格计算应退消费税税款。（　　）

2.从量定额计征消费税的应税消费品，出口退税时应按货物购进时的数量计算应退消费税税款。（　　）

3.生产企业直接出口自产应税消费品时，按规定予以直接免税，不计算应纳消费税；免税后发生退货或退关的，也可以暂不办理补税，待其转为国内销售时，再申报缴纳消费税。（　　）

二、单项选择题

1.某外贸公司2019年11月从生产企业购入高档化妆品一批，取得的增值税专用发票上注明的价款为25万元，增值税为3.25万元，支付购买高档化妆品的运费取得增值税专用发票，注明运输费为30 000元，税款为2 700元。当月将该批高档化妆品全部出口取得销售收入35万元。该外贸公司出口高档化妆品应退的消费税为（　　）万元。

　　A.3.75　　　　　　　B.4.2　　　　　　　C.4.85　　　　　　　D.5.25

2.某外贸公司为增值税一般纳税人，2019年12月份从摩托车厂购进125毫升排量的摩托车1 200辆，直接报关离境出口，取得的增值税专用发票上注明的单价为每辆4 500元，支付从摩托厂到出境口岸的运费85 200元、装卸费60 000元，离岸价为每辆851美元（美元与人民币的汇率为1：6.30），则该公司应退消费税税款为（　　）元。（摩托车消费税税率为3%）

　　A.162 000　　　　　B.516 000　　　　　C.520 000　　　　　D.597 600

三、多项选择题

1.根据出口退（免）税的相关规定，下列关于出口退（免）税的表述中，正确的有（　　）。

　　A.外贸企业从生产企业购入应税消费品时，先缴纳消费税，在产品报关出口后，再申请出口退税

　　B.出口的应税消费品办理退税后，发生退关的，报关出口者必须及时向其机构所在地或居住地主管税务机关申报补缴已退的消费税

　　C.出口退（免）税是为了鼓励出口，使本国产品进入国外市场

　　D.出口退（免）税的税种主要是增值税和消费税

2.关于金银首饰的消费税政策，下列表述中正确的有（　　）。

　　A.金银首饰出口不退、进口不征消费税

　　B.用已税的珠宝玉石生产的金银镶嵌首饰，在计税时一律不得扣除已纳消费税

C.镀金首饰仍在生产环节征收消费税

D.纳税人以"以旧换新"的销售方式销售金银首饰，应按实际收取的不含税价款计算消费税

四、不定项选择题

美净化妆品公司（一般纳税人）经营出口兼内销，其产品为高档化妆品。2019年12月发生以下业务：

（1）委托欧雅日用品化工厂（以下简称欧雅厂）加工某种高档化妆品，收回后以其为原料，继续生产高档化妆品销售。欧雅厂本月收到美净化妆品公司价值30万元的委托加工材料，并按合同约定代垫辅助材料费1万元，应收加工费3万元（不含增值税）；欧雅厂本月外购高档化妆品半成品一批，取得的增值税专用发票上注明的销售额为20万元；向美净化妆品公司销售产品，开具增值税专用发票，注明价款24万元，货款已收妥。

（2）本月美净化妆品公司将委托加工收回的高档化妆品用于生产；本月销售高档化妆品给博美外贸企业，货款为585万元（含增值税）；期初库存的委托加工高档化妆品价值12万元；月末库存委托加工高档化妆品价值12万元；本月外购高档化妆品半成品的50%用于生产。该外贸企业将购入的该批高档化妆品全部出口。（高档化妆品的消费税税率为15%）

要求：根据上述材料，回答下列问题。

（1）欧雅日用品化工厂本月自己应缴纳的消费税税额为（　　）万元。

A.0.75　　　　　B.0.6　　　　　C.0.65　　　　　D.0.7

（2）欧雅日用品化工厂受托加工应代收代缴的消费税税额为（　　）万元。

A.6　　　　　B.5.1　　　　　C.5.87　　　　　D.5.77

（3）美净化妆品公司本月应缴纳的消费税税额为（　　）万元。

A.80.75　　　　　B.79.95　　　　　C.67.2　　　　　D.73.2

（4）博美外贸企业出口高档化妆品应退消费税税额为（　　）万元。

A.77.5　　　　　B.75　　　　　C.76.5　　　　　D.72.5

第三部分　职业实践能力训练

一、实训要求

（1）根据双利集团公司提供的11月份的材料，编制有关会计分录并填制记账凭证。

（2）根据上述资料计算双利集团公司2019年11月份应缴纳的增值税和消费税。

（3）登记"应交税费——应交消费税"明细账和"应交税费——应交增值税"明细账。

（4）填制各税目的消费税纳税申报表。

二、实训条件

在税务实训室进行；双利集团公司经济业务资料；酒类应税消费品消费税纳税申报表、烟类应税消费品消费税纳税申报表、其他应税消费品消费税纳税申报表。相关表单见表3-9至表3-13。

三、实训材料

（一）企业概况

企业名称：双利集团公司

企业性质：国有企业（一般纳税人）

企业地址及电话：北京市光华路88号 65554466

企业所属行业：工业企业

开户银行及账号：工行光华路分理处 12-55345

统一社会信用代码：1101000000100ARE01

（二）2019年11月业务资料

该企业主要生产经营酒类、卷烟和化妆品。2019年11月份发生如下经济业务（假定销售产品不结转成本）：

（1）11月4日，将自己生产的啤酒20吨销售给知青商店，收取押金300元/吨，价税款及押金均已收到；另外将10吨让客户及顾客免费品尝。该啤酒出厂价为2 800元/吨，成本为2 000元／吨。

（2）11月10日，带包装销售粮食白酒20吨，单价为7 050元/吨，总价款为141 000元（含包装物价款25 000元）；同时从购货方取得价外补贴24 000元。11月20日，用自产粮食白酒10吨抵偿永生农场大米款70 000元，不足或多余部分不再结算。该粮食白酒每吨本月售价在5 500～6 500元之间浮动，平均售价为6 000元。

（3）11月12日，向大方超市销售用上月外购烟丝生产的甲类卷烟20标准箱，每标准条调拨价格为60元，共计300 000元（购入烟丝支付含增值税价款为79 100元），采取托收承付结算方式，货已发出并办妥托收手续。

（4）11月16日，将一批自产的高档化妆品用作职工集体福利，这批高档化妆品的成本为10 000元。假设该类高档化妆品不存在同类消费品销售价格。

（5）11月24日，从国外购进成套高档化妆品，关税完税价格为60 000美元，关税税率为50%。假定当日美元对人民币的汇率为1：6.65，货款全部以银行存款付清。

（6）10月20日，提供一批生产高档化妆品的材料价值80 000元给万柳化妆品生产公司，委托其加工一批高档化妆品，受托方已代垫辅助材料费4 000元（款已付）。本月应支付的加工费为15 000元（不含税）。受托方同类消费品的销售价格为135 000元。11月27日，双利集团公司以银行存款付清全部款项。28日，收回已加工完成的化妆品，向运输单位支付销货运输费用，取得增值税专用发票，注明运输费8 000元、税款720元。30日，该高档化妆品全部销售，售价为145 000元，款已收到。

表3-9

"应交税费——应交消费税"明细账

总第　　页
分第　　页

年		记账凭证号数	摘　要	页数	借　方	√	贷　方	借或贷	余　额
月	日								

表3-10

"应交税费——应交增值税"明细账

年		记账凭证号数	摘要	页数	借 方					贷 方				借或贷	余额
月	日				进项税额	已交税额	减免税额	出口抵免税额	销项税额	出口退税	进项税额转出			

表3-11 烟类应税消费品消费税纳税申报表

税款所属期： 年 月 日至 年 月 日

纳税人名称（公章）：

纳税人识别号： |　|　|　|　|　|　|　|　|　|　|　|　|　|　|　|　|　|　|

填表日期： 年 月 日 金额单位：元（列至角分）

应税消费品名称 \ 项目	适用税率		销售数量	销售额	应纳税额
	定额税率	比例税率			
卷烟	30元/万支	56%			
卷烟	30元/万支	36%			
雪茄烟	—	36%			
烟丝	—	30%			
合计	—	—	—	—	

本期准予扣除税额：	**声明** 此纳税申报表是根据国家税收法律的规定填报的，我确定它是真实的、可靠的、完整的。
本期减（免）税额：	经办人（签章）： 财务负责人（签章）：
期初未缴税额：	联系电话：
本期缴纳前期应纳税额：	（如果你已委托代理人申报，请填写） **授权声明** 为代理一切税务事宜，现授权＿＿＿＿＿＿＿
本期预缴税额：	＿＿＿＿＿＿（地址）＿＿＿＿＿＿＿为
本期应补（退）税额：	本纳税人的代理申报人，任何与本申报表有关的往来文件，都可寄予此人。
期末未缴税额：	授权人签章：

以下由税务机关填写

受理人（签章）： 受理日期： 年 月 日 受理税务机关（章）：

表3-12 　　　　　　　　　　　**酒类应税消费品消费税纳税申报表**

税款所属期：　年　月　日至　年　月　日

纳税人名称（公章）：

纳税人识别号：

填表日期：　年　月　日　　　　　　　　　　　　　　金额单位：元（列至角分）

项目 应税 消费品名称	适用税率		销售数量	销售额	应纳税额
	定额税率	比例税率			
粮食白酒	0.5元/斤	20%			
薯类白酒	0.5元/斤	20%			
啤酒	250元/吨	—			
啤酒	220元/吨	—			
黄酒	240元/吨	—			
其他酒	—	10%			
合计	—	—	—	—	—

本期准予扣除税额：	声明 　　此纳税申报表是根据国家税收法律的规定填报的，我确定它是真实的、可靠的、完整的。
本期减（免）税额：	经办人（签章）： 财务负责人（签章）： 联系电话：
期初未缴税额：	（如果你已委托代理人申报，请填写） 授权声明
本期缴纳前期应纳税额：	为代理一切税务事宜，现授权_____ _____（地址）_____为
本期预缴税额：	本纳税人的代理申报人，任何与本申报表有关的往来文件，都可寄于此人。
本期应补（退）税额：	
期末未缴税额：	授权人签章：

以下由税务机关填写

受理人（签章）：　　　受理日期：　年　月　日　　受理税务机关（章）：

表3-13　　　　　　　　其他应税消费品消费税纳税申报表

税款所属期：　年　月　日至　年　月　日

纳税人名称（公章）：

纳税人识别号：□□□□□□□□□□□□□□□□□□□□

填表日期：　年　月　日　　　　　　　　　　　　金额单位：元（列至角分）

项目 应税 消费品名称	适用税率	销售数量	销售额	应纳税额
合计	—	—	—	

本期准予扣除税额：

本期减（免）税额：

期初未缴税额：

本期缴纳前期应纳税额：

本期预缴税额：

本期应补（退）税额：

期末未缴税额：

声明

　　此纳税申报表是根据国家税收法律的规定填报的，我确定它是真实的、可靠的、完整的。

　　　　　　　经办人（签章）：
　　　　　　　财务负责人（签章）：
　　　　　　　联系电话：

（如果你已委托代理人申报，请填写）
授权声明
　　为代理一切税务事宜，现授权_____
_____（地址）_____为
本纳税人的代理申报人，任何与本申报表有关的往来文件，都可寄予此人。
　　　　　　　授权人签章：

以下由税务机关填写

受理人（签章）：　　受理日期：　年　月　日　　受理税务机关（章）：

项目四
关税的业务操作

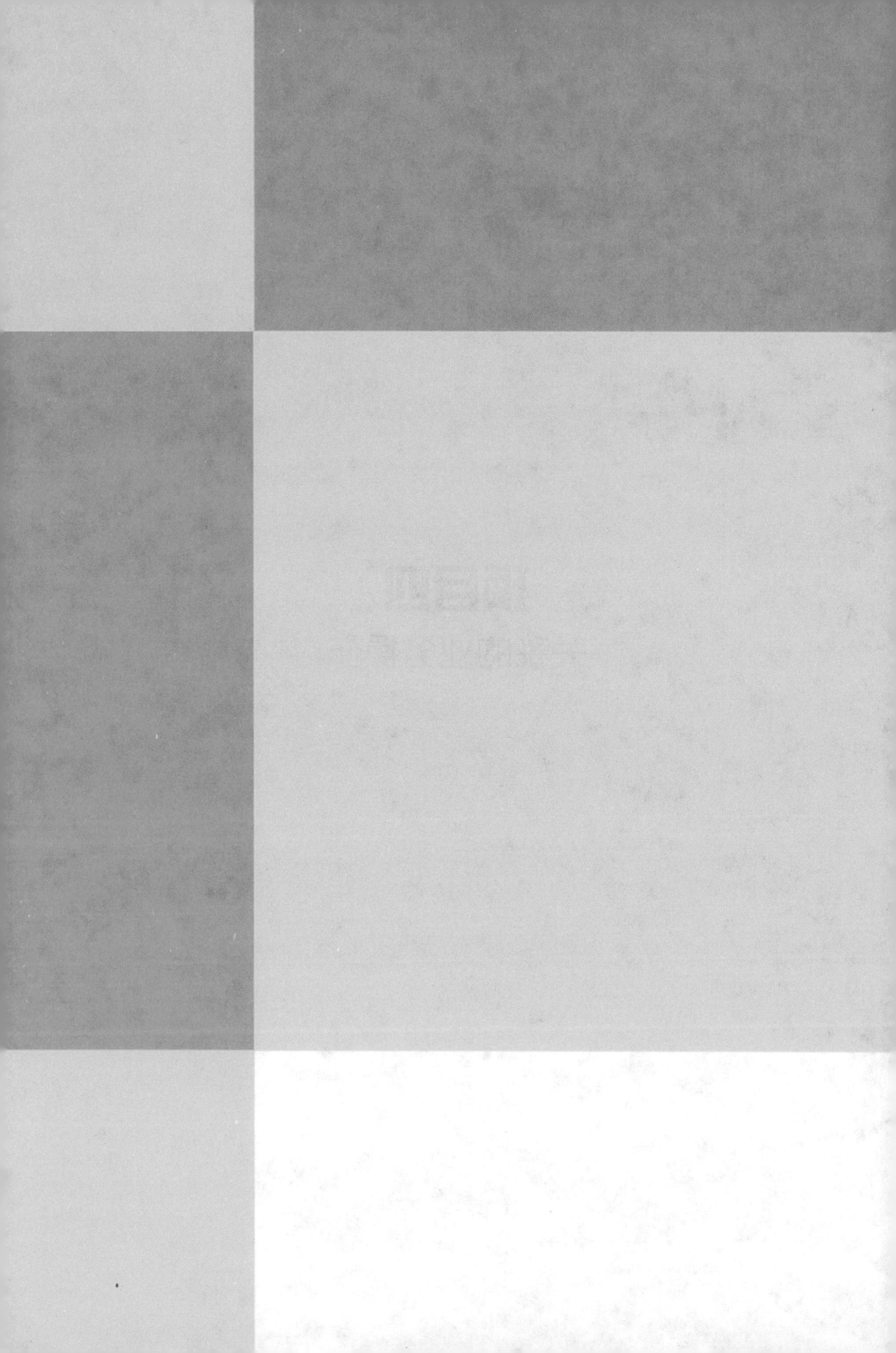

第一部分 重点难点提示

【知识点4-1】关税征税对象、纳税人和分类

一、关税的征税对象和纳税人

关税是海关对进出境货物、物品征收的一种税。其征税对象和纳税人具体见表4-1。

表4-1 关税征税对象和纳税人

征税对象	纳税人
准许进出境的货物,即贸易性商品	进出口货物收发货人
准许进出境的物品,即非贸易性商品,包括入境旅客随身携带的行李物品、个人邮递物品、各种运输工具上的服务人员携带进口的自用物品、馈赠物品以及以其他方式进境的个人物品	进出境物品的所有人

二、关税的分类

关税可以按不同标志进行分类,具体见表4-2。

表4-2 关税的分类

分类标志	具体内容
按进出关境货物或物品的流向分类	进口税:指海关对进口货物或物品征收的关税
	出口税:指海关对出口货物或物品征收的关税
按货物国别来源而区别对待的原则分类	加重关税:也称歧视性关税,是为了达到某种特别目的而征收的关税
	优惠关税:指对从某些国家进口的货物使用低于普通税率的优惠税率所征收的关税
按计征关税的标准分类	从价税:指以进出口货物的完税价格为计税标准而计算征收的关税
	从量税:指以进出口货物的数量、重量、体积、容积等计量单位为计税标准而计算征收的关税
	复合税:是对同一种进出口货物同时采用从价和从量标准计算征收的关税
	滑准税:是根据货物的不同价格适用不同税率的一类特殊的从价关税
按征收关税的目的分类	财政关税:又称收入关税,是以增加财政收入为主要目的而课征的关税
	保护关税:是以保护本国经济发展为主要目的而课征的关税

【知识点4-2】关税税率和优惠政策

一、关税的税率

关税税率是整个关税制度的核心要素，具体见表4-3。

表4-3　　　　　　　　　　　　关税税率

税率类别		适用性规定
进口税率	最惠国税率	适用原产于与我国共同适用最惠国待遇条款的世界贸易组织成员方的进口货物；或原产于与我国签订有相互给予最惠国待遇条款的双边贸易协定的国家或地区的进口货物
	协定税率	适用原产于我国参加的含有关税优惠条款的区域性贸易协定的有关缔约方的进口货物
	特惠税率	适用原产于与我国签订有特殊优惠关税协定的国家或地区的进口货物
	普通税率	适用原产于上述国家或地区以外的国家或地区的进口货物
	配额税率	对部分实行关税配额的货物，按低于配额外税率的进口税率征收关税时使用的税率
	暂定税率	是对某些税号中的部分货物在适用最惠国税率的前提下，通过法律程序暂时实施的进口税率，具有非全税目的特点，低于最惠国税率
出口税率		出口货物税率没有普通税率和优惠税率之分

二、关税的减免政策

关税减免是对某些纳税人和征税对象给予鼓励和照顾的一种特殊调节手段。关税减免分为法定减免、特定减免和临时减免。具体见表4-4。

表4-4　　　　　　　　　　　　关税的减免政策

减免类型	具体内容
法定减免	①关税税额在人民币50元以下的一票货物； ②无商业价值的广告品和货样； ③外国政府、国际组织无偿赠送的物资； ④进出境运输工具装载的途中必需的燃料、物料和饮食用品； ⑤其他符合法律规定免税条件的进出口货物
特定减免	亦称政策性减免税，由国务院或国务院授权的机关颁布法规、规章特别规定的减免，如教科用品、残疾人专用品、扶贫慈善性捐赠物资等
临时减免	在法定和特定减免税以外的其他减免税，一案一批，专文下达的减免税，一般不能比照执行

【技能点4-1】关税应纳税额的计算

一、关税完税价格的确定

关税完税价格是海关计征关税所依据的价格，由海关以该货物的成交价格为基础审查确定，成交价格不能确定时，由海关依法估定。具体见表4-5至表4-7。

表4-5　　　　　　　　　　一般进口货物关税完税价格的确定

确定方式	具体内容
以成交价格为基础	原则：完税价格=货价+货物抵达我国境内输入地点起卸前的运杂费、保险费等相关费用，即正常的CIF
	下列费用或价值未包含在进口货物的成交价格中，应一并计入完税价格：①特许权使用费；②除购货佣金以外的佣金和经纪费；③货物运抵我国关境内输入地点起卸前由买方支付的包装费、运杂费、保险费和其他劳务费用；④由买方负担的与进口货物视为一体的容器费用；⑤由买方负担的包装材料和包装劳务的费用；⑥卖方直接或间接从买方对该货物进口后转售（含处置和使用）所得中获得的收益
	下列费用，如在货物的成交价格中单独列明，应从完税价格中扣除：①工业设施、机械设备类货物进口后发生的基建、安装、调试、技术指导等费用；②货物运抵境内输入地点起卸后的运输费、保险费和其他相关费用；③进口关税及其他国内税收；④为在境内复制进口货物而支付的费用；⑤境内外技术培训及境外考察费用
	进口货物完税价格中的运杂费和保险费按下列规定确定：①进口货物的运杂费，应当按照实际支付的费用计算；②进口货物的保险费，应当按照实际支付的费用计算；③邮运进口的货物，应当以邮费作为运输及其相关费用、保险费；④以境外边境口岸价格条件成交的铁路或者公路运输进口货物，海关应当按照境外边境口岸价格的1%计算运输及其相关费用、保险费
海关估价	适用条件：进口成交价格不符合成交价格条件或者成交价格不能确定的
	估价方法：相同或类似货物成交价格估价法、倒扣价格或计算价格估价法及其他合理方法

表4-6　　　　　　　　　　特殊进口货物关税完税价格的确定

进口货物类型	具体内容
运往境外加工的货物	运往境外加工的货物，出境时已向海关报明，并在海关规定期限内复运进境的，应当以境外加工费和料件费以及该货物复运进境的运输及其相关费用、保险费为基础审查确定完税价格
运往境外修理的货物	运往境外修理的机械器具、运输工具或其他货物，出境时已向海关报明，并在海关规定期限内复运进境的，应当以境外修理费和料件费为基础审查确定完税价格
以租赁方式进口的货物	①以租金方式对外支付的租赁货物，在租赁期间以海关审查确定的租金作为完税价格，利息应当予以计入；②留购的租赁货物以海关审查确定的留购价格作为完税价格；③纳税义务人申请一次性缴纳税款的，可以选择申请按照进口货物海关估价的方法确定完税价格，或者按照海关审查确定的租金总额作为完税价格
暂时进境货物	经海关批准的暂时进境的货物，应按照一般进口货物估价办法的规定估定完税价格
留购的进口货样等货物	国内单位留购的进口货样、展览品及广告陈列品，以海关审定的留购价格为完税价格

表4-7   出口货物关税完税价格的确定

确定方式	具体内容
以成交价格为基础	由海关以该货物的成交价格为基础审查确定，并应当包括货物运至我国境内输出地点装载前的运输及其相关费用、保险费，不包括出口关税税额
海关估价	出口货物的成交价格不能确定时，由海关依次按下列方法予以估定：①同时或大约同时向同一国家或地区销售出口相同货物的成交价格；②同时或大约同时向同一国家或地区销售出口类似货物的成交价格；③根据境内生产相同或类似货物的成本、利润和一般费用、境内发生的运输及其相关费用、保险费计算所得的价格；④按照其他合理方法估定的价格

二、关税应纳税额的计算

关税应纳税额的计算见表4-8。

表4-8   关税应纳税额的计算

计税方式	计税依据		计算公式
从价税	进口关税完税价格	以我国口岸到岸价格（CIF）成交的： 完税价格 = CIF	应纳关税税额 = 关税完税价格 × 关税税率
		以国外口岸离岸价格（FOB）成交的： 完税价格 = FOB + 运杂费 + 保险费 = （FOB + 运杂费）×（1 + 保险费率）	
		以国外口岸离岸价格加运费（CFR）成交的： 完税价格 = CFR + 保险费 = CFR ×（1 + 保险费率）	
	出口关税完税价格	以我国口岸离岸价格（FOB）成交的： 完税价格 = FOB ÷（1 + 关税税率）	
		以国外口岸到岸价格（CIF）成交的： 完税价格 =（CIF - 保险费 - 运杂费）÷（1 + 关税税率）	
		以国外口岸到岸价格加运杂费（CFR）成交的： 完税价格 =（CFR - 运杂费）÷（1 + 关税税率）	
从量税	应税进出口货物数量		应纳关税税额 = 应税进出口货物数量 × 定额税率
复合税	应税进出口货物数量和关税完税价格		应纳关税税额 = 应税进出口货物数量 × 定额税率 + 关税完税价格 × 比例税率

【技能点4-2】关税的会计核算

在实际工作中，由于企业经营进出口业务的形式和内容不同，具体会计核算方式有所区别，具体见表4-9。

表4-9　　　　　　　　　　　　　　　　　关税的会计核算

业务性质		账务处理
自营业务	进口	进口关税是价内税，应计入货物的采购成本 注意：进口消费税计入成本、进口增值税视具体情况计入成本或计算进项税额。 借：在途物资（或固定资产） 　　贷：应交税费——应交进口关税
	出口	出口货物关税是对销售环节征收的一种税金，记入"税金及附加"科目 借：税金及附加 　　贷：应交税费——应交出口关税
代理业务 （代理方）	进口	代理进口业务发生的进口关税，由进口代理方向委托方收取，代理方账务处理如下： ①计算应缴纳的关税税额时： 借：应收账款——×× 　　贷：应交税费——应交进口关税 ②实际缴纳税款时： 借：应交税费——应交进口关税 　　贷：银行存款 ③收到委托方支付的税款时： 借：银行存款 　　贷：应收账款——××
	出口	代理方缴纳的出口关税属于代收代缴性质，应如数向委托方收取，代理方账务处理如下： ①计算应缴纳的出口关税税额时： 借：应收账款——×× 　　贷：应交税费——应交出口关税 ②实际缴纳税款时： 借：应交税费——应交出口关税 　　贷：银行存款 ③收到委托方支付的税款时： 借：银行存款 　　贷：应收账款——××

【知识点4-3】关税缴纳的管理规定

关税的征收管理有其特殊性，由海关负责征收，具体要求见表4-10。

表4-10 关税的征收管理

事项	具体内容
关税申报	(1) 进口货物自运输工具申报进境之日起14日内 (2) 出口货物在运抵海关监管区装货的24小时以前
纳税地点	关税可以在关境地缴纳，也可在主管地缴纳
纳税期限	自海关填发税款缴款书之日起15日内，向指定银行缴纳税款；不能按期缴纳税款的，经海关总署批准，可以延期缴纳税款，但最长不得超过6个月
强制执行	(1) 征收滞纳金：自关税缴纳期限届满滞纳之日起，至纳税人缴纳关税之日止，按滞纳税款万分之五的比例按日征收，周末或法定节假日不予扣除 (2) 强制征收：自海关填发缴款书之日起3个月仍未缴纳税款的，经海关关长批准，海关可以采取强制措施扣缴。强制措施主要有强制扣缴和变价抵缴两种
关税退还	(1) 有下列情形之一的，纳税人可以自缴纳税款之日起1年内，书面声明理由，连同原纳税收据向海关申请退还税款并加算银行同期活期存款利息，逾期不予受理：①因海关误征，多纳税款的；②海关核准免验进口的货物，在完税后发现有短缺情况，经海关审查认可的；③已征出口关税的货物，因故未装运出口，申报退关，经海关查明属实的 (2) 对已征出口关税的出口货物和已征进口关税的进口货物，因货物品种或规格原因（非其他原因）原状复运进境或出境的，经海关查验属实，应退还已征关税，海关应当在受理退税申请之日起30日内作出书面答复并通知退税申请人
关税的补征与追征	(1) 关税的补征：非因纳税人违反海关规定造成少征关税，应当自缴纳税款或者货物、物品放行之日起1年内，向纳税人补征 (2) 关税的追征：由于纳税人违反海关规定造成少征关税，在缴纳税款之日起3年内可以追征，并从缴纳税款之日起按日加收少征或者漏征税款万分之五的滞纳金

第二部分　职业判断能力训练

【知识点4-1】关税征税对象、纳税人和分类

一、判断题

1.关税是海关依法对进出关境的货物和物品征收的一种流转税。　　　（　　）

2.当国境内设有自由贸易区时，关境就大于国境。　　　　　　　　　（　　）

3.我国的关税按照统一的关税税则征收一次关税后，就可以在整个关境内流通，不再征收关税。　　　　　　　　　　　　　　　　　　　　　　　　　　　（　　）

4.我国对少数进口商品计征关税时所采用的滑准税实质上是一种特殊的从价税。
　　　　　　　　　　　　　　　　　　　　　　　　　　　　　　（　　）

5.关税征税对象中的物品，包括入境旅客随身携带的行李和物品、各种运输工具上服务人员携带进口的自用物品、个人邮递物品、馈赠物品及以其他方式入境的个人

物品。 （   ）

二、单项选择题

1.我国关税由（   ）征收。

A.税务机关   B.海关

C.市场监督管理部门   D.人民政府

2.根据进出口商品价格的变动而税率相应增减的进出口关税属于（   ）。

A.从价税   B.从量税   C.滑准税   D.复合税

3.关税的纳税义务人不可能是（   ）。

A.进口货物的收货人   B.进口货物的发货人

C.入境物品的所有人   D.出口货物的发货人

4.为了达到某种特别目的而征收的歧视性关税也称为（   ）。

A.财政关税   B.加重关税   C.保护关税   D.优惠关税

三、多项选择题

1.下列各项中，属于非贸易性物品的关税纳税人的有（   ）。

A.入境旅客随身携带的行李、物品的持有人

B.进口个人邮件的收件人

C.外贸进出口公司

D.有进出口经营权的企业

2.下列各项中，属于关税法定纳税义务人的有（   ）。

A.进口货物的收货人   B.进口货物的代理人

C.出口货物的发货人   D.出口货物的代理人

3.下列各项中，属于关税征税对象的有（   ）。

A.贸易性商品

B.个人邮寄物品

C.馈赠物品或以其他方式进入国境的个人物品

D.入境旅客随身携带的行李和物品

4.按征收目的分，关税可以分为（   ）。

A.财政关税   B.从价关税   C.保护关税   D.从量关税

【知识点4-2】关税税率和优惠政策

一、判断题

1.关税税额在20元以下的一票货物可以免征关税。 （   ）

2.外国政府、国际组织无偿赠送的物资，依照关税基本法的规定，可实行特定减免。 （   ）

3.鉴于各国关税税率的复式性特点，我国关税税率采用最惠国税率、协定税率、特惠税率和普通税率。 （   ）

4.关税减免分为法定减免、特定减免和临时减免。除法定减免外,特定减免和临时减免均由国务院决定。　　　　　　　　　　　　　　　　　　　　　(　　)

5.适用最惠国税率的进口货物有暂定税率的,应当适用最惠国税率。　(　　)

二、单项选择题

1.《进出口关税条例》规定,关税税额在人民币(　　)元以下的一票货物,经海关审查无误,可以免税。

A.50　　　　　　　　B.100　　　　　　　　C.1 000　　　　　　　　D.10 000

2.下列各项中,符合关税法定免税规定的是(　　)。

A.保税区进出口的基建物资

B.边境贸易进出口的基建物资

C.关税税额在人民币200元以下的一票货物

D.经海关核准进口的无商业价值的广告品和货样

3.关于进口货物关税税率的确定,下列说法中不正确的是(　　)。

A.进口货物到达前,经海关核准先行申报的,应当按照装载该货物的运输工具申报进境之日实施的税率征税

B.加工贸易进口料件属于保税性质的进口货物,如经批准转为内销,应按向海关申报转为内销当日实施的税率征税

C.溢卸、误卸货物事后确定需予补税的,如原进口日期无法查明,可按确定补税当天实施的税率征税

D.查获的走私进口货物需予补税时,应按货物原进口之日实施的税率征税

4.根据关税法律制度的规定,对原产于我国参加的含有关税优惠条款的区域性贸易协定的国家或地区的进口货物,适用的税率是(　　)。

A.最惠国税率　　　B.协定税率　　　　C.特惠税率　　　　D.普通税率

三、多项选择题

1.我国海关法规定,减免进出口关税的权限属中央政府,关税的减免形式有(　　)。

A.法定减免　　　B.特定减免　　　　C.临时减免　　　　D.困难减免

2.关于关税的减免税,下列表述中正确的有(　　)。

A.无商业价值的广告品视同货物进口征收关税

B.外国企业赠送的物资免征关税

C.保税区内加工运输出境的产品免征进口关税和进口环节税

D.关税税额在人民币50元以下的货物免征关税

3.下列进口货物,海关可以酌情减免关税的有(　　)。

A.在境外运输途中或者起卸时,遭受损坏或者损失的货物

B.起卸后海关放行前,因不可抗力遭受损坏或者损失的货物

C.海关查验时已经破漏、损坏或者腐烂,经查为保管不慎的货物

D.因不可抗力,缴税确有困难的纳税人进口的货物

4.下列属于法定减免关税的有(　　)。

A.进入保税区使用的机器设备　　B.进料加工剩余的料件内销取得的收入

C.外国政府无偿赠送的物资　　D.无商业价值的货样

【技能点4-1】关税应纳税额的计算

一、判断题

1.进口货物以海关审定的成交价格为基础的到岸价格作为完税价格，到岸价格就是货价。　　　　（　　）

2.运往境外加工的货物，出境时已向海关报明，并在海关规定期限内复运进境的，应当以加工后的货物进境时的到岸价格作为完税价格。　　　　（　　）

3.出口货物的完税价格，是由海关以该货物向境外销售的成交价格为基础审查确定的，包括货物运至我国境内输出地点装卸前的运输费、保险费，但不包括出口关税。
　　　　（　　）

4.进口货物的价款中列明的进口货物运抵境内输入地点起卸后的运输费、保险费及其相关费用，不计入该货物的完税价格。　　　　（　　）

5.进口货物完税价格中所含的陆、空、邮运货物的保险费无法确定时，可按货价的3‰计算。　　　　（　　）

6.以易货贸易、寄售、捐赠、赠送等其他方式进口的货物，应当按一般进口货物估价办法的规定估定完税价格。　　　　（　　）

7.确定进口货物关税完税价格时，进口人向卖方支付的佣金应从完税价格中扣除。
　　　　（　　）

8.以境外边境口岸价格条件成交的铁路或公路运输进口货物，无法确定实际运费和保险费的，按货价的1%计算。　　　　（　　）

二、单项选择题

1.在进口货物正常成交价格中若含以下费用，（　　）可以从中扣除。

　A.包装费　　　　B.运输费　　　　C.卖方付的回扣　　D.保险费

2.出口货物的完税价格不应该包括（　　）。

　A.向境外销售的成交价格

　B.货物运至我国境内输出地点装载前的运输及其相关费用

　C.货物运至我国境内输出地点装载前的保险费用

　D.离境口岸至境外口岸之间的运输费、保管费

3.出口货物以海关审定的成交价格为基础售予境外的离岸价格，扣除出口关税后作为完税价格。其计算公式为（　　）。

　A.完税价格 = 离岸价格 ÷（1 + 出口税率）

　B.完税价格 = 离岸价格 ÷（1 - 出口税率）

　C.完税价格 = 离岸价格 ×（1 + 出口税率）

　D.完税价格 = 离岸价格 ×（1 - 出口税率）

4.下列各项中，属于到岸价格所包含内容的是（　　）。

　　A.买方佣金　　　　　　　　　　B.卖方佣金

　　C.卖方付给买方的正常价格回扣　　D.因延期付款而支付的利息罚款

5.进口货物到岸价格的组成公式是（　　）。

　　A.到岸价格＝货价

　　B.到岸价格＝货价＋其他劳务费

　　C.到岸价格＝货价＋包装、运输、保险费＋其他劳务费

　　D.到岸价格＝货价＋进口关税＋其他劳务费

6.某进出口公司进口一批货物，海关审定的成交价格为30 000元，另支付货物运抵我国关境内输入地点起卸前的运输费5 000元、保险费3 000元，支付卖方佣金2 000元、买方佣金3 000元，支付从海关运往公司的运输费1 000元。则该批货物的关税完税价格为（　　）元。

　　A.41 000　　　　B.40 000　　　　C.39 000　　　　D.38 000

7.某公司进口货物一批，CIF成交价格为人民币600万元，含单独计价并经海关审核属实的进口后装配调试费用30万元，该货物进口关税税率为10%。则进口关税为（　　）万元。

　　A.57　　　　　　B.60　　　　　　C.63　　　　　　D.66

8.某公司进口货物一批，应纳关税60万元，海关填发税款缴纳证的日期为2019年10月10日，该公司于10月25日缴纳税款。则该公司应纳税收滞纳金为（　　）元。

　　A.0　　　　　　B.300　　　　　　C.600　　　　　　D.200

三、多项选择题

1.下列未包含在进口货物价格中的项目，应计入进口货物完税价格的有（　　）。

　　A.买方负担除购货佣金以外的佣金及经纪费

　　B.卖方负担的佣金

　　C.由买方负担的与该货物视为一体的容器费用

　　D.由买方负担的包装劳务费

2.进口货物的成交价格不符合规定或者成交价格不能确定的，海关经了解有关情况，并与纳税人进行价格磋商后，可以按顺序采用一定方法审查确定该货物的完税价格。下列属于海关可以采用的方法的有（　　）。

　　A.相同货物成交价格估价方法　　B.类似货物成交价格估价方法

　　C.倒扣价格估价方法　　　　　　D.最大销售总量估价方法

3.关于完税价格，下列说法中正确的有（　　）。

　　A.加工贸易进口料件及制成品反内销需补税的，要按一般进口货物的完税价格规定来审定完税价格

　　B.以租赁方式进口的留购货物，应以该同类货物进口时的到岸价格作为完税价格

　　C.接受捐赠进口的货物如有类似货物成交价格，应按该类似货物成交价格作为完税价格

　　D.出口的货物一般以境外买方向卖方实付或应付的货价作为完税价格

4.根据关税法律制度的规定，下列各项中应当计入出口关税完税价格的有（　　）。

　A.出口关税

　B.出口货物装船以后发生的费用

　C.出口货物在成交价格中未单独列明的支付给国外的佣金

　D.出口货物在成交价格以外买方另行支付的货物包装费

5.根据关税法律制度的规定，下列费用中应计入进口货物完税价格的有（　　）。

　A.进口货物运抵我国关境内输入地点起卸前的运费

　B.进口货物运抵我国关境内输入地点起卸前的保险费

　C.进口货物运抵我国关境内输入地点起卸前的包装费

　D.进口人向境外支付的与该进口货物有关的专利权费用

四、不定项选择题

1.某公司进口一批应缴消费税的消费品，货价为500万元；该公司另外向境外支付特许权使用费25万元；此外，该批货物运抵我国关境需支付运费和保险费25万元。假设该货物适用的关税税率为8%、增值税税率为13%、消费税税率为20%。

要求：根据上述资料，回答下列问题。

（1）该批进口消费品的关税完税价格为（　　）万元。

　A.500　　　　　　　B.550　　　　　　　C.525　　　　　　　D.475

（2）该批进口消费品应缴纳的关税税额为（　　）万元。

　A.40　　　　　　　B.44　　　　　　　C.42　　　　　　　D.38

（3）该批进口消费品应缴纳的消费税税额为（　　）万元。

　A.118.8　　　　　　B.110　　　　　　　C.148.5　　　　　　D.142.56

（4）该批进口消费品应缴纳的增值税税额为（　　）万元。

　A.100.98　　　　　　B.93.5　　　　　　C.85　　　　　　　D.96.53

2.某进出口公司为增值税一般纳税人，地处市区，于2019年10月进口应税消费品一批，以离岸价格成交，成交价折合人民币2 760万元。另外支付该货物运抵我国关境内输入地点起卸前发生的运杂费20万元、保险费10万元、包装材料费10万元，委托境内某运输企业将进口货物运抵本单位，取得增值税专用发票，注明运输费10万元、税款0.9万元。取得海关开具的完税凭证。入库后本月将进口应税消费品全部销售，取得不含税销售额7 000万元。（该货物适用的关税税率为50%、增值税税率为13%、消费税税率为10%）

要求：根据上述资料，回答下列问题。

（1）该公司进口环节应缴纳的关税税额为（　　）万元。

　A.1 400　　　　　　B.1 380　　　　　　C.1 390　　　　　　D.1 395

（2）该公司进口环节应缴纳的消费税税额为（　　）万元。

　A.420　　　　　　　B.466.67　　　　　　C.464.44　　　　　　D.462

（3）该公司进口环节应缴纳的增值税税额为（　　）万元。

　A.714　　　　　　　B.606.67　　　　　　C.789.55　　　　　　D.785.4

（4）该公司2月份内销环节应申报缴纳的增值税税额为（　　）万元。

A.1 190 B.396.67 C.302.43 D.476

【技能点4-2】关税的会计核算

一、判断题

1.工业企业通过外贸企业代理或直接从国外进口原材料，直接支付进口关税时，可不通过"应交税费"科目核算，将其直接计入进口原材料的采购成本，借记"在途物资"科目，贷记"银行存款"等科目。 （ ）

2.企业自营出口产品应缴纳的出口关税，在支付时可直接借记"主营业务成本"科目，贷记"应交税费——应交出口关税"科目。 （ ）

二、单项选择题

1.某进出口公司向美国出口一批铬铁，国内港口FOB价格折合人民币为560 000元，铬铁适用的出口税率为40%。下列关于关税的会计处理中，正确的是（ ）。

A.借：主营业务成本 160 000
   贷：应交税费——应交出口关税 160 000

B.借：税金及附加 160 000
   贷：应交税费——应交出口关税 160 000

C.借：主营业务成本 224 000
   贷：应交税费——应交出口关税 224 000

D.借：税金及附加 224 000
   贷：应交税费——应交出口关税 224 000

2.某进出口公司从国外自营进口商品一批，该批商品到岸价格折合人民币为600 000元，进口商品的关税税率为10%，则下列相关处理中正确的是（ ）。

A.商品进口关税完税价格为660 000元

B.商品采购成本为600 000元

C.计提关税的会计分录为：
   借：在途物资 60 000
       贷：应交税费——应交出口关税 60 000

D.计提关税的会计分录为：
   借：管理费用 60 000
       贷：应交税费——应交出口关税 60 000

三、多项选择题

1.下列说法中，正确的有（ ）。

A.关税与消费税都是价内税 B.关税与消费税的会计处理相同

C.关税与增值税的会计处理相同 D.出口关税的会计处理方法与消费税相同

2.在关税的会计处理中，借记的科目可能有（ ）。

A."税金及附加" B."在建工程"

C. "银行存款"　　　　　　　　　　D. "在途物资"

【知识点4-3】关税缴纳的管理规定

一、判断题

1.按照关税有关规定，进出口货物完税后，如因纳税人违反规定造成少征或漏征的税款，海关可以自缴纳税款或者货物放行之日起1年内向纳税人补征。　　　（　　）

2.纳税义务人应当自海关填发税款缴款书之日起7日内向指定银行缴纳税款。如关税缴纳期限的最后一日是周末或法定节假日，则关税缴纳期限顺延至周末或法定节假日后的第一个工作日。　　　（　　）

3.已征出口关税的货物，因故未装运出口，申报退关，经海关查明属实的，纳税人可以自缴纳税款之日起1年内申请退还税款。　　　（　　）

4.出口货物的发货人应当在运抵海关监管区装货的24小时以前，向海关填报出口货物报关单。　　　（　　）

5.关税纳税人因不可抗力或者在国家税收政策调整的情形下，不能按期缴纳税款的，经海关总署批准，可以延期缴纳税款，但最长不得超过6个月。　　　（　　）

二、单项选择题

1.关税纳税义务人向指定银行缴纳税款的期限是（　　）。

A.自报关进口之日起7日内

B.自报关进口之日起15日内

C.自海关填发税款缴款书之日起7日内

D.自海关填发税款缴款书之日起15日内

2.已征出口关税的货物，因故未装运出口，申报退关，经海关查验属实的，纳税人可自缴纳税款之日起（　　）年内申请退还税款。

A.半　　　　　　　B.1　　　　　　　C.2　　　　　　　D.3

3.关税滞纳金自（　　）起，至纳税义务人缴纳关税之日止，按滞纳税款万分之五的比例按日征收，周末或法定节假日不予扣除。

A.商品报关之日　　　　　　　　　　B.商品进出关境之日

C.关税缴纳期限届满之日　　　　　　D.海关填发税款缴款书之日

4.海关对逾期未缴的关税，按日加收（　　）的滞纳金。

A.2‰　　　　　　B.0.5‰　　　　　C.2%　　　　　　D.1%

5.某公司进口一批货物，海关于2019年7月1日填发税款缴款书，但公司迟至3月27日才缴纳500万元的关税。海关应征收关税滞纳金（　　）万元。

A.2.75　　　　　　B.3　　　　　　　C.6.5　　　　　　D.6

三、多项选择题

1.在关税的征收管理规定中，关于补征和追征的期限，下列说法中正确的有（　　）。

A.补征期为1年内　　　　　　　　　B.追征期为1年内

C.补征期为3年内　　　　　　　　　　　　D.追征期为3年内

2.根据《进出口关税条例》的规定，下列情形中，纳税人或其代理人可以向海关申请退税的有（　　　）。

A.进口货物起卸后海关放行前，因不可抗力遭受损坏或损失的

B.因海关误征，多纳税款的

C.已征出口关税的货物，因故未装运出口，申报退税，经海关查验属实的

D.海关核准免验进口的货物，在完税后，发现有短缺情况，经海关审查认可的

3.下列各项中，符合关税减免规定的有（　　　）。

A.因故退还的国内出口货物，经海关审查属实，可予免征进口关税，已征收的出口关税准予退还

B.因故退还的国内出口货物，经海关审查属实，可予免征进口关税，但已征收的出口关税不予退还

C.因故退还的境外进口货物，经海关审查属实，可予免征出口关税，已征收的进口关税准予退还

D.因故退还的境外进口货物，经海关审查属实，可予免征出口关税，但已征收的进口关税不予退还

项目五

企业所得税的业务操作

第一部分　重点难点提示

【知识点5-1】企业所得税的纳税人和征税对象

在中华人民共和国境内，企业和其他取得收入的组织（以下统称企业）为企业所得税的纳税人。除个人独资企业、合伙企业不征收企业所得税外，其他企业均为企业所得税的纳税人，分为居民企业和非居民企业，具体见表5-1。

表5-1　　　　　　　　　　　企业所得税的纳税人和征税对象

纳税人	判定标准	举例	征税对象
居民企业	依照中国法律、法规在中国境内成立的企业	普通企业、外商投资企业等	来源于中国境内、境外的所得
	依照外国（地区）法律成立但实际管理机构在中国境内的企业	在英国等国家和地区注册的公司，但实际管理机构在我国境内	
非居民企业	依照外国（地区）法律、法规成立且实际管理机构不在中国境内，但在中国境内设有机构、场所的企业	在我国设立代表处及其他分支机构的外国企业	来源于中国境内的所得以及发生在中国境外但与其机构场所有实际联系的所得
	在中国境内未设有机构、场所，但有来源于中国境内所得的企业		来源于中国境内的所得

【知识点5-2】企业所得税的税率和优惠政策

一、税率

我国企业所得税实行的是比例税率，具体见表5-2。

表5-2　　　　　　　　　　　　企业所得税税率

种类	税率
基本税率	25%
低税率（非居民企业）	20%（实际征收时适用10%的税率）
两档优惠税率	①符合条件的小型微利企业：减按20%； ②国家重点扶持的高新技术企业：减按15%
10%的优惠税率	①在中国境内未设有机构、场所，或者虽设有机构、场所但取得的所得与其所设机构、场所没有实际联系的非居民企业的中国境内所得，减按10%的税率征收企业所得税； ②中国居民企业向境外H股非居民企业股东派发年度股息时，统一按10%的税率代扣代缴企业所得税； ③合格境外机构投资者取得来源于中国境内的股息、红利和利息收入，缴纳10%的企业所得税

二、税收优惠政策

企业所得税的优惠政策可分为基本税收优惠政策、专项税收优惠政策和过渡性税收优惠政策，具体见表5-3。

表5-3　　　　　　　　　　　　企业所得税的税收优惠政策

优惠措施	具体项目
免征与减征	①从事农、林、牧、渔业项目的所得：除花卉、茶以及其他饮料作物、香料作物的种植，海水养殖、内陆养殖所得实行减半征收外，其他所得免税。 ②从事国家重点扶持的公共基础设施项目投资经营的所得，自项目取得第一笔生产经营收入所属纳税年度起，"三免三减半"。 ③从事符合条件的环境保护、节能节水项目的所得，自项目取得第一笔生产经营收入所属纳税年度起，"三免三减半"。 ④符合条件的技术转让所得，居民企业转让技术所有权不超过500万元的部分，免征企业所得税；超过500万元的部分，减半征收企业所得税
加计扣除	①开发新技术、新产品、新工艺发生的研究开发费用：未形成无形资产计入当期损益的，在按照规定据实扣除的基础上，按照研究开发费用的75%加计扣除；形成无形资产的，按照无形资产成本的175%摊销。 ②安置残疾人员及国家鼓励安置的其他就业人员所支付的工资：100%加计扣除
抵扣应纳税所得额	创业投资企业从事国家需重点扶持和鼓励的创业投资，可以按照其投资额的70%在股权持有满2年的当年抵扣该创业投资企业的应纳税所得额；当年不足抵扣的，可以在以后纳税年度结转抵扣。在京津冀、上海、广东、安徽、四川、武汉、西安、沈阳8个全面创新改革试验地区和苏州工业园区开展试点，从2017年1月1日起，对创投企业投资于种子期、初创期科技型企业的，可享受按投资额70%抵扣应纳税所得额的优惠政策。自2018年1月1日起有关优惠政策推广到全国。
加速折旧	缩短折旧年限法、加速折旧法： ①由于技术进步，产品更新换代较快的固定资产。 ②常年处于强震动、高腐蚀状态的固定资产。 注意：采取缩短折旧年限法的，最低折旧年限不得低于法定折旧年限的60%；采取加速折旧法的，可以采取双倍余额递减法或者年数总和法
减计收入	企业综合利用资源，生产符合国家产业政策规定的产品所取得的收入减按90%计入收入总额
税额抵免	企业购置用于环境保护、节能节水、安全生产等专用设备的投资额的10%从企业当年的应纳税额中抵免，当年不足抵免的，可以在以后5个纳税年度结转抵免
非居民企业优惠政策	（1）减按10%的税率征收企业所得税。 （2）下列所得免征企业所得税： ①外国政府向中国政府提供贷款取得的利息所得。 ②国际金融组织向中国政府和居民企业提供优惠贷款取得的利息所得。 ③经国务院批准的其他所得
其他政策	①西部大开发税收优惠。 ②民族自治地方的税收优惠

【技能点 5-1】企业所得税应纳税所得额的确定

$$会计利润总额 = 营业收入 - 营业成本 - 税金及附加 - 期间费用 - 资产减值损失 + 公允价值变动收益 + 投资收益 + 营业外收入 - 营业外支出$$

$$应纳税所得额 = 利润总额 - 境外所得 + 纳税调整增加额 - 纳税调整减少额 - 免税、减计收入及加计扣除 + 境外应税所得抵减境内亏损$$

$$- 所得减免 - 抵扣应纳税所得额 - 弥补以前年度亏损$$

一、会计利润总额的计算

（1）营业收入：是指纳税人当期发生的，以货币形式和非货币形式从各种来源取得的收入，包括会计核算中的主营业务收入和其他业务收入。

（2）营业成本：是指纳税人经营主要业务和其他业务发生的实际成本总额，包括会计核算中的主营业务成本和其他业务成本。

（3）税金及附加：是指企业发生的除企业所得税和允许抵扣的增值税以外的各项税金及其附加。

（4）期间费用：是指企业在生产经营活动中发生的销售费用、管理费用和财务费用，已经计入成本的有关费用除外。

（5）资产减值损失：是指纳税人计提的各项资产减值准备所形成的损失。

（6）公允价值变动收益：是指纳税人交易性金融资产、交易性金融负债等公允价值变动形成的应计入当期损益的利得或损失。

（7）投资收益：是指纳税人以各种方式对外投资所取得的收益或投资损失。

（8）营业外收入：是指纳税人发生的与其经营活动无直接关系的各项收入。

（9）营业外支出：是指纳税人发生的与其经营活动无直接关系的各项支出。

二、应纳税所得额的确定

1.计算纳税调整额

（1）收入类调整项目

①收入类纳税调整增加的项目：视同销售收入、接受捐赠收入、不符合税收规定的销售折扣和折让、不允许扣除的境外投资损失。

②收入类纳税调整减少的项目：权益法核算长期股权投资对初始投资成本调整确认的收益、境外应税所得、不征税收入、免税收入、减计收入、减免税项目所得和抵扣应纳税所得。

③收入类纳税调整视情况增减的项目：未按权责发生制原则确认的收入、按权益法核算的长期股权投资持有期间的投资损益、特殊重组和一般重组、公允价值变动净收益、确认为递延收益的政府补助。

注意：不征税收入是指从性质和根源上不属于企业营利性活动带来的经济利益、不负有纳税义务并不作为应纳税所得额组成部分的收入；免税收入是指属于企业的应税所得但按照税法的规定免予征收企业所得税的收入。具体见表5-4。

表5-4　　　　　　　　　　　不征税收入与免税收入

收入类别	具体项目
不征税收入	财政拨款
	依法收取并纳入财政管理的行政事业性收费、政府性基金
	国务院规定的其他不征税收入
免税收入	国债利息收入
	符合条件的居民企业之间的股息、红利等权益性投资收益
	在中国境内设有机构、场所的非居民企业从居民企业取得的与该机构、场所有实际联系的股息、红利等权益性投资收益
	符合条件的非营利组织的收入

（2）扣除类调整项目

①扣除类纳税调整增加的项目：工资薪金支出、工会经费支出、职工福利费支出、职工教育经费支出、业务招待费、广告宣传费、捐赠支出、利息支出、住房公积金、罚金、罚款和被没收财物的损失、各类保险基金、统筹基金和经济补偿、与未实现融资收益相关在当期确认的财务费用、与收入无关的支出、不征税收入用于支出所形成的费用及其他调增项目。

②扣除类纳税调整减少的项目：视同销售成本、本年扣除的以前年度结转额、未列入当期费用的各类保险基金、统筹基金、加计扣除及其他调减项目。

注意：税前不得扣除项目见表5-5。

表5-5　　　　　　　　　　　税前不得扣除项目

不得扣除项目	注　释
向投资者支付的股息、红利等权益性投资收益款项	—
企业所得税税款	—
税收滞纳金	—
罚金、罚款和被没收财物的损失	不包括纳税人按照经济合同规定支付的违约金，银行罚息、罚款和诉讼费
年度利润总额12%以外的公益性捐赠支出	超过年度利润总额12%的部分，准予结转以后3年内在计算应纳税所得额时扣除
赞助支出	指企业发生的与生产经营活动无关的各种非广告性质的支出
未经核实的准备金支出	指不符合国务院财政、税务主管部门规定的各项资产减值准备、风险准备等准备金支出
与取得收入无关的其他支出	企业之间支付的管理费、企业内营业机构之间支付的租金和特许权使用费，以及非银行企业内营业机构之间支付的利息，不得扣除

（3）资产类调整项目

①财产损失的税务处理，见表5-6。

表 5-6   财产损失的税务处理

项　目	税　务　处　理
企业自行计算扣除的资产损失	①企业在正常经营管理活动中因销售、转让、变卖固定资产、生产性生物资产、存货发生的资产损失； ②企业各项存货发生的正常损耗； ③企业固定资产达到或超过使用年限而正常报废清理的损失； ④企业生产性生物资产达到或超过使用年限而正常死亡发生的资产损失； ⑤企业按照有关规定通过证券交易场所、银行间市场买卖债券、股票、基金以及金融衍生产品等发生的损失； ⑥其他经国家税务总局确认不需经税务机关审批的其他资产损失

注意：其他的资产损失，属于需经税务机关审批后才能扣除的资产损失；企业发生的资产损失，凡无法准确辨别是否属于自行计算扣除的资产损失，可向税务机关提出审批申请。

②固定资产的税务处理，见表5-7。

表 5-7   固定资产的税务处理

项　目	税　务　处　理
计税基础	外购的固定资产，以购买价款和支付的相关税费以及直接归属于使该资产达到预定用途发生的其他支出为计税基础
	自行建造的固定资产，以竣工结算前发生的支出为计税基础
	融资租入的固定资产，以租赁合同约定的付款总额和承租人在签订租赁合同过程中发生的相关费用为计税基础，租赁合同未约定付款总额的，以该资产的公允价值和承租人在签订租赁合同过程中发生的相关费用为计税基础
	盘盈的固定资产，以同类固定资产的重置完全价值为计税基础
	通过捐赠、投资、非货币性资产交换、债务重组等方式取得的固定资产，以该资产的公允价值和支付的相关税费为计税基础
	改建的固定资产除已足额提取折旧的固定资产和租入的固定资产以外的其他固定资产，以改建过程中发生的改建支出增加计税基础
折　旧	按照直线法计算的折旧，准予扣除。企业应当自固定资产投入使用月份的次月起计算折旧；停止使用的固定资产，应当自停止使用月份的次月起停止计算折旧。 注意：企业应当根据固定资产的性质和使用情况，合理确定固定资产的预计净残值，预计净残值一经确定，不得变更
不得计提折旧的范围	①房屋、建筑物以外未投入使用的固定资产； ②以经营租赁方式租入的固定资产； ③以融资租赁方式租出的固定资产； ④已足额提取折旧仍继续使用的固定资产； ⑤与经营活动无关的固定资产； ⑥单独估价作为固定资产入账的土地
最低折旧年限	①房屋、建筑物：20年； ②飞机、火车、轮船、机器、机械和其他生产设备：10年； ③与生产经营活动有关的器具、工具、家具等：5年； ④飞机、火车、轮船以外的运输工具：4年； ⑤电子设备：3年

③生产性生物资产的税务处理，见表5-8。

表5-8　　　　　　　　　　生产性生物资产的税务处理

项　目	税　务　处　理
计税基础	外购的生产性生物资产，以购买价款和支付的相关税费为计税基础
	通过捐赠、投资、非货币性资产交换、债务重组等方式取得的生产性生物资产，以该资产的公允价值和支付的相关税费为计税基础
折旧方法	按照直线法计算的折旧，准予扣除。企业应当自生产性生物资产投入使用月份的次月起计算折旧；停止使用的生产性生物资产，应当自停止使用月份的次月起停止计算折旧。
	注意：企业应当根据生产性生物资产的性质和使用情况，合理确定生产性生物资产的预计净残值，预计净残值一经确定，不得变更
最低折旧年限	①林木类生产性生物资产：10年；②畜类生产性生物资产：3年

④长期待摊费用的税务处理，见表5-9。

表5-9　　　　　　　　　　长期待摊费用的税务处理

项　目	税　务　处　理
已足额提取折旧的固定资产的改建支出	按照固定资产预计尚可使用年限分期摊销
租入固定资产的改建支出	按照合同约定的剩余租赁期限分期摊销
固定资产的大修理支出	按照固定资产预计尚可使用年限分期摊销
其他应当作为长期待摊费用的支出	自支出发生月份的次月起，分期摊销，摊销年限不得低于3年

⑤无形资产的税务处理，见表5-10。

表5-10　　　　　　　　　　无形资产的税务处理

项　目	税　务　处　理
计税基础	①外购的无形资产，以购买价款和支付的相关税费以及直接归属于使该资产达到预定用途发生的其他支出为计税基础；②自行开发的无形资产，以开发过程中该资产符合资本化条件后至达到预定用途前发生的支出为计税基础；③通过捐赠、投资、非货币性资产交换、债务重组等方式取得的无形资产，以该资产的公允价值和支付的相关税费为计税基础
不得计提摊销费用扣除范围	①自行开发的支出已在计算应纳税所得额时扣除的无形资产；②自创商誉；③与经营活动无关的无形资产；④其他不得计算摊销费用扣除的无形资产
摊销方法	按照直线法计算的摊销费用，准予扣除。注意：外购商誉的支出，在企业整体转让或者清偿时，准予扣除
最低折旧年限	不得低于10年

⑥投资转让、处置损益的纳税调整。

企业对外投资期间，投资资产的成本在计算应纳税所得额时不得扣除，企业在转让或者处置投资资产时，投资资产的成本准予扣除。

⑦其他项目的调整。

（4）准备金调整项目

（5）房地产企业预售收入计算的预计利润的调整项目

（6）特别纳税调整所得项目

2.计算弥补企业亏损金额

（1）计算境外应税所得弥补境内亏损金额

（2）计算弥补以前年度亏损金额

【技能点5-2】企业所得税应纳税额的计算

企业所得税实行按年计征、分月（季）预缴、年终汇算清缴，多退少补的办法。

一、平时预缴所得税税额的计算

平时预缴有两种方法，即据实预缴或按照上一纳税年度应纳税所得额的平均数预缴。

（1）据实预缴

$$\begin{array}{l}\text{本月(季)应缴} \\ \text{所得税税额}\end{array} = \begin{array}{l}\text{实际利润} \\ \text{累计额}\end{array} \times \text{税率} - \begin{array}{l}\text{减免} \\ \text{所得税税额}\end{array} - \begin{array}{l}\text{已累计预缴的} \\ \text{所得税税额}\end{array}$$

实际利润累计额按会计制度核算的利润总额计算，暂不作纳税调整，待会计年度终了再作纳税调整。

税率统一按照《企业所得税法》规定的25%计算。

减免所得税税额是指纳税人当期实际享受的减免所得税税额，包括享受减免税优惠过渡期的税收优惠、小型微利企业的税率优惠、高新技术企业的税率优惠及经税务机关审批或备案的其他减免税优惠。

（2）按照上一纳税年度应纳税所得额的平均额预缴

$$\text{本月(季)应缴所得税税额} = \frac{\text{上一纳税年度应纳税所得额}}{12（或4）} \times \text{税率}$$

按上一纳税年度应纳税所得额实际数除以12（或4）得出每月（季）应纳税所得额，上一纳税年度应纳税所得额中不包括纳税人的境外所得。

税率统一按照《企业所得税法》规定的25%计算。

除了采用以上两种方法计算预缴所得税税额外，还可以采用税务机关确定的其他方法。

二、汇算清缴年度应纳所得税税额

在分月（季）预缴的基础上，实行年终汇算清缴、多退少补的办法。其计算公式如下：

$$\begin{array}{l}\text{实际应纳} \\ \text{所得税税额}\end{array} = \begin{array}{l}\text{应纳税} \\ \text{所得额}\end{array} \times \text{税率} - \begin{array}{l}\text{减免所得税} \\ \text{税额}\end{array} - \begin{array}{l}\text{抵免所得税} \\ \text{税额}\end{array} + \begin{array}{l}\text{境外所得应纳} \\ \text{所得税税额}\end{array} - \begin{array}{l}\text{境外所得抵免} \\ \text{所得税税额}\end{array}$$

$$\text{本年应补（退）的所得税税额} = \text{实际应纳所得税税额} - \text{本年累计实际已预缴的所得税税额}$$

应纳税所得额是在企业会计利润总额的基础上，加减纳税调整额后计算得出的。税率按25%计算。

（1）计算减免所得税税额

减免所得税税额主要包括：

①小型微利企业的减征税额；

②高新技术企业的减征税额；

③民族自治地方企业的减征税额；

④过渡期税收优惠的减征税额。

（2）计算抵免所得税税额

抵免所得税税额是指纳税人购置并实际使用环境保护、节能节水、安全生产等专用设备的，该专用设备投资额的10%可以从企业当年的应纳税额中抵免；当年不足抵免的，可以在以后5个纳税年度结转抵免。

（3）计算境外所得应补税额

居民纳税人应就其来源于境内外所得纳税，对来源于境外的所得已在境外缴纳的所得税税额，可以从其当期应纳税额中抵免。其计算步骤如下：

$$\text{境外所得应补税额} = \text{境外所得应纳所得税税额} - \text{境外所得抵免所得税税额}$$

$$\text{境外所得应纳所得税税额} = (\text{境外所得换算成含税收入的所得} - \text{弥补以前年度境外亏损} - \text{境外免税所得} - \text{境外所得弥补境内亏损}) \times \text{税率}$$

$$\text{境外所得抵免所得税税额} = \text{本年可抵免的境外所得税税额} + \text{本年可抵免以前年度所得税税额}$$

境外所得抵免限额的相关规定见表5-11。

表5-11　　　　　　　　　境外所得抵免限额的相关规定

要点	内容
可抵免税额	居民企业从其直接或者间接控制的外国企业分得的来源于中国境外的股息、红利等权益性投资收益，外国企业在境外实际缴纳的所得税税额中属于该项所得负担的部分，可以作为该居民企业的可抵免境外所得税税额，在规定的抵免限额内抵免
抵免方法——限额抵免	纳税人来源于境外的所得，并入当年应税所得计算所得税时，允许从汇总纳税的应纳税额中扣除已经在境外缴纳的所得税税款，但是扣除额不得超过其境外所得依我国税法的规定计算的所得税税额
抵免限额——分国不分项方法	抵免限额=中国境内、境外所得依照我国企业所得税法的规定计算的应纳税总额×来源于某国（地区）的应纳税所得额÷中国境内、境外应纳税所得总额 注意：企业按照规定计算的当期境内、境外应纳税所得总额小于零的，应以零计算，则当期境外所得税的抵免限额也为零
抵免应用	超过抵免限额的部分，可以在以后5个纳税年度内，用每年度抵免限额抵免当年应抵税额后的余额进行抵补

【知识点5-3】企业所得税征收管理规定

企业所得税的征收方式、纳税期限和纳税地点见表5-12。

表5-12　　　　　　　　　　企业所得税的征收管理

项目	具体内容
征收方式	企业在每年第一季度应填列"企业所得税征收方式鉴定表"确定适用的征收方式，征收方式一经确定，在一个纳税年度内不得变更
纳税期限	一般规定：①企业所得税实行按年计算，按月或季预缴，年终汇算清缴，多退少补的征收办法。纳税年度一般为公历年度，即公历1月1日至12月31日为一个纳税年度。②纳税人应当在月份或季度终了后15日内，向其所在地主管税务机关报送预缴所得税申报表，预缴税款。企业应当自年度终了之日起5个月内，办理汇算清缴，结清应缴应退税款。 特殊规定：①纳税人在一个纳税年度的中间开业，或由于合并、关闭等原因使该纳税年度的实际经营期不足12个月的，以其实际经营期为一个纳税年度；纳税人破产清算时，以清算期为一个纳税年度。②企业在年度中间终止经营活动的，应当自实际经营终止之日起60日内，向税务机关办理当期企业所得税汇算清缴
纳税地点	①居民企业以企业登记注册地为纳税地点，但登记注册地在境外的，以实际管理机构所在地为纳税地点。 ②非居民企业在中国境内设有机构、场所的，取得的所得以及发生在中国境外但与其所设机构、场所有实际联系的所得，应当以机构、场所所在地为纳税地点。 ③非居民企业在中国境内未设有机构、场所，或者虽设有机构、场所但取得的所得与其所设机构、场所没有实际联系的，以扣缴义务人所在地为纳税地点；非居民企业在中国境内设有两个或者两个以上机构、场所的，经税务机关审核批准，可以选择由其主要机构、场所汇总缴纳企业所得税

【技能点5-3】企业所得税纳税申报实务操作

企业所得税年度纳税申报表共有37张，除了1张基础信息表和1张主表外，还有附表35张，即6张收入费用明细表、13张纳税调整表、1张亏损弥补表、9张税收优惠表、4张境外所得抵免表、2张汇总纳税表。其中作为主表的附表15张，作为附表的附表20张。

企业所得税纳税申报主表遵循间接计算法的原理设计样式，具体包括利润总额计算、应纳税所得额计算、应纳税额计算和附列资料四个部分，在编制时，以利润表为起点，具体按下列步骤进行。

第一步：营业收入 - 营业成本 - 税金及附加 - 期间费用 - 资产减值损失 + 公允价值变动收益 + 投资收益 + 营业外收入 - 营业外支出 = 利润总额

第二步：$\dfrac{利润}{总额} + \dfrac{境外}{所得} - \dfrac{纳税调整}{增加额} - \dfrac{纳税调整}{减少额} - \dfrac{免税、减计收入}{及加计扣除} + \dfrac{境外应税所得}{抵减境内亏损} -$

$\dfrac{所得}{减免} - \dfrac{抵扣应纳税}{所得额} - \dfrac{弥补以前}{年度亏损} = \dfrac{应纳税}{所得额}$

第三步：应纳税所得额 × 税率 = 应纳所得税税额

第四步：应纳所得税税额 − 减免所得税税额 − 抵免所得税税额 = 应纳税额

第五步：$\dfrac{应纳}{税额} + \dfrac{境外所得应纳}{所得税税额} - \dfrac{境外所得抵免}{所得税税额} = \dfrac{实际应纳}{所得税税额}$

第六步：$\dfrac{实际应纳}{所得税税额} - \dfrac{本年累计实际}{已预缴的所得税税额} = \dfrac{本年应补（退）的}{所得税税额}$

第二部分　职业判断能力训练

【知识点5-1】企业所得税的纳税人和征税对象

一、判断题

1.企业所得税的纳税人仅指企业，不包括社会团体。　　　　　　　（　　）

2.《企业所得税法》也适用于个人独资企业、合伙企业。　　　　　（　　）

3.在中国境内设立的外商投资企业，应就来源于我国境内、境外的所得缴纳所得税。　　　　　　　　　　　　　　　　　　　　　　　　　　（　　）

4.外国企业在中国境内未设有机构、场所，但有来源于中国境内的所得时，应按我国税法的规定缴纳所得税。　　　　　　　　　　　　　　　（　　）

5.《企业所得税法》中的居民纳税义务人负有全面纳税义务，应就其来源于境内、境外所得申报缴纳企业所得税。　　　　　　　　　　　　　　（　　）

6.居民企业在中国境内设立的不具有法人资格的营业机构，应由其营业机构计算并缴纳该营业机构的企业所得税。　　　　　　　　　　　　　（　　）

7.某民办非企业单位会计负责人认为："只有企业才需要缴纳企业所得税，我们不是企业，所以不需要缴纳企业所得税。"　　　　　　　　　　　（　　）

8.非居民企业在中国境内未设有机构、场所的，或者虽然设有机构、场所但取得的所得与其所设机构、场所没有实际联系的，就其来源于中国境内的所得缴纳企业所得税，实行源泉扣缴，以支付人为扣缴义务人。　　　　　　　　　　（　　）

9.企业解散或者破产后的清算所得，不属于企业所得税的征税范围。（　　）

10.由于个人独资企业不适用《企业所得税法》，所以一人有限公司也不适用《企业所得税法》。　　　　　　　　　　　　　　　　　　　　　（　　）

二、单项选择题

1.下列企业或单位中，不属于企业所得税纳税人的是（　　）。

　　A.个人独资企业　　B.联营企业　　　　C.集体企业　　　　D.股份制企业

2.依据《企业所得税法》的规定，下列各项中，按照负担、支付所得的企业或者机构、场所所在地确定所得来源地的是（　　）。

　　A.销售货物所得　　　　　　　　　B.权益性投资所得

　　C.动产转让所得　　　　　　　　　D.特许权使用费所得

3.按照《企业所得税法》的规定，下列企业不缴纳企业所得税的是（　　）。

　　A.国有企业　　　　B.私营企业　　　　C.合伙企业　　　　D.外商投资企业

4.下列各项中，不是企业所得税纳税人的是（　　）。

　　A.事业单位　　　　B.民办非企业单位　　C.社会团体　　　　D.私营合伙企业

5.按照企业所得税法及其实施条例的规定，下列各项中属于非居民企业的是（　　）。

　　A.在浙江省市场监管机构登记注册的企业

　　B.在美国注册但实际管理机构在杭州的外商独资企业

　　C.在美国注册的企业设在苏州的办事处

　　D.在浙江省注册但在中东开展工程承包的企业

三、多项选择题

1.企业所得税的征税对象包括（　　）。

　　A.个人承包所得　　B.其他所得　　　　　C.生产经营所得　　D.清算所得

2.以下属于非居民企业的有（　　）。

　　A.依照中国法律在中国境内成立的企业

　　B.依照外国（地区）法律成立但实际管理机构在中国境内的企业

　　C.依照外国（地区）法律成立且实际管理机构不在中国境内，但在中国境内设有机构、场所的企业

　　D.在中国境内未设有机构、场所，但有来源于中国境内所得的企业

3.企业所得税法所称机构、场所，是指在中国境内从事生产经营活动的机构、场所，包括（　　）。

　　A.工厂、农场、开采自然资源的场所

　　B.提供住行的生活场所

　　C.从事建筑、安装、装配、修理、勘探等工程作业的场所

　　D.其他从事生产经营活动的机构、场所

4.下列各项中，属于居民企业的有（　　）。

　　A.在浙江省市场监管机构登记注册的企业

　　B.在日本注册但实际管理机构在北京的企业

　　C.在日本注册的企业设在北京的办事处

　　D.在浙江省注册但在奥地利开展工程承包的企业

5.根据企业所得税法律制度的规定，下列关于企业所得税征税对象的说法中，正确的有（　　）。

A.居民企业只就其来源于中国境内的所得征收企业所得税

B.非居民企业只就其来源于中国境内的所得征收企业所得税

C.在中国境内未设有机构、场所的非居民企业，只就其取得的来源于中国境内的所得征收企业所得税

D.在中国境内设有机构、场所的非居民企业，应当就其取得的来源于中国境内的所得以及来源于境外但与其境内所设机构、场所有实际联系的所得征收企业所得税

【知识点5-2】企业所得税的税率和优惠政策

一、判断题

1.企业取得的所有技术服务收入均可暂免征收企业所得税。   （   ）

2.综合利用资源，生产国家非限制和禁止并符合国家和行业相关标准的产品取得的收入，减按90%计入收入总额。   （   ）

3.利息收入和股息收入一样，都表现为全额增加企业所得税的应纳税所得额。

（   ）

4.符合条件的小型微利企业，减按20%的税率征收企业所得税；国家需要重点扶持的高新技术企业，减按15%的税率征收企业所得税。   （   ）

5.企业为开发新技术、新产品、新工艺发生的研究开发费用，未形成无形资产的，计入当期损益据实扣除。   （   ）

二、单项选择题

1.下列利息收入中，不计入企业所得税应纳税所得额的是（   ）。

A.企业债券利息   B.外单位欠款付给的利息收入

C.购买国库券的利息收入   D.银行存款利息收入

2.在一个纳税年度内，居民企业技术转让所得不超过（   ）的部分，免征企业所得税，超过部分，减半征收企业所得税。

A.5万元   B.10万元   C.20万元   D.500万元

3.企业所得税法中所称的小型微利工业企业，必须符合年度应纳税所得额不超过（   ）万元，从业人数不超过（   ）人，资产总额不超过（   ）万元。

A.30，80，3 000   B.100，80，1 000

C.20，100，3 000   D.300，300，5 000

4.法国企业在中国境内未设有机构、场所的，其取得的来源于中国境内的所得应按（   ）的税率征收企业所得税。

A.10%   B.20%   C.15%   D.25%

5.减计收入是指企业以《资源综合利用企业所得税优惠目录》规定的资源作为主要材料，生产国家非限制和禁止并符合国家和行业相关标准的产品取得的收入，减按（   ）计入收入总额。

A.60%　　　　　　B.70%　　　　　　C.80%　　　　　　D.90%

三、多项选择题

1.企业从事（　　）项目的所得，减半征收企业所得税。

　A.中药材的种植

　B.花卉、茶以及其他饮料作物和香料作物的种植

　C.海水养殖、内陆养殖

　D.牲畜、家禽的饲养

2.下列各项中，适用25%税率的企业有（　　）。

　A.在中国境内的居民企业

　B.在中国境内设有机构、场所，且所得与机构、场所有关联的非居民企业

　C.在中国境内设有机构、场所，但所得与机构、场所没有实际联系的非居民企业

　D.在中国境内未设有机构、场所的非居民企业

3.下列各项中，可享受"三免三减半"优惠政策的有（　　）。

　A.海水淡化　　　　　　　　　　B.沼气综合开发利用

　C.安全生产　　　　　　　　　　D.公共污水处理

4.下列叙述中，正确的有（　　）。

　A.企业从事国家重点扶持的公共基础设施项目的投资经营所得，自项目取得第一笔生产经营收入所属纳税年度起，第一年至第三年免征企业所得税，第四年至第六年减半征收企业所得税（简称"三免三减半"）

　B.企业从事符合条件的环境保护、节能节水项目的所得，自项目取得第一笔生产经营收入所属纳税年度起，实行"三免三减半"

　C.企业从事以《资源综合利用企业所得税优惠目录》规定的资源作为主要原材料，生产国家非限制和禁止并符合国家和行业相关标准的产品取得的收入，减按90%计入收入总额

　D.企业从事开发新技术、新产品、新工艺发生的研究开发费用，未形成无形资产的计入当期损益，在按照规定据实扣除的基础上，按照研究开发费用的75%加计扣除；形成无形资产的，按照无形资产成本的175%摊销

5.关于《企业所得税法》规定的税收优惠政策，下列各项表述中正确的有（　　）。

　A.采取缩短折旧年限方法的，最低折旧年限不得低于实施条例规定折旧年限的60%

　B.安置残疾人员的企业，支付给残疾职工的工资在计算应纳税所得额时按100%加计扣除

　C.创业投资企业从事国家鼓励的创业投资，可按投资额的70%在股权持有满两年的当年抵免应纳税所得额

　D.符合条件的非营利组织从事营利性活动取得的收入，可作为免税收入，不并入应纳税所得额征税

【技能点5-1】企业所得税应纳税所得额的确定

一、判断题

1.企业直接向规定的公益事业的捐赠，不得在计算企业所得税应纳税所得额时扣除。　　　　　　　　　　　　　　　　　　　　　　　　　　（　　　）

2.纳税人缴纳的增值税不得在企业所得税前扣除，但按当期缴纳的增值税计算的城市维护建设税和教育费附加，准予在所得税前扣除。　　　　（　　　）

3.纳税人在生产、经营期间的借款利息支出作为费用，在计算应纳税所得时，可以按实际发生数扣除。　　　　　　　　　　　　　　　　（　　　）

4.企业发生的年度亏损，可用以后5个盈利年度的利润弥补。（　　　）

5.在确定应纳税所得额时，对企业在生产、经营期间，向经人民银行批准从事金融业务的非银行金融机构借款的利息支出，可按照实际发生额从税前扣除。（　　　）

6.企业因存货盘亏、毁损、报废等原因不得从销项税额中抵扣的增值税进项税额，不得在计算企业所得税应纳税所得额时扣除。　　　　　　（　　　）

7.纳税人有应提未提折旧、应计未计费用导致年度应纳税额减少的，应于下年发现时补扣，相应调减应纳税所得额。　　　　　　　　　　　（　　　）

8.在计征企业所得税时，非广告性质的赞助费不允许税前扣除，广告宣传费可以在税前正常列支。　　　　　　　　　　　　　　　　　　　（　　　）

9.提取坏账准备金的企业，在计算企业所得税应纳税所得额时，实际发生的坏账损失大于已提取的坏账准备金的部分，不能在发生当期直接扣除。（　　　）

10.纳税人缴纳的增值税不得在企业所得税前扣除，但按当期缴纳的增值税计算的城市维护建设税和教育费附加，准予在所得税前扣除。　　（　　　）

二、单项选择题

1.企业缴纳的下列税种，在计算企业所得税应纳税所得额时，不准从收入总额中扣除的是（　　　）。

A.增值税　　　　B.消费税　　　　C.城市维护建设税　　D.土地增值税

2.下列项目中，准予在计算企业所得税应纳税所得额时从收入总额中扣除的是（　　　）。

A.资本性支出

B.无形资产开发未形成资产的部分

C.违法经营的罚款支出

D.各项税收滞纳金、罚金、罚款支出

3.在计算应纳税所得额时，企业财务、会计处理办法与税收法律、行政法规的规定不一致时，应当依照（　　　）的规定计算。

A.企业财务、会计处理办法　　　　B.税收法律、行政法规

C.上级机关指示　　　　　　　　　D.有资质的中介机构

4.下列各项中，可以不计入企业所得税应纳税所得额的是（　　　）。

　　A.纳税人按国家统一规定进行清产核资时发生的固定资产评估净增值

　　B.企业取得国家财政性补贴收入

　　C.纳税人购买国家重点建设债券的利息收入

　　D.纳税人接受捐赠的实物资产

5.纳税人通过国内非营利的社会团体、国家机关的公益、救济性捐赠，在年度（　　　）12%以内的部分准予在当年应纳税所得额中扣除。

　　A.收入总额　　　　B.利润总额　　　　C.应纳税所得额　　　D.应纳所得税税额

6.除国务院财政、税务主管部门另有规定外，依照《企业所得税法》等的规定，下列关于固定资产计算折旧时最低年限的说法中，正确的是（　　　）。

　　A.房屋、建筑物，为25年

　　B.与生产经营活动有关的器具、工具、家具、电子设备等，为5年

　　C.飞机、火车、轮船、机器、机械和其他生产设备，为10年

　　D.飞机、火车、轮船以外的运输工具，为6年

7.下列关于企业在生产经营活动中发生的利息支出的税务处理的表述中，不正确的是（　　　）。

　　A.非金融企业向金融企业借款的利息支出准予在企业所得税前据实扣除

　　B.金融企业的各项存款利息支出准予在企业所得税前据实扣除

　　C.金融企业的同业拆借利息支出不得在企业所得税前据实扣除

　　D.企业经批准发行债券的利息支出准予在企业所得税前据实扣除

8.甲企业2019年取得销售收入200万元，广告费支出45万元，上年结转广告费15万元。根据企业所得税法律制度的规定，甲企业2019年准予税前扣除的广告费是（　　　）万元。

　　A.15　　　　　　　B.30　　　　　　　C.45　　　　　　　D.60

9.某外商投资生产企业全年实现销售净额2 000万元，实际支付业务招待费15万元，则准予税前列支的业务招待费为（　　　）万元。

　　A.9　　　　　　　B.6　　　　　　　C.10　　　　　　　D.12

10.某外商投资企业某年实现利润200万元，通过境内民政局向灾区捐赠20万元，若无其他调整项目，该企业的应纳税所得额为（　　　）万元。

　　A.180　　　　　　B.176　　　　　　C.200　　　　　　D.220

三、多项选择题

1.下列各项中，准予在计算应纳税所得额时从收入总额中直接扣除的有（　　　）。

　　A.企业缴纳的增值税

　　B.转让固定资产发生的费用

　　C.以经营租赁方式租入的固定资产发生的租赁费

　　D.以融资租赁方式租入的固定资产发生的租赁费

2.下列各项中，在会计利润的基础上应调整增加应纳税所得额的有（　　　）。

    A.职工教育经费支出超标准　　　　B.利息费用支出超标准

    C.公益救济性捐赠超标准　　　　　D.查补的消费税

3.下列各项中，在会计利润的基础上应调整减少应纳税所得额的有（　　　）。

    A.查补的消费税　　　　　　　　　B.实际发生的超标职工福利费

    C.国库券利息收入　　　　　　　　D.多列的无形资产摊销费

4.在计算企业应纳税所得额时，不得从收入总额中扣除的有（　　　）。

    A.企业为他人提供贷款担保，因被担保方无力还清贷款，而由该担保企业承担的
贷款本息

    B.所得税前依法缴纳的增值税

    C.所得税前依法缴纳的土地增值税

    D.来源于境外的所得，在境外实际缴纳的未超过扣除限额的所得税税款

5.下列各项中，不得列为成本、费用和损失的有（　　　）。

    A.无形资产的受让、开发支出

    B.资本的利息

    C.对外投资所发生的投资费用或损失

    D.违法经营的罚款和被没收财物的损失

6.下列关于接受捐赠的资产的会计处理和税务处理的说法中，正确的有（　　　）。

    A.按照会计制度，对接受捐赠的资产不应确认收入，不计入企业接受捐赠当期的
利润总额

    B.按照会计制度，对接受捐赠的资产应确认收入，计入企业接受捐赠当期的利润
总额

    C.按照税法的规定，企业接受捐赠的资产，应计入当期应纳税所得额

    D.按照税法的规定，企业接受捐赠的资产，不应计入当期应纳税所得额

7.下列准予扣除的项目中，如果当年不足抵扣或当年未抵扣，不得结转以后年度抵
扣的有（　　　）。

    A.技术开发费加扣的75%部分

    B.业务招待费支出

    C.应提未提折旧

    D.创业投资企业采取股权投资方式投资于未上市中小高新技术企业2年以上投资
额的70%部分

8.按照我国税法的规定，企业的下列各项支出中，不准税前扣除的有（　　　）。

    A.销售白酒给予买方的回扣

    B.广告宣传支出

    C.逾期还贷支付银行加收的罚息

    D.卖给职工的住房的折旧费和维修费

9.企业发生的下列支出中，需要在缴纳企业所得税时作纳税调整增加处理的有（　　　）。

    A.离退休人员增加的工资支出　　　B.无法得到赔偿的境外事故损失

    C.非广告性赞助支出　　　　　　　D.违反税法的罚款支出

10.企业出售旧生产用设备一台，取得销售收入50万元，该设备原值为30万元，已提折旧20万元。出售该固定资产的下列税务处理正确的有（　　）。

A.该固定资产的净值为10万元

B.出售该固定资产的应纳税所得额为20万元

C.出售该固定资产的计税基础是30万元

D.出售该固定资产的应纳税所得额为40万元

四、不定项选择题

1.甲公司为居民企业，2019年有关经营情况如下：

（1）取得产品销售收入4 700万元、出租闲置办公楼租金收入300万元、企业债券利息收入35万元；接受乙企业捐赠原材料价值10万元，已计入营业外收入。

（2）缴纳增值税285万元、消费税15万元、城市维护建设税21万元、教育费附加9万元。

（3）发生业务招待费支出50万元、广告费支出700万元、业务宣传费支出80万元。

（4）实际发生合理的工资薪金支出200万元、职工福利费28万元、职工教育经费3万元，拨缴工会经费6万元。

要求：根据上述材料，回答下列问题。

（1）甲公司在计算2019年企业所得税应纳税所得额时，下列收入中，应计入收入总额的是（　　）。

A.出租闲置办公楼租金收入300万元　　B.产品销售收入4700万元

C.企业债券利息收入35万元　　D.接受捐赠收入10万元

（2）甲公司在计算2019年企业所得税应纳税所得额时，下列各项中，准予税前扣除的是（　　）。

A.城市维护建设税21万元　　B.教育费附加9万元

C.增值税285万元　　D.消费税15万元

（3）甲公司在计算2019年企业所得税应纳税所得额时，下列表述中，正确的是（　　）。

A.业务招待费税前扣除限额为25万元

B.业务招待费税前扣除限额为30万元

C.广告费和宣传费税前扣除限额为705万元

D.广告费和宣传费税前扣除限额为750万元

（4）甲公司2019年实际发生的工资薪金、职工福利费、职工教育经费和工会经费支出，可以在企业所得税前全额扣除的是（　　）。

A.工资薪金200万元　　B.职工福利费28万元

C.职工教育经费3万元　　D.工会经费6万元

2.某居民企业（非金融企业）2019年度生产经营情况如下：

（1）取得产品销售收入8 000万元，与收入配比的销售成本为3 000万元。

（2）转让技术所有权取得收入1 200万元，与技术转让有关的成本费用为400万元。

（3）已计入企业成本、费用中的合理工资、薪金为100万元（其中支付给残疾职工的工资为60万元)。

（4）缴纳增值税1360万元、税金及附加1000万元。

（5）发生销售费用700万元。

（6）发生管理费用600万元。

（7）发生财务费用80万元，其中含向非金融企业借款200万元所支付的全年利息14万元（当年金融企业同期同类贷款年利率为6%）。

（8）发生营业外支出130万元，其中含税收滞纳金15万元、罚款5万元。

已知：上述销售费用、管理费用、财务费用不涉及技术所有权转让费用。

要求：根据上述材料，回答下列问题。

（1）该企业转让技术所有权所得，应计入企业所得税应纳税所得额的金额为（　　　）万元。

    A.150　　　　　　B.300　　　　　　C.400　　　　　　D.800

（2）该企业在计算2019年企业所得税应纳税所得额时，允许扣除的残疾职工工资总额为（　　　）万元。

    A.60　　　　　　B.90　　　　　　C.120　　　　　　D.150

（3）该企业在计算2019年企业所得税应纳税所得额时，允许扣除的财务费用为（　　　）万元。

    A.12　　　　　　B.14　　　　　　C.78　　　　　　D.80

（4）该企业在计算2019年企业所得税应纳税所得额时，允许扣除的营业外支出为（　　　）万元。

    A.110　　　　　　B.115　　　　　　C.125　　　　　　D.130

3.某企业2019年发生下列业务：

（1）取得销售产品收入2 000万元。

（2）接受捐赠材料一批，取得赠出方开具的增值税专用发票，注明价款10万元、增值税1.3万元。

（3）转让一项固定资产，取得营业外净收入60万元。

（4）出售包装物，取得其他业务收入10万元。

（5）取得国债利息收入2万元。

（6）全年销售成本为1 000万元。

（7）全年销售费用为500万元，含广告费400万元；全年管理费用为300万元，含业务招待费80万元，新产品开发费用70万元；全年财务费用为50万元。

（8）全年营业外支出为40万元，含通过政府部门对灾区捐款20万元，直接对私立小学捐款10万元，违反政府规定被市场监管机构罚款2万元。

要求：根据上述资料，回答下列问题。

（1）该企业对广告费用的纳税调整额为（　　　）万元。

  A.调增98.5　　　B.调增89.5　　　C.调增100　　　　D.调增91

（2）该企业对业务招待费的纳税调整额为（　　　）万元。

  A.调增69.95　　　B.调增32　　　C.调增69.65　　　D.调增69.6

（3）该企业对营业外支出的纳税调整额为（　　）万元。

　　A.调增10　　　　　B.调增2　　　　　C.调增12　　　　　D.调增32

（4）该企业2019年度应纳税所得额为（　　）万元。

　　A.193.7　　　　　B.319.65　　　　　C.335.15　　　　　D.357.15

【技能点5-2】企业所得税应纳税额的计算

一、判断题

1.企业销售啤酒、黄酒以外的酒类产品收取的包装物押金，无论是否退回均应计征增值税和消费税，同时也要计征企业所得税。（　　）

2.纳税人来源于境外的所得在境外实际缴纳的所得税税款，准予在汇总纳税时从其应纳税额中扣除；其在境外发生的亏损也可用境内的利润弥补。（　　）

3.企业所得税应当分国、分项计算企业来源于境外的所得在我国的扣除限额。（　　）

4.企业所得税实行按年计征、分月（季）预缴、年终汇算清缴、多退少补的办法。（　　）

5.减免所得税税额是指纳税人当期实际享受的减免所得税税额，包括享受减免税优惠过渡期的税收优惠、小型微利企业的税率优惠、高新技术企业的税率优惠及经税务机关审批或备案的其他减免税优惠。（　　）

二、单项选择题

1.2019年，某工业生产企业有从业人员85人，资产总额为2 800万元，全年销售额为1 520万元，成本为600万元，税金及附加为460万元，按规定列支各种费用380万元。已知上述成本费用中包括新产品开发费80万元。则该企业当年应纳企业所得税（　　）万元。

　　A.15　　　　　B.19.8　　　　　C.1　　　　　D.4

2.某小型微利企业经主管税务机关核定，2018年度应纳税所得额为50万元，上一年度亏损42万元，则2018年度该企业应纳所得税税额为（　　）万元。

　　A.2　　　　　B.0.8　　　　　C.2.16　　　　　D.1.6

3.企业来源于境外所得，已在境外实际缴纳的所得税税款，在汇总纳税并按规定计算扣除限额时，如果境外实际缴纳的税款超过扣除限额，对超过部分的处理方法是（　　）。

　　A.列为当年费用支出

　　B.从本年的应纳所得税税额中扣除

　　C.用以后年度税额扣除的余额补扣，补扣期限最长不得超过5年

　　D.从以后年度境外所得中扣除

4.甲居民企业适用的企业所得税税率为25%，2019年境内应纳税所得额为300万元，其设在A国的分公司应纳税所得额为90万元（折合人民币），在A国已缴纳企业所

得税25万元。则该企业2019年在我国实际应缴纳的企业所得税为（　　）万元。

　　A.22.5　　　　　　B.25　　　　　　　C.72.5　　　　　　D.75

　　5.某零售企业2019年度自行申报收入总额350万元、成本费用368万元，经营亏损18万元。经主管税务机关审核，发现其发生的成本费用真实，实现的收入无法确认，依据规定对其进行核定征收。假定应税所得率为9%，则该零售企业2019年度应缴纳的企业所得税为（　　）万元。

　　A.8.10　　　　　　B.8.28　　　　　　C.7.875　　　　　　D.9.1

三、多项选择题

　　1.下列各种情形中，应对纳税人采取核定征收企业所得税的有（　　）。

　　A.能正确核算成本费用支出，收入总额不能准确核算的

　　B.收入和费用均不能正确核算的

　　C.没有按规定保存有关账簿、凭证资料的

　　D.按规定可以不设置账簿的

　　2.实行税额抵免的境外所得包括（　　）。

　　A.居民企业来源于中国境外的应税所得

　　B.非居民企业在中国境内设立的机构、场所，取得的发生在中国境外但与该机构、场所有实际联系的应税所得

　　C.居民企业从其直接控制的外国企业分得的来源于中国境外的股息、红利等权益性投资收益

　　D.居民企业从其间接控制的外国企业分得的来源于中国境外的股息、红利等权益性投资收益

　　3.关于企业可以从当期应纳税额中抵免的已在境外缴纳的所得税税款，下列各项说法中，符合规定的有（　　）。

　　A.抵免限额为该项所得依照我国税法的规定计算的应纳税额

　　B.超过抵免限额的部分，可以在以后5个年度内，用每年度抵免限额抵免当年应抵税额后的余额抵补

　　C.是指居民企业来源于中国境外的应税所得

　　D.是指非居民企业在中国境内设有机构、场所，取得发生在中国境外但与该机构、场所有实际联系的应税所得

　　4.根据企业所得税法及有关规定，下列收入中可以免征企业所得税的有（　　）。

　　A.国债转让收入

　　B.符合条件的非营利组织的收入

　　C.在中国境内设有机构、场所的非居民企业从居民企业取得的股息、红利等权益性投资收益

　　D.远洋捕捞所得

四、不定项选择题

　　1.甲居民企业是国家重点扶持的环保高新技术企业，主要从事节能减排技术改造（2018年甲企业取得第1笔生产经营收入），2019年有关财务数据如下：

（1）全年取得产品销售收入4 000万元。

（2）全年实际发生合理的工资薪金支出200万元、职工福利费支出34万元、职工教育经费5万元，拨缴工会经费4万元，按规定缴纳基本社会保险费56万元。

（3）发生业务招待费支出30万元。

（4）发生新技术研究开发费用400万元（未形成无形资产计入当期损益）。

（5）当年闲置厂房计提折旧15万元，未投入使用的机器设备计提折旧10万元。

（6）直接向某养老院捐赠20万元。

（7）发生非广告性质的赞助支出8万元。

（8）购入运输车辆支付不含税价款20万元。

要求：根据上述材料，回答下列问题。

（1）甲企业在计算2019年度企业所得税应纳税所得额时，业务招待费税前扣除额为（　　）万元。

    A.18　　　　　　B.20　　　　　　C.30　　　　　　D.12

（2）甲企业在计算2019年度企业所得税应纳税所得额时，下列各项中，准予全额在税前扣除的是（　　）。

    A.职工福利费34万元　　　　　　B.职工教育经费5万元

    C.工会经费4万元　　　　　　　　D.基本社会保险费56万元

（3）甲企业在计算2019年度企业所得税应纳税所得额时，下列表述中，正确的是（　　）。

    A.闲置厂房计提的15万元折旧可以在税前扣除

    B.未投入使用的机器设备计提的10万元折旧不得在税前扣除

    C.发生的非广告性质的赞助支出8万元不得在税前扣除

    D.直接向养老院捐赠的20万元不得在税前扣除

（4）关于甲企业适用的优惠政策，下列表述中，正确的是（　　）。

    A.新技术研究开发费用可以加计扣除400万元

    B.甲企业可以享受"三免三减半"优惠政策

    C.购入运输车辆支出的20万元可以享受税额抵免优惠政策

    D.甲企业适用15%的企业所得税税率

2.位于市区的某国家重点扶持高新技术企业，2019年有关财务资料如下：

（1）产品销售取得收入800万元，销售边角料取得收入40万元，出租固定资产取得收入50万元，取得国债利息收入5万元；转让一台旧设备取得收入10万元，该设备账面净值为5万元，无转让费用。

（2）2019年1月1日，对境内一家中外合资企业投资，2019年取得投资收益100万元。

（3）企业全年发生产品销售成本430万元、销售费用80万元、管理费用20万元（其中新工艺研发支出10万元）、财务费用10万元。

（4）全年按税法的规定缴纳销售税金及附加100万元（含增值税90万元）。

（5）发生营业外支出30万元，其中含通过民政部门向公益事业捐赠29万元、法院罚金1万元。

要求：根据上述资料，回答下列问题。

（1）企业2019年的收入总额为（　　　）万元。

A.1 000　　　　　B.1 005　　　　　C.1 010　　　　　D.990

（2）企业2019年税前准予扣除的管理费用为（　　　）万元。

A.30　　　　　B.20　　　　　C.27.5　　　　　D.15

（3）企业2019年税前准予扣除的捐赠支出为（　　　）万元。

A.29　　　　　B.0　　　　　C.50.4　　　　　D.21.4

（4）企业2019年应纳所得税税额为（　　　）万元。

A.103.75　　　　　B.78.75　　　　　C.77.5　　　　　D.77.125

3.某中外合资服装生产企业为增值税一般纳税人，2016年1月在浙江省注册成立，2019年企业有关经营情况如下：

（1）取得产品销售收入2 300万元（不含税），从境内投资公司分回税后利润180万元（被投资方适用的企业所得税税率为25%），接受捐赠收入为120万元。

（2）产品销售成本为1 000万元，发生销售费用430万元（含广告费200万元）；发生财务费用220万元，其中1月1日以集资方式筹集生产性资金300万元，期限为1年，支付利息费用30万元（同期银行贷款利率为6%）；发生管理费用260万元，其中含业务招待费130万元。

（3）"营业外支出"账户记载金额44万元，其中市场监管机构罚款4万元，8月通过民政部门向灾区捐赠自产货物一批，账面成本为40万元（当期同类货物不含税售价为56万元）。

要求：根据上述资料，回答下列问题。

（1）2019年企业应税收入（含营业外收入、视同销售收入）为（　　　）万元。

A.2 476　　　　　B.2 656　　　　　C.2 600　　　　　D.2 480

（2）2019年企业所得税前准予扣除的三项期间费用为（　　　）万元。

A.910　　　　　B.779.78　　　　　C.780　　　　　D.580

（3）2019年企业所得税前准予扣除的营业外支出为（　　　）万元。

A.48.96　　　　　B.40　　　　　C.56　　　　　D.77.52

（4）2019年企业应纳所得税税额为（　　　）万元。

A.131.5　　　　　B.141.5　　　　　C.152.3　　　　　D.174.055

【知识点5-3】企业所得税征收管理规定

一、判断题

1.我国企业所得税法规定，企业缴纳所得税，按年计算，分月或分季预缴。纳税人应于月份或季度终了后15天内预缴，年度终了后3个月内汇算清缴，多退少补。

（　　　）

2.纳税人在一个纳税年度的中间开业，或由于合并、关闭等原因使该纳税年度的实际经营期不足12个月的，按其实际经营期为一个纳税年度。　　　　　（　　）

3.企业在年度中间终止经营活动的，应当自实际经营终止之日起30日内，向税务机关办理当期企业所得税汇算清缴。　　　　　　　　　　　　　　　　（　　）

4.居民企业以企业登记注册地为纳税地点，但登记注册地点在境外的，以实际管理机构所在地为纳税地点。　　　　　　　　　　　　　　　　　　　　（　　）

5.企业的成本费用核算和收入总额核算两项中，凡其中一项不合格者，就要采取定额征收企业所得税的方式。　　　　　　　　　　　　　　　　　　　（　　）

二、单项选择题

1.境内居民企业注册地与实际经营管理地不一致时，其纳税地点按税法的规定应该是（　　）。

A.注册地　　　　　　　　　　　B.实际经营管理地

C.由税务机关决定　　　　　　　D.由纳税人自行决定

2.非居民企业在中国境内未设有机构、场所的，以（　　）为企业所得税纳税地点。

A.收入发生地　　　　　　　　　B.业务发生地

C.扣缴义务人所在地　　　　　　D.机构、场所所在地

3.缴纳企业所得税，月份或季度终了后要在规定的期限内预缴，年度终了后要在规定的期限内汇算清缴，其预缴、汇算清缴的规定期限分别是（　　）。

A.7日、45日　　　B.15日、45日　　　C.15日、5个月　　　D.15日、4个月

4.企业进行清算时，应当在（　　），向当地主管税务机关办理所得税纳税申报，并就其清算终了后的清算所得缴纳企业所得税。

A.清算终结之日　　　　　　　　B.办理注销登记的同时

C.办理注销登记之前　　　　　　D.办理注销登记之后

5.纳税人进行破产清算时，应当以（　　）作为一个企业所得税的纳税年度计算清算所得。

A.当年1月1日至清算开始日期　　　B.当年1月1日至清算结束日期

C.当年1月1日至12月31日　　　　　D.清算期间

三、多项选择题

1.下列各种情形中，应对纳税人采取核定征收企业所得税的有（　　）。

A.能正确核算成本费用支出，收入总额不能准确核算的

B.收入和费用均不能正确核算的

C.没有按规定保存有关账簿、凭证资料的

D.不按税法规定的期限办理纳税申报的

2.关于企业所得税的纳税地点，下列表述中正确的有（　　）。

A.非居民企业在中国未设有机构、场所的，以扣缴义务人所在地为纳税地点

B.非居民企业在中国境内设有两个机构、场所的，应分别申报缴纳企业所得税

C.居民企业登记注册地在境外的，以实际管理机构所在地为纳税地点

D.居民企业一般以企业登记注册地为纳税地点

3.下列关于所得税纳税申报的说法中，正确的有（　　）。

A.企业应当自月份或者季度终了之日起15日内，向税务机关报送预缴企业所得税纳税申报表，预缴税款

B.企业应当自年度终了之日起4个月内，向税务机关报送年度企业所得税纳税申报表，并汇算清缴，结清应缴应退税款

C.年度中间终止经营活动的，应当自实际经营终止之日起30日内，向税务机关办理当期企业所得税汇算清缴

D.在办理注销登记前，就其清算所得向税务机关申报并依法缴纳企业所得税

4.分月预缴或分季预缴，由税务机关根据纳税人应纳税额的大小具体核定，预缴所得税时，应当按纳税期限的实际数预缴，如按实际数预缴有困难的，可以按（　　）预缴。

A.上一年度应纳税所得额的1/12　　　　B.上一年度应纳税所得额的1/4

C.自行确定的方法　　　　　　　　　　D.税务机关承认的其他方法

5.下列关于企业所得税纳税年度的表述中，正确的有（　　）。

A.纳税年度自公历1月1日起至12月31日止

B.在一个纳税年度中间开业，使实际经营期不足12个月的，应当以其实际经营期为一个纳税年度

C.依法清算时，应当以清算期间作为一个纳税年度

D.终止经营活动，实际经营期和依法清算在同一年度的，应当将两者合并为一个纳税年度

【技能点5-3】企业所得税纳税申报实务操作

一、判断题

1.查账征收企业所得税的纳税人在年度汇算清缴时，无论盈利还是亏损，都必须在规定的期限内进行纳税申报，填写企业所得税年度申报表及有关附表。　　（　　）

2.在中国境内设有机构的非居民纳税人在月（季）度预缴企业所得税时应填制"企业所得税预缴纳税申报表（B类）"。　　（　　）

3.纳税人应在年度终了后5个月内填写企业所得税年度纳税申报表及附表，如实向税务机关报送相关资料，办理年度汇算清缴工作。　　（　　）

4.纳税人在纳税年度内预缴企业所得税税款少于应缴企业所得税税款的，应在汇算清缴期内结清应补缴的企业所得税税款；预缴税款超过应纳税款的，主管税务机关应及时按规定办理退税或经纳税人同意后抵缴其下一年度应缴企业所得税税款。　　（　　）

5.居民纳税人在月（季）度预缴企业所得税时应填制"企业所得税预缴纳税申报表（A类）"。　　（　　）

二、单项选择题

1.下列各项不属于企业所得税年度"纳税调整项目明细表"附表的是（　　）。

A.职工薪酬纳税调整明细表

B.捐赠支出纳税调整明细表

C.广告费和业务宣传费跨年度纳税调整明细表

D.研发费用加计扣除优惠明细表

2.企业所得以人民币以外的货币计算的，预缴企业所得税时，应当按照（　　）的人民币汇率中间价，折合成人民币计算应纳税所得额。

A.月度或者季度第一日　　　　　　B.月度或者季度最后一日

C.上一个月最后一日　　　　　　　D.下一个月或者下季度第一日

3.企业在年度中间终止经营活动的，应当自实际经营终止之日起（　　）日内，向税务机关办理当期企业所得税汇算清缴。

A.30　　　　　　　　B.40　　　　　　　　C.60　　　　　　　　D.10

三、多项选择题

1.下列各项直接属于"企业所得税年度纳税申报表"附表的有（　　）。

A.一般企业收入明细表　　　　　　B.期间费用明细表

C.纳税调整项目明细表　　　　　　D.免税、减计收入及加计扣除优惠明细表

2.纳税调整项目明细表主要包括（　　）。

A.收入类调整项目　　　　　　　　B.扣除类调整项目

C.资产类调整项目　　　　　　　　D.特殊事项调整项目

3.主管税务机关受理企业所得税纳税人年度纳税申报后，应对纳税人年度纳税申报表的逻辑性和有关资料的完整性、准确性进行审核，主要包括（　　）。

A.纳税人企业所得税年度纳税申报表及其附表与企业财务报表有关项目的数字是否相符，各项目之间的逻辑关系是否对应，计算是否正确

B.纳税人是否按规定弥补以前年度亏损额和结转以后年度待弥补的亏损额

C.纳税人是否符合税收优惠条件，税收优惠的确认和申请是否符合规定程序

D.纳税人税前扣除的财产损失是否真实，是否符合有关规定程序

4.企业所得税年度纳税申报表（A类）包括（　　）。

A.利润总额计算　　　　　　　　　B.应纳税所得额计算

C.应纳税额计算　　　　　　　　　D.附列资料

第三部分　职业实践能力训练

一、实训要求

（1）根据东海电器制造有限公司提供的第四季度收支资料，计算该企业第四季度应预缴的企业所得税税额，并编制会计分录。

（2）根据会计师事务所的审计意见进行纳税调整，计算东海电器制造有限公司2018年应补缴的企业所得税税额，并编制会计分录。

（3）根据第四季度收支资料，按照分季据实预缴的办法填写第四季度企业所得税预

缴纳税申报表。

（4）根据会计师事务所的审计情况，填写企业所得税纳税申报表的相关附表和企业所得税年度纳税申报表。

二、实训条件

在税务实训室进行，东海电器制造有限公司收支情况，各类收支计算表等资料，企业所得税月（季）度预缴纳税申报表（A类）、企业所得税年度纳税申报表及相关附表。

三、实训材料

（一）企业基本情况

企业名称：东海电器制造有限公司

统一社会信用代码：2806067863094DFL47

企业地址：东海市滨河路234号

法人代表：陈洪富

注册资本：5000万元

企业类型：有限责任公司

经营范围：电器制造、销售

企业开户银行及账号：工商银行东海市滨河支行 8522671260890859431

财务负责人：刘春

办税员：郑日照

东海电器制造有限公司为增值税一般纳税人；2018年度有员工480人，月工资薪金为2 500元/人；企业所得税实行按年计算、分季据实预缴的办法。

（二）2018年度企业经营资料

（1）收入汇总表（见表5-13）

表5-13　　　　　　　　　　　　　　收入汇总表　　　　　　　　　　　　　单位：万元

项　目	第一季度	第二季度	第三季度	第四季度	总　计
1.主营业务收入小计	1 925	1 700	2 000	2 100	7 725
（1）销售货物收入	1 925	1 700	2 000	2 100	7 725
2.其他业务收入小计	20	40	40	60	160
（1）材料销售收入	20	30	20	30	100
（2）提供运输服务收入		10	20	30	60
3.投资收益小计	15	15	20	15	65
4.营业外收入小计				10	40	50
（1）处置固定资产净收益				20	20
（2）出售无形资产净收益			10	20	30
总　计	1 960	1 755	2 070	2 215	8 000

（2）成本费用汇总表（见表5-14）

表5-14　　　　　　　　　　　成本费用汇总表　　　　　　　　　　单位：万元

项　目	第一季度	第二季度	第三季度	第四季度	总　计
1.主营业务成本小计	1 225	1 030	1 330	1 365	4 950
（1）销售货物成本	1 225	1 030	1 330	1 365	4 950
2.其他业务成本小计	15	20	20	35	90
（1）材料销售成本	15	15	10	20	60
（2）提供运输服务成本		5	10	15	30
3.营业外支出小计			20	50	70
（1）固定资产盘亏				11	11
（2）罚款支出			20	19	39
（3）捐赠支出				20	20
4.期间费用小计	700	690	690	740	2 820
（1）销售费用	300	290	290	320	1 200
（2）管理费用	395	395	395	415	1 600
（3）财务费用	5	5	5	5	20
总　计	1 940	1 740	2 060	2 190	7 930

（3）流转税费汇总表（不考虑财政性规费，见表5-15）

表5-15　　　　　　　　　　　流转税费汇总表　　　　　　　　　　单位：万元

项　目	第一季度	第二季度	第三季度	第四季度	总　计
1.增值税	75	60.5	64	73.22	272.72
2.城市维护建设税	5.25	4.24	4.48	5.13	19.10
3.教育费附加	2.25	1.81	1.92	2.20	8.18
总　计	82.5	66.55	70.40	80.55	300

（4）1—3季度企业会计利润及已预缴的企业所得税汇总表（见表5-16）

表5-16　　　　1—3季度企业会计利润及已预缴的企业所得税汇总表　　　　单位：万元

项　目	第一季度	第二季度	第三季度	第四季度	合　计
1.会计利润	12.5	8.95	3.60		
2.预缴企业所得税	3.125	2.2375	0.90		

（三）发现的有关税收问题

2019年3月份，经聘请的会计师事务所审计，发现有关税收问题如下：

（1）扣除的成本费用中包括全年的工资费用、职工福利费206万元、职工工会经费28万元、职工教育经费36万元，该企业已成立工会组织，拨缴工会经费有上交的专用收据。

（2）企业2018年全年提取无形资产减值准备1.38万元。

（3）收入总额8 000万元中含国债利息收入7万元、金融债券利息收入20万元、从被投资的未上市国有公司分回的税后股息38万元（被投资企业的企业所得税税率为15%）。

（4）2018年1月向其他企业借款200万元，借款期限为1年，年利率为8%，同期银行贷款利率为6%，企业支付的借款利息费用共计16万元，全部计入了财务费用。

（5）企业2018年全年发生业务招待费45万元，发生广告费和业务宣传费1 190万元，全部作了扣除。

（6）2018年12月份通过当地政府机关向贫困山区捐赠家电产品一批，成本价为20万元，市场销售价格为23万元，企业核算时按成本价值直接冲减了库存商品，按市场销售价格计算的增值税销项税额2.99万元与成本价合计22.99万元记入"营业外支出"账户。

（7）"营业外支出"账户中还列支了缴纳的税款滞纳金3万元、银行借款超期罚息6万元、给购货方的回扣12万元、意外事故净损失8万元、非广告性赞助10万元，全部如实作了扣除。

（8）"管理费用"账户中含有新技术的研究费用30万元。

（四）企业所得税资料

企业所得税纳税调整工作底稿（见表5-17）、应纳税所得额计算表（见表5-18）、企业所得税应纳税额计算表（见表5-19）、企业所得税月（季）度预缴纳税申报表（A类）（见表5-20）、企业所得税年度纳税申报表及封面（A类）（见表5-21、表5-22）、企业所得税年度纳税申报表相关附表（见表5-23至表5-33）、税收（企业所得税）缴款书（见表5-34）。

表5-17　　　　　　　　　　企业所得税纳税调整工作底稿　　　　　　单位：元（列至角分）

序号	项目	计算过程	纳税调整增加额	纳税调整减少额

表5-18 应纳税所得额计算表 单位：元（列至角分）

行次	项　目	金　额
1	纳税调整前所得	
2	加：纳税调整增加额	
3	其中：	
4		
5		
6		
7		
8		
9		
10		
11		
12		
13		
14	减：纳税调整减少额	
15	其中：	
16		
17		
18		
19		
20	纳税调整后所得	
21	减：弥补以前年度亏损	
22	减：免税所得	
23	其中：	
24		
25		
26	应纳税所得额	

表5-19 企业所得税应纳税额计算表 单位：元（列至角分）

行次	项　目	金　额
1	应纳税所得额	
2	适用税率	
3	应缴所得税额	
4	减：预缴所得税额	
5		
6		
7	应补（退）的所得税额	

表5-20　　　中华人民共和国企业所得税月（季）度预缴纳税申报表（A类）

税款所属期间：　　年　　月　　日至　　年　　月　　日

纳税人识别号（统一社会信用代码）：□□□□□□□□□□□□□□□□□□

纳税人名称：　　　　　　　　　　　　　　　金额单位：人民币元（列至角分）

预缴方式	□ 按照实际利润额预缴		□ 按照上一纳税年度应纳税所得额平均额预缴		□ 按照税务机关确定的其他方法预缴			
企业类型	□ 一般企业		□ 跨地区经营汇总纳税企业总机构		□ 跨地区经营汇总纳税企业分支机构			
按季度填报信息								
项　目	一季度		二季度		三季度		四季度	季度平均值
	季初	季末	季初	季末	季初	季末	季初 季末	
从业人数								
资产总额（万元）								
国家限制或禁止行业	□ 是　□ 否			小型微利企业				□ 是　□ 否
预缴税款计算								

行次	项　目	本年累计金额
1	营业收入	
2	营业成本	
3	利润总额	
4	加：特定业务计算的应纳税所得额	
5	减：不征税收入	
6	减：免税收入、减计收入、所得减免等优惠金额（填写A201010）	
7	减：资产加速折旧、摊销（扣除）调减额（填写A201020）	
8	减：弥补以前年度亏损	
9	实际利润额（3+4-5-6-7-8）\按照上一纳税年度应纳税所得额平均额确定的应纳税所得额	
10	税率（25%）	
11	应纳所得税额（9×10）	
12	减：减免所得税额（填写A201030）	
13	减：实际已缴纳所得税额	
14	减：特定业务预缴（征）所得税额	
L15	减：符合条件的小型微利企业延缓缴纳所得税额（是否延缓缴纳所得税　□ 是　□ 否）	
15	本期应补（退）所得税额（11-12-13-14-L15）\税务机关确定的本期应纳所得税额	
汇总纳税企业总分机构税款计算		
16	总机构填报　总机构本期分摊应补（退）所得税额（17+18+19）	
17	其中：总机构分摊应补（退）所得税额（15×总机构分摊比例__%）	
18	财政集中分配应补（退）所得税额（15×财政集中分配比例__%）	
19	总机构具有主体生产经营职能的部门分摊所得税额（15×全部分支机构分摊比例__%×总机构具有主体生产经营职能部门分摊比例__%）	
20	分支机构填报　分支机构本期分摊比例	
21	分支机构本期分摊应补（退）所得税额	
附报信息		
高新技术企业	□ 是　□ 否　　科技型中小企业	□ 是　□ 否
技术入股递延纳税事项	□ 是　□ 否	

谨声明：本纳税申报表是根据国家税收法律法规及相关规定填报的，是真实的、可靠的、完整的。

纳税人（签章）：　　　　年　　月　　日

经办人：
经办人身份证号：
代理机构签章：
代理机构统一社会信用代码：

受理人：
受理税务机关（章）：
受理日期：　　年　　月　　日

国家税务总局监制

表5-21

企业所得税年度纳税申报表封面

中华人民共和国企业所得税年度纳税申报表

（A类，2018年版）

税款所属期间：　　年　月　日至　　年　月　日

纳税人识别号：□□□□□□□□□□□□□□□□□□

纳税人名称：

金额单位：人民币元（列至角分）

谨声明：此纳税申报表是根据《中华人民共和国企业所得税法》、《中华人民共和国企业所得税法实施条例》、有关税收政策以及国家统一会计制度的规定填报的，是真实的、可靠的、完整的。

法定代表人（签章）：

　　　　年　月　日

纳税人公章：

会计主管：

填表日期：　　年　月　日

代理申报中介机构公章：

经办人：

经办人执业证件号码：

代理申报日期：　　年　月　日

主管税务机关受理专用章：

受理人：

受理日期：　　年　月　日

国家税务总局监制

表 5-22　　　A100000　中华人民共和国企业所得税年度纳税申报表（A类）

类别	行次	项　　　目	金　　额
利润总额计算	1	一、营业收入（填写 A101010\101020\103000）	
	2	减：营业成本（填写 A102010\102020\103000）	
	3	税金及附加	
	4	销售费用（填写 A104000）	
	5	管理费用（填写 A104000）	
	6	财务费用（填写 A104000）	
	7	资产减值损失	
	8	加：公允价值变动收益	
	9	投资收益	
	10	二、营业利润（1-2-3-4-5-6-7+8+9）	
	11	加：营业外收入（填写 A101010\101020\103000）	
	12	减：营业外支出（填写 A102010\102020\103000）	
	13	三、利润总额（10+11-12）	
应纳税所得额计算	14	减：境外所得（填写 A108010）	
	15	加：纳税调整增加额（填写 A105000）	
	16	减：纳税调整减少额（填写 A105000）	
	17	减：免税、减计收入及加计扣除（填写 A107010）	
	18	加：境外应税所得抵减境内亏损（填写 A108000）	
	19	四、纳税调整后所得（13-14+15-16-17+18）	
	20	减：所得减免（填写 A107020）	
	21	减：抵扣应纳税所得额（填写 A107030）	
	22	减：弥补以前年度亏损（填写 A106000）	
	23	五、应纳税所得额（19-20-21-22）	
应纳税额计算	24	税率（25%）	
	25	六、应纳所得税额（23×24）	
	26	减：减免所得税额（填写 A107040）	
	27	减：抵免所得税额（填写 A107050）	
	28	七、应纳税额（25-26-27）	
	29	加：境外所得应纳所得税额（填写 A108000）	
	30	减：境外所得抵免所得税额（填写 A108000）	
	31	八、实际应纳所得税额（28+29-30）	
	32	减：本年累计实际已预缴的所得税额	
	33	九、本年应补（退）所得税额（31-32）	
	34	其中：总机构分摊本年应补（退）所得税额（填写 A109000）	
	35	财政集中分配本年应补（退）所得税额（填写 A109000）	
	36	总机构主体生产经营部门分摊本年应补（退）所得税额（填写 A109000）	

表5-23　　　　　　　　　　A101010　一般企业收入明细表

行次	项　　　　　目	金　额
1	一、营业收入（2+9）	
2	（一）主营业务收入（3+5+6+7+8）	
3	1.销售商品收入	
4	其中：非货币性资产交换收入	
5	2.提供劳务收入	
6	3.建造合同收入	
7	4.让渡资产使用权收入	
8	5.其他	
9	（二）其他业务收入（10+12+13+14+15）	
10	1.销售材料收入	
11	其中：非货币性资产交换收入	
12	2.出租固定资产收入	
13	3.出租无形资产收入	
14	4.出租包装物和商品收入	
15	5.其他	
16	二、营业外收入（17+18+19+20+21+22+23+24+25+26）	
17	（一）非流动资产处置利得	
18	（二）非货币性资产交换利得	
19	（三）债务重组利得	
20	（四）政府补助利得	
21	（五）盘盈利得	
22	（六）捐赠利得	
23	（七）罚没利得	
24	（八）确实无法偿付的应付款项	
25	（九）汇兑收益	
26	（十）其他	

表 5-24   A102010   一般企业成本支出明细表

行次	项　　　目	金　额
1	一、营业成本（2+9）	
2	（一）主营业务成本（3+5+6+7+8）	
3	1.销售商品成本	
4	其中：非货币性资产交换成本	
5	2.提供劳务成本	
6	3.建造合同成本	
7	4.让渡资产使用权成本	
8	5.其他	
9	（二）其他业务成本（10+12+13+14+15）	
10	1.材料销售成本	
11	其中：非货币性资产交换成本	
12	2.出租固定资产成本	
13	3.出租无形资产成本	
14	4.包装物出租成本	
15	5.其他	
16	二、营业外支出（17+18+19+20+21+22+23+24+25+26）	
17	（一）非流动资产处置损失	
18	（二）非货币性资产交换损失	
19	（三）债务重组损失	
20	（四）非常损失	
21	（五）捐赠支出	
22	（六）赞助支出	
23	（七）罚没支出	
24	（八）坏账损失	
25	（九）无法收回的债券股权投资损失	
26	（十）其他	

表5-25　　　　　　　　A104000　期间费用明细表

行次	项　目	销售费用	其中：境外支付	管理费用	其中：境外支付	财务费用	其中：境外支付
		1	2	3	4	5	6
1	一、职工薪酬		*		*	*	*
2	二、劳务费					*	*
3	三、咨询顾问费					*	*
4	四、业务招待费		*		*	*	*
5	五、广告费和业务宣传费		*		*	*	*
6	六、佣金和手续费						
7	七、资产折旧摊销费		*		*	*	*
8	八、财产损耗、盘亏及毁损损失		*		*	*	*
9	九、办公费		*		*	*	*
10	十、董事会费		*		*	*	*
11	十一、租赁费					*	*
12	十二、诉讼费		*		*	*	*
13	十三、差旅费		*		*	*	*
14	十四、保险费		*		*	*	*
15	十五、运输、仓储费					*	*
16	十六、修理费					*	*
17	十七、包装费		*		*	*	*
18	十八、技术转让费					*	*
19	十九、研究费用					*	*
20	二十、各项税费		*		*	*	*
21	二十一、利息收支	*	*	*	*		
22	二十二、汇兑差额	*	*	*	*		
23	二十三、现金折扣	*	*	*	*		*
24	二十四、党组织工作经费						
25	二十五、其他						
26	合计（1+2+3+…+25）						

表 5-26　　　　　　　　　　A105000　纳税调整项目明细表

行次	项　目	账载金额	税收金额	调增金额	调减金额
		1	2	3	4
1	一、收入类调整项目（2+3+4+5+6+7+8+10+11）	＊	＊		
2	（一）视同销售收入（填写A105010）	＊			＊
3	（二）未按权责发生制原则确认的收入（填写A105020）				
4	（三）投资收益（填写A105030）				
5	（四）按权益法核算长期股权投资对初始投资成本调整确认收益	＊	＊	＊	
6	（五）交易性金融资产初始投资调整	＊	＊		＊
7	（六）公允价值变动净损益		＊		
8	（七）不征税收入	＊	＊		
9	其中：专项用途财政性资金（填写A105040）	＊	＊		
10	（八）销售折扣、折让和退回				
11	（九）其他				
12	二、扣除类调整项目（13+14+15+16+17+18+19+20+21+22+23+24+26+27+28+29+30）	＊	＊		
13	（一）视同销售成本（填写A105010）	＊		＊	
14	（二）职工薪酬（填写A105050）				
15	（三）业务招待费支出				＊
16	（四）广告费和业务宣传费支出（填写A105060）	＊	＊		
17	（五）捐赠支出（填写A105070）				＊
18	（六）利息支出				
19	（七）罚金、罚款和被没收财物的损失		＊		＊
20	（八）税收滞纳金、加收利息		＊		
21	（九）赞助支出		＊		＊
22	（十）与未实现融资收益相关在当期确认的财务费用				
23	（十一）佣金和手续费支出				＊
24	（十二）不征税收入用于支出所形成的费用	＊	＊		＊
25	其中：专项用途财政性资金用于支出所形成的费用（填写A105040）	＊	＊		＊
26	（十三）跨期扣除项目				
27	（十四）与取得收入无关的支出		＊		＊
28	（十五）境外所得分摊的共同支出	＊	＊		＊
29	（十六）党组织工作经费				
30	（十七）其他				
31	三、资产类调整项目（32+33+34+35）	＊	＊		
32	（一）资产折旧、摊销（填写A105080）				
33	（二）资产减值准备金		＊		
34	（三）资产损失（填写A105090）				
35	（四）其他				
36	四、特殊事项调整项目（37+38+…+42+43）	＊	＊		
37	（一）企业重组及递延纳税事项（填写A105100）				
38	（二）政策性搬迁（填写A105110）	＊	＊		
39	（三）特殊行业准备金（填写A105120）				
40	（四）房地产开发企业特定业务计算的纳税调整额（填写A105010）	＊			
41	（五）合伙企业法人合伙方应分得的应纳税所得额				
42	（六）发行永续债利息支出				
43	（七）其他	＊	＊		
44	五、特别纳税调整应税所得	＊	＊		
45	六、其他	＊	＊		
46	合计（1+12+31+36+44+45）	＊	＊		

表5-27　　A105010　视同销售和房地产开发企业特定业务纳税调整明细表

行次	项　　目	税收金额	纳税调整金额
		1	2
1	一、视同销售（营业）收入（2+3+4+5+6+7+8+9+10）		
2	（一）非货币性资产交换视同销售收入		
3	（二）用于市场推广或销售视同销售收入		
4	（三）用于交际应酬视同销售收入		
5	（四）用于职工奖励或福利视同销售收入		
6	（五）用于股息分配视同销售收入		
7	（六）用于对外捐赠视同销售收入		
8	（七）用于对外投资项目视同销售收入		
9	（八）提供劳务视同销售收入		
10	（九）其他		
11	二、视同销售（营业）成本（12+13+14+15+16+17+18+19+20）		
12	（一）非货币性资产交换视同销售成本		
13	（二）用于市场推广或销售视同销售成本		
14	（三）用于交际应酬视同销售成本		
15	（四）用于职工奖励或福利视同销售成本		
16	（五）用于股息分配视同销售成本		
17	（六）用于对外捐赠视同销售成本		
18	（七）用于对外投资项目视同销售成本		
19	（八）提供劳务视同销售成本		
20	（九）其他		
21	三、房地产开发企业特定业务计算的纳税调整额（22-26）		
22	（一）房地产企业销售未完工开发产品特定业务计算的纳税调整额（24-25）		
23	1.销售未完工产品的收入		*
24	2.销售未完工产品预计毛利额		
25	3.实际发生的税金及附加、土地增值税		
26	（二）房地产企业销售的未完工产品转完工产品特定业务计算的纳税调整额（28-29）		
27	1.销售未完工产品转完工产品确认的销售收入		*
28	2.转回的销售未完工产品预计毛利额		
29	3.转回实际发生的税金及附加、土地增值税		

表5-28　　　　　　　　A105050　职工薪酬支出及纳税调整明细表

行次	项　　　目	账载金额	实际发生额	税收规定扣除率	以前年度累计结转扣除额	税收金额	纳税调整金额	累计结转以后年度扣除额
		1	2	3	4	5	6（1-5）	7（1+4-5）
1	一、工资薪金支出			＊	＊			＊
2	其中：股权激励			＊	＊			＊
3	二、职工福利费支出				＊			＊
4	三、职工教育经费支出			＊				
5	其中：按税收规定比例扣除的职工教育经费							
6	按税收规定全额扣除的职工培训费用				＊			＊
7	四、工会经费支出				＊			＊
8	五、各类基本社会保障性缴款			＊	＊			＊
9	六、住房公积金			＊	＊			＊
10	七、补充养老保险				＊			＊
11	八、补充医疗保险				＊			＊
12	九、其他			＊				
13	合计（1+3+4+7+8+9+10+11+12）			＊				

表5-29　　　　A105060　广告费和业务宣传费等跨年度纳税调整明细表

行次	项　　　目	广告费和业务宣传费	保险企业手续费及佣金支出
		1	2
1	一、本年支出		
2	减：不允许扣除的支出		
3	二、本年符合条件的支出（1-2）		
4	三、本年计算扣除限额的基数		
5	乘：税收规定扣除率		
6	四、本企业计算的扣除限额（4×5）		
7	五、本年结转以后年度扣除额（3>6，本行=3-6；3≤6，本行=0）		
8	加：以前年度累计结转扣除额		
9	减：本年扣除的以前年度结转额［3>6，本行=0；3≤6，本行=8或（6-3）孰小值］		
10	六、按照分摊协议归集至其他关联方的金额（10≤3或6孰小值）		
11	按照分摊协议从其他关联方归集至本企业的金额		
12	七、本年支出纳税调整金额（3>6，本行=2+3-6+10-11；3≤6，本行=2+10-11-9）		
13	八、累计结转以后年度扣除额（7+8-9）		

表 5-30　　　　　A105070　捐赠支出及纳税调整明细表

行次	项目	账载金额	以前年度结转可扣除的捐赠额	按税收规定计算的扣除限额	税收金额	纳税调增金额	纳税调减金额	可结转以后年度扣除的捐赠额
		1	2	3	4	5	6	7
1	一、非公益性捐赠		*	*	*		*	*
2	二、全额扣除的公益性捐赠		*	*		*	*	*
3	其中：扶贫捐赠							
4	三、限额扣除的公益性捐赠（5+6+7+8）							
5	前三年度（　　年）	*		*	*	*		*
6	前二年度（　　年）	*		*	*	*		
7	前一年度（　　年）	*		*	*	*		
8	本　年（　　年）						*	
9	合计（1+2+4）							
附列资料	2015年度至本年发生的公益性扶贫捐赠合计金额							

表 5-31　　　A107010　免税收入、减计收入、所得减免等优惠明细表

行次	项目	本年累计金额
1	一、免税收入（2+3+8+9+…+15）	
2	（一）国债利息收入免征企业所得税	
3	（二）符合条件的居民企业之间的股息、红利等权益性投资收益免征企业所得税（4+5.1+5.2+6+7）	
4	1.一般股息红利等权益性投资收益免征企业所得税	
5.1	2.内地居民企业通过沪港通投资且连续持有H股满12个月取得的股息红利所得免征企业所得税	
5.2	3.内地居民企业通过深港通投资且连续持有H股满12个月取得的股息红利所得免征企业所得税	
6	4.居民企业持有创新企业CDR取得的股息红利所得免征企业所得税	
7	5.符合条件的居民企业之间属于股息、红利性质的永续债利息收入免征企业所得税	
8	（三）符合条件的非营利组织的收入免征企业所得税	
9	（四）中国清洁发展机制基金取得的收入免征企业所得税	
10	（五）投资者从证券投资基金分配中取得的收入免征企业所得税	
11	（六）取得的地方政府债券利息收入免征企业所得税	

续表

行次	项　目	本年累计金额
12	（七）中国保险保障基金有限责任公司取得的保险保障基金等收入免征企业所得税	
13	（八）中国奥委会取得北京冬奥组委支付的收入免征企业所得税	
14	（九）中国残奥委会取得北京冬奥组委分期支付的收入免征企业所得税	
15	（十）其他	
16	二、减计收入（17+18+22+23）	
17	（一）综合利用资源生产产品取得的收入在计算应纳税所得额时减计收入	
18	（二）金融、保险等机构取得的涉农利息、保费减计收入（19+20+21）	
19	1.金融机构取得的涉农贷款利息收入在计算应纳税所得额时减计收入	
20	2.保险机构取得的涉农保费收入在计算应纳税所得额时减计收入	
21	3.小额贷款公司取得的农户小额贷款利息收入在计算应纳税所得额时减计收入	
22	（三）取得铁路债券利息收入减半征收企业所得税	
23	（四）其他（23.1+23.2）	
23.1	1.取得的社区家庭服务收入在计算应纳税所得额时减计收入	
23.2	2.其他	
24	三、加计扣除（25+26+27+28）	*
25	（一）开发新技术、新产品、新工艺发生的研究开发费用加计扣除	*
26	（二）科技型中小企业开发新技术、新产品、新工艺发生的研究开发费用加计扣除	*
27	（三）企业为获得创新性、创意性、突破性的产品进行创意设计活动而发生的相关费用加计扣除	*
28	（四）安置残疾人员所支付的工资加计扣除	*
29	四、所得减免（30+33+34+35+36+37+38+39+40）	
30	（一）从事农、林、牧、渔业项目的所得减免征收企业所得税（31+32）	
31	1.免税项目	
32	2.减半征收项目	
33	（二）从事国家重点扶持的公共基础设施项目投资经营的所得定期减免企业所得税	
33.1	其中：从事农村饮水安全工程新建项目投资经营的所得定期减免企业所得税	
34	（三）从事符合条件的环境保护、节能节水项目的所得定期减免企业所得税	
35	（四）符合条件的技术转让所得减免征收企业所得税	
36	（五）实施清洁发展机制项目的所得定期减免企业所得税	
37	（六）符合条件的节能服务公司实施合同能源管理项目的所得定期减免企业所得税	
38	（七）线宽小于130纳米的集成电路生产项目的所得减免企业所得税	
39	（八）线宽小于65纳米或投资额超过150亿元的集成电路生产项目的所得减免企业所得税	
40	（九）其他	
41	合计（1+16+24+29）	
42	附列资料：1.支持新型冠状病毒感染的肺炎疫情防控捐赠支出全额扣除	
43	2.扶贫捐赠支出全额扣除	

表5-32　　　　　A107012　研发费用加计扣除优惠明细表

	基本信息		
1	□一般企业　□科技型中小企业	科技型中小企业登记编号	
2	本年可享受研发费用加计扣除项目数量		
	研发活动费用明细		
3	一、自主研发、合作研发、集中研发（4+8+17+20+24+29+35）		
4	（一）人员人工费用（5+6+7）		
5	1.直接从事研发活动人员工资薪金		
6	2.直接从事研发活动人员五险一金		
7	3.外聘研发人员的劳务费用		
8	（二）直接投入费用（9+10+…+16）		
9	1.研发活动直接消耗材料		
10	2.研发活动直接消耗燃料		
11	3.研发活动直接消耗动力费用		
12	4.用于中间试验和产品试制的模具、工艺装备开发及制造费		
13	5.用于不构成固定资产的样品、样机及一般测试手段购置费		
14	6.用于试制产品的检验费		
15	7.用于研发活动的仪器、设备的运行维护、调整、检验、维修等费用		
16	8.通过经营租赁方式租入的用于研发活动的仪器、设备租赁费		
17	（三）折旧费用（18+19）		
18	1.用于研发活动的仪器的折旧费		
19	2.用于研发活动的设备的折旧费		
20	（四）无形资产摊销（21+22+23）		
21	1.用于研发活动的软件的摊销费用		
22	2.用于研发活动的专利权的摊销费用		
23	3.用于研发活动的非专利技术（包括许可证、专有技术、设计和计算方法等）的摊销费用		
24	（五）新产品设计费等（25+26+27+28）		
25	1.新产品设计费		

续表

	研发活动费用明细	
26	2.新工艺规程制定费	
27	3.新药研制的临床试验费	
28	4.勘探开发技术的现场试验费	
29	（六）其他相关费用（30+31+32+33+34）	
30	1.技术图书资料费、资料翻译费、专家咨询费、高新科技研发保险费	
31	2.研发成果的检索、分析、评议、论证、鉴定、评审、评估、验收费用	
32	3.知识产权的申请费、注册费、代理费	
33	4.职工福利费、补充养老保险费、补充医疗保险费	
34	5.差旅费、会议费	
35	（七）经限额调整后的其他相关费用	
36	二、委托研发〔（37-38）×80%〕	
37	委托外部机构或个人进行研发活动所发生的费用	
38	其中：委托境外进行研发活动所发生的费用	
39	三、年度研发费用小计（3+36）	
40	（一）本年费用化金额	
41	（二）本年资本化金额	
42	四、本年形成无形资产摊销额	
43	五、以前年度形成无形资产本年摊销额	
44	六、允许扣除的研发费用合计（40+42+43）	
45	减：特殊收入部分	
46	七、允许扣除的研发费用抵减特殊收入后的金额（44-45）	
47	减：当年销售研发活动直接形成产品（包括组成部分）对应的材料部分	
48	减：以前年度销售研发活动直接形成产品（包括组成部分）对应材料部分结转金额	
49	八、加计扣除比例	
50	九、本年研发费用加计扣除总额（46-47-48）×49	
51	十、销售研发活动直接形成产品（包括组成部分）对应材料部分结转以后年度扣减金额（当46-47-48≥0，本行=0；当46-47-48<0，本行=46-47-48的绝对值）	

表 5-33

A107011　符合条件的居民企业之间的股息、红利等权益性投资收益优惠明细表

行次	被投资企业	被投资企业统一社会信用代码（纳税人识别号）	投资性质	投资成本	投资比例	被投资企业利润分配确认金额		被投资企业清算确认金额			撤回或减少投资确认金额						合计
						被投资企业做出利润分配或转股决定时间	依决定归属于本公司的股息、红利等权益性投资收益金额	分得的被投资企业清算剩余资产金额	被清算企业累计未分配利润和累计盈余公积应享有部分	应确认的股息所得	从被投资企业撤回或减少投资取得的资产	减少投资比例	收回初始投资成本	取得资产中超过初始投资成本部分	撤回或减少投资应享有被投资企业累计未分配利润和累计盈余公积	应确认的股息所得	
	1	2	3	4	5	6	7	8	9	10（8与9孰小）	11	12	13（4×12）	14（11－13）	15	16（14与15孰小）	17（7+10+16）
1																	
2																	
3																	
4																	
5																	
6																	
7																	
8	合计																
9	其中：直接投资或非H股投资																
10	股票投资—沪港通H股																
11	股票投资—深港通H股																
12	创新企业CDR																
13	永续债																

表5-34

中华人民共和国
税收（企业所得税）缴款书 （032）海

№1055683

国缴电

隶属关系：

注册类型：　　　　　　　　填发日期：　　年　月　日　　　　征收机关：

缴款单位（人）	代　　码		预算科目	编码	
	全　　称			名称	
	开户银行			级次	
	账　　号		收款国库		

税款所属时期	税款限缴日期

品　目名　称	课　税数　量	计税金额或销售收入	税率或单位税额	已缴或扣除额	实缴金额
金额合计					

缴款单位（人）（盖章）经办人（章）	税务机关（盖章）填票人（章）	上列款项已收妥并划转收款单位账户。国库（银行）盖章　年　月　日	备注：

逾期不缴按税法的规定加收滞纳金

第一联（收据）国库（银行）收款盖章后退缴款单位（人）作完税凭证

项目六
个人所得税的业务操作

第一部分 重点难点提示

【知识点6-1】个人所得税的纳税人和征税对象

一、个人所得税的纳税人

个人所得税是以个人（自然人）取得的各项应税所得为征税对象所征收的一种税。其纳税人为符合税法规定的个人，包括中国公民、个体工商户、外籍个人、香港同胞、澳门同胞、台湾同胞等。按照住所和居住时间两个标准划分为居民纳税人和非居民纳税人。具体见表6-1。

表6-1　　　　　　　　　　　　个人所得税的纳税人

纳税人	判定标准	征收范围
居民纳税人	①在中国境内有住所的个人 ②在中国境内无住所，但在中国境内居住累计满183天的个人	就其来源于中国境内和境外的全部所得纳税
非居民纳税人	①在中国境内无住所且不居住的个人 ②在中国境内无住所且居住累计不满183天的个人	仅就其来源于中国境内的所得，在我国纳税

注：① "住所"，是指因户籍、家庭、经济利益关系而在中国境内的习惯性住所。
② "居住累计满183天"，是指一个纳税年度（即自公历1月1日起至12月31日止，下同）内，在中国境内居住累计满183天。

在中国境内无住所人员工资、薪金所得的具体征税规定，见表6-2。

表6-2　　　　　　　在中国境内无住所人员工资、薪金所得征税规定

居住时间	纳税人性质	境内所得		境外所得	
		境内支付	境外支付	境内支付	境外支付
90天以内	非居民	✓	免税	×	×
90天～183天	非居民	✓	✓	×	×
居住满183天的年度连续不满6年的（在中国境内居住累计满183天的任一年度中有一次离境超过30天的，其在中国境内居住累计满183天的年度的连续年限重新起算）	居民	✓	✓	✓	免税
居住满183天的年度连续满6年且在6年内未发生单次离境超过30天情形的，从第7年开始	居民	✓	✓	✓	✓

注：✓代表属于征税范围，需要征税；×代表不属于征税范围，不征税。

我国个人所得税实行代扣代缴和个人申报纳税相结合的征收管理制度，凡支付应纳税所得的单位和个人，都是个人所得税的扣缴义务人。扣缴义务人在向纳税人支付各项应纳税所得（经营所得除外）时，必须履行代（预）扣代（预）缴税款的义务。

二、个人所得税的征税对象

（1）征税对象的形式和范围

①个人所得的形式：包括现金、实物、有价证券和其他形式的经济利益。

②对于居民纳税人，应就其来源于中国境内和境外的全部所得征税；对于非居民纳税人，则只就其来源于中国境内所得部分征税，境外所得部分不属于我国个人所得税征税范围。

（2）所得来源的确定

①工资、薪金所得，以纳税人任职、受雇的公司、企业、事业单位、机关、团体、部队、学校等单位的所在地作为所得来源地。

②经营所得，以生产、经营活动实现地作为所得来源地。

③劳务报酬所得，以纳税人实际提供劳务的地点作为所得来源地。

④不动产转让所得，以不动产坐落地为所得来源地；动产转让所得，以实现转让的地点为所得来源地。

⑤财产租赁所得，以被租赁财产的使用地作为所得来源地。

⑥利息、股息、红利所得，以支付利息、股息、红利的企业、机构、组织的所在地作为所得来源地。

⑦特许权使用费所得，以特许权的使用地作为所得来源地。

（3）个人所得税的税目

税目即征税对象的具体化，对纳税人的不同所得要区分不同应税项目，以便正确计算应纳税额，我国现行的个人所得税税目共有9项，具体见表6-3。

表6-3　　　　　个人所得税税目

应税所得项目		注意事项
综合所得	工资、薪金所得	注意结合免税工薪：下列项目不予征收个人所得税：独生子女补贴、执行公务员工资制度未纳入基本工资总额的补贴、津贴差额和家属成员的副食品补贴；托儿补助费；差旅费津贴、误餐补助
	劳务报酬所得	指个人独立从事非雇佣的各种劳务所得，共29项 如：设计、讲学、翻译、审稿、演出等
	稿酬所得	个人作品以图书、报刊形式出版、发表而取得的所得
	特许权使用费所得	个人提供专利权等特许权的使用权取得的所得
经营所得		个体工商户、个人独资企业、合伙企业从事生产、经营活动取得的所得；个人承包、承租、转包、转租以及从事其他生产、经营活动取得的所得
利息、股息、红利所得		国债和国家发行的金融债券利息免税；个人储蓄存款利息暂免征收个人所得税
财产租赁所得		个人取得的财产转租收入，属于"财产租赁所得"的征税范围
财产转让所得		目前股票转让所得暂不征收个人所得税
偶然所得		得奖、中奖、中彩等所得

注意：居民个人取得表6-3中第一项至第四项所得（简称综合所得），按纳税年度合并计算个人所得税；非居民个人取得表6-3中第一项至第四项所得，按月或者按次分项计算个人所得税。纳税人取得表6-3中第五项至第九项所得，分项计算个人所得税。

【知识点6-2】个人所得税的税率和优惠政策

一、个人所得税税率

个人所得税依照所得项目的不同，分别确定了超额累进税率和比例税率，具体见表6-4。

表6-4　　　　　　　　　　　　　　个人所得税税率

税　率	适 用 的 税 目
七级超额累进税率	综合所得
五级超额累进税率	经营所得
比例税率20%（4个税目）	①利息、股息、红利所得；②财产租赁所得；③财产转让所得；④偶然所得。

二、个人所得税的税收优惠

个人所得税的税收优惠政策包含免税项目、减税项目和暂免征税项目，具体见表6-5。

表6-5　　　　　　　　　　　　　　个人所得税的税收优惠

税收优惠	具体内容
免税项目	①省级人民政府、国务院部委和中国人民解放军军以上单位，以及外国组织、国际组织颁发的科学、教育、技术、文化、卫生、体育、环境保护等方面的奖金； ②国债和国家发行的金融债券利息； ③按照国务院规定发给的政府特殊津贴、院士津贴、资深院士津贴和国务院规定免纳个人所得税的补贴、津贴； ④福利费、抚恤金、救济金； ⑤保险赔款； ⑥军人的转业费、复员费、退役金； ⑦按照国家统一规定发给干部、职工的安家费、退职费、基本养老金或者退休费、离休费、离休生活补助费； ⑧依照我国有关法律规定应予免税的各国驻华使馆、领事馆的外交代表、领事官员和其他人员的所得； ⑨中国政府参加的国际公约、签订的协议中规定免税的所得； ⑩国务院规定的其他免税所得，由国务院报全国人民代表大会常务委员会备案

续表

税收优惠	具体内容
减税项目	有下列情形之一的，经批准可以减征个人所得税： ①残疾、孤老人员和烈属的所得； ②因自然灾害遭受重大损失的
暂免征税项目	①外籍个人以非现金形式或实报实销形式取得的住房补贴、伙食补贴、搬迁费、洗衣费。 ②外籍个人按合理标准取得的境内、境外出差补贴。 ③外籍个人取得的语言训练费、子女教育费等，经当地税务机关审核批准为合理的部分。 ④外籍个人从外商投资企业取得的股息、红利所得。 ⑤个人举报、协查各种违法、犯罪行为而获得的奖金。 ⑥个人办理代扣代缴税款手续，按规定取得的扣缴手续费。 ⑦个人转让自用达5年以上，并且是唯一的家庭生活用房取得的所得。 ⑧对个人购买福利彩票、体育彩票，一次中奖收入在1万元以下的（含1万元）暂免征收个人所得税，超过1万元的全额征收个人所得税。 ⑨达到离、退休年龄，但确因工作需要，适当延长离、退休年龄的高级专家（指享受国家发放的政府特殊津贴的专家、学者），其在延长离、退休期间的工资、薪金所得，视同离、退休工资免征个人所得税。 ⑩对个人转让上市公司股票的所得，暂免征收个人所得税。 ⑪企业和个人按规定比例提取并缴付的住房公积金、医疗保险金、基本养老保险金和失业保险基金（简称"三险一金"），免征个人所得税；个人领取"三险一金"免征个人所得税；按规定比例缴付的"三险一金"存入银行个人账户所取得的利息收入，免征个人所得税。 ⑫对乡镇以上政府或县以上政府主管部门批准成立的见义勇为基金会或者类似组织，奖励见义勇为者的奖金或奖品，经主管税务机关批准，免征个人所得税。 ⑬从2015年9月8日起对个人投资应从上市公司取得的股息红利所得，按持股期限长短，其红利所得分别减按0~100%计入应纳税所得额。 ⑭自2008年10月9日起，对储蓄存款利息所得暂免征收个人所得税

【技能点6-1】综合所得应纳税额的计算

一、综合所得扣除项目

综合所得扣除项目见表6-6。

表6-6　　　　　　　　综合所得专项扣除、专项附加扣除及依法确定的其他扣除

扣除项目		扣除办法
专项扣除		按国家规定的范围和标准缴纳的基本养老保险、基本医疗保险、失业保险等社会保险费和住房公积金等，即"三险一金"
专项附加扣除	子女教育	对象：子女年满3岁学前教育和学历教育的相关支出。 标准：每个子女每月1 000元的定额扣除。 办法：父母各按50%扣除，也可以一方100%扣除
	继续教育	对象：本人在中国境内接受学历（学位）继续教育和专业技能职业资格培训支出。 标准：学历（学位）教育，每月400元，同一学历（学位）继续教育的扣除期限最长不超过48个月；职业资格教育每年3 600元定额扣除。 办法：本人接受本科及以下学历（学位）继续教育的，可以由其父母按照子女教育支出扣除，也可本人按继续教育扣除。
	大病医疗	对象：一个年度内本人负担医疗超过15 000元的医药费支出。 标准：每年80 000元标准限额据实扣除。 办法：本人年度汇算清缴时扣除，可以选择由本人或者其配偶扣除，未成年子女发生的医药费用支出可以选择由其父母一方扣除
	住房贷款利息	对象：本人或配偶购买首套住房的贷款利息支出。 标准：每月1 000元标准定额扣除，扣除期限最长不超过240个月。 办法：夫妻双方约定由其中一方扣除；夫妻婚前分别购买的首套住房，可选择一套每月按1 000元扣除，也可双方分别按每月500元扣除
	住房租金	对象：本人或配偶在主要工作城市没有住房而发生的租房支出。 标准：直辖市、省会城市、计划单列市每月1 500元；市辖区户籍人口超过100万的城市每月1 100元；其他城市每月800元标准定额扣除。 办法：夫妻在同一城市的，只能由一方扣除；不在同一城市分别租房的，可以分别扣除
	赡养老人	对象：赡养60岁及以上父母及其他法定赡养人的支出。 标准：每月2 000元标准定额扣除。 办法：独生子女的，全额扣除；非独生子女的，兄弟姐妹约定分摊，一方每月最高不超过1 000元
依法确定的其他扣除		个人缴付符合国家规定的企业年金、职业年金，个人购买符合国家规定的商业健康保险、税收递延型商业养老保险的支出，以及国务院规定可以扣除的其他项目

二、综合所得应纳税额的计算

综合所得应纳税额的计算见表6-7。

表6-7   各税目应纳税额的计算

应税项目		税率	应纳税额计算
综合所得	平时预扣预缴	七级超额累进税率	工资薪金所得平时采用七级超额累进税率进行预扣预缴： ①本期应预扣预缴税额＝（累计预扣预缴应纳税所得额×预扣率－速算扣除数）－累计减免税额－累计已预扣预缴税额 ②累计预扣预缴应纳税所得额＝累计收入－累计免税收入－累计减除费用－累计专项扣除－累计专项附加扣除－累计依法确定的其他扣除
		比例税率	①劳务报酬所得应预扣预缴税额＝预扣预缴应纳税所得额×预扣率－速算扣除数； ②稿酬所得、特许权使用费所得应预扣预缴税额＝预扣预缴应纳税所得额×20% ③劳务报酬所得、稿酬所得、特许权使用费所得每次收入不超过四千元的，减除费用按八百元计算；每次收入四千元以上的，减除费用按百分之二十计算，稿酬所得的收入额减按百分之七十计算。 ④劳务报酬所得适用百分之二十至百分之四十的超额累进预扣率；稿酬所得、特许权使用费所得适用百分之二十的比例预扣率
	年度汇算清缴	七级超额累进税率	①全年应纳税所得额＝全年收入额－费用扣除标准（60 000元）－专项扣除－专项附加扣除－依法确定的其他扣除 ②全年应纳税额＝$\sum$（各级距应纳税所得额×该级距的适用税率） 或 全年应纳税额＝应纳税所得额×适用税率－速算扣除数 ③汇算清缴补缴（应退）税额＝全年应纳税额－累计已纳税额

【技能点6-2】财产租赁、转让所得及股息等所得应纳税额的计算

一、财产租赁所得应纳税额的计算

①每次（月）收入≤4 000元的：

$$应纳税额＝[每次（月）收入－准予扣除项目－修缮费用（800元为限）－800]×20\%（或10\%）$$

②每次（月）收入>4000元的：

$$应纳税额＝[每次（月）收入－准予扣除项目－修缮费用（800元为限）]×(1-20\%)×20\%（或10\%）$$

注意："营改增"试点后，个人出租房屋的个人所得税应税收入不含增值税，计算房屋出租所得可扣除的税费不包括本次出租缴纳的增值税。

二、财产转让所得应纳税额的计算

$$应纳税额＝（每次收入额－财产原值－合理税费）×20\%$$

注意："营改增"试点后，个人转让房屋的个人所得税应税收入不含增值税，其取

得房屋时所支付价款中包含的增值税计入财产原值，计算转让所得时可扣除的税费不包括本次转让缴纳的增值税。

三、利息、股息、红利所得和偶然所得应纳税额的计算

$$应纳税额 = 收入 \times 20\%$$

注意：①自2008年10月9日起，储蓄存款利息暂免征个人所得税；②个人取得上市公司的股息所得，按持股期限长短，其红利所得分别减按0～100%计入应纳税所得额。

【技能点6-3】其他方式所得应纳税额的计算

一、经营所得应纳税额的计算

$$应纳税额 = （全年收入总额 - 成本费用及损失）\times 适用税率 - 速算扣除数$$

采用五级超额累进税率。

二、个人发生公益、救济性捐赠个人所得应纳税额的计算

个人将其所得通过中国境内的社会团体、国家机关向教育和其他社会公益事业以及遭受严重自然灾害地区、贫困地区捐赠，捐赠额未超过纳税人申报的应纳税所得额30%的部分，可以从其应纳税所得额中扣除。个人通过非营利性的社会团体和国家机关向红十字事业、农村义务教育以及公益性青少年活动场所的公益性捐赠，在计算缴纳个人所得税时，准予在税前的所得额中全额扣除。

三、境外所得已纳税额扣除的计算

纳税人从中国境外取得的所得，已在境外缴纳的个人所得税，准予在应纳税额中抵免，但以该纳税人境外所得依照我国个人所得税法计算的应纳税额为抵免限额。

纳税人从中国境外一国（或地区）实际已缴纳的个人所得税税额，低于抵免限额的，须在我国缴纳差额部分的税款；超过抵免限额的，其超过部分不能在本纳税年度的应纳税额中扣除，但可在以后纳税年度该国（或地区）抵免限额的余额中补扣，补扣期最长不得超过5年。

四、两个以上的纳税人共同取得同一项所得应纳税额的计算

两个或两个以上的纳税人共同取得同一项所得的，可以对每一个人分得的收入分别减除费用，并计算各自的应纳税额。

【技能点6-4】个人所得税的会计核算

实行查账征收的个体工商户，应通过"所得税费用"和"应交税费——应交个人所得税"等科目核算。在计算应纳个人所得税时，借记"所得税费用"科目，贷记"应交税费——应交个人所得税"科目；实际上缴税款时，借记"应交税费——应交个人所得税"科目，贷记"银行存款"科目。

企业涉及代（预）扣代（预）缴个人所得税业务的，应设置"应交税费——代扣个人所得税"科目，核算其代（预）扣代（预）缴情况。企业对支付给职工的工资、薪金

代（预）扣个人所得税时，借记"应付职工薪酬"和"应付账款"等科目，贷记"应交税费——代扣个人所得税"科目；企业代扣除工资、薪金所得以外的个人所得税时，根据个人所得项目不同，应分别借记"应付债券""应付股利""应付账款""其他应付款"等科目，贷记"应交税费——代扣个人所得税"科目；实际上缴代扣的个人所得税税款时，借记"应交税费——代扣个人所得税"科目，贷记"银行存款"科目。

【技能点6-5】个人所得税扣缴申报实务操作

扣缴申报是指按照税法的规定负有扣缴税款义务的单位或者个人，在向个人支付应纳税所得时，应计算应纳税额，并从其所得中扣除，同时向税务机关报送扣缴个人所得税报告表。

个人所得税的扣缴义务人为支付个人应纳税所得的企业（公司）、事业单位、机关单位、社团组织、军队、驻华机构、个体户等单位或者个人。

税务机关应根据扣缴义务人所扣缴的税款，付给2%的手续费，由扣缴义务人用于代扣代缴费用开支和奖励代扣代缴工作做得较好的办税人员。

扣缴义务人每月所扣的税款，应当在次月15日内缴入国库，并向主管税务机关报送相关报表及税务机关要求报送的其他有关资料。

【技能点6-6】个人所得税自行申报实务操作

自行申报纳税是指由纳税人自行在税法规定的纳税期限内，向税务机关申报取得的应税所得项目和数额，如实填写个人所得税纳税申报表，并按照税法的规定计算应纳税额，据实缴纳个人所得税的一种方法。相关内容见表6-8、表6-9和表6-10。

表6-8　　　　　　　　　个人所得税自行申报和汇算清缴的范围

类型	具体范围
自行办理纳税申报的范围	①取得综合所得需要办理汇算清缴； ②取得应税所得没有扣缴义务人； ③取得应税所得，扣缴义务人未扣缴税款； ④取得境外所得； ⑤因移居境外注销中国户籍； ⑥非居民个人在中国境内从两处以上取得工资、薪金所得； ⑦国务院规定的其他情形
居民综合所得需要办理汇算清缴的范围	①在两处或者两处以上取得综合所得，且综合所得年收入额减去专项扣除的余额超过六万元； ②取得劳务报酬所得、稿酬所得、特许权使用费所得中一项或者多项所得，且综合所得年收入额减去专项扣除的余额超过六万元； ③纳税年度内预缴税额低于应纳税额的； ④纳税人申请退税

表6-9　　　　　　　　　　　　　　　个人所得税自行申报纳税地点

自行申报情形	申报地点
境内综合所得	①在中国境内有任职、受雇单位的，向任职、受雇单位所在地税务机关申报。 ②在中国境内有两处或者两处以上任职、受雇单位的，选择并固定向其中一处单位所在地税务机关申报。 ③在中国境内无任职、受雇单位，年所得项目中无经营所得的，向户籍所在地主管税务机关申报。在中国境内有户籍，但户籍所在地与中国境内经常居住地不一致的，选择并固定向其中一地主管税务机关申报。在中国境内没有户籍的，向中国境内经常居住地主管税务机关申报
经营所得	实际经营所在地税务机关
从中国境外取得所得的或个人独资、合伙企业投资者兴办两个及以上企业的	①从中国境外取得所得的，向中国境内户籍所在地主管税务机关申报。在中国境内有户籍，但户籍所在地与中国境内经常居住地不一致的，选择并固定向其中一地主管税务机关申报。在中国境内没有户籍的，向中国境内经常居住地主管税务机关申报。 ②个人独资、合伙企业投资者兴办两个或两个以上企业的，区分不同情形确定纳税申报地点：兴办的企业全部是个人独资性质的，分别向各企业的实际经营管理所在地主管税务机关申报；兴办的企业中含有合伙性质的，向经常居住地主管税务机关申报；兴办的企业中含有合伙性质，个人投资者经常居住地与其兴办企业的经营管理所在地不一致的，选择并固定向其参与兴办的某一合伙企业的经营管理所在地主管税务机关申报

表6-10　　　　　　　　　　　　　　　个人所得税自行申报期限

纳税人	具体内容
居民综合所得	按年计算个人所得税，有扣缴义务人的，由扣缴义务人按月或者按次预扣预缴税款；需要办理汇算清缴的，应当在取得所得的次年3月1日至6月30日内办理汇算清缴
经营所得	分月预缴的，在每月终了后15日内办理纳税申报；分季预缴的，在每个季度终了后15日内办理纳税申报。纳税年度终了后3个月内进行汇算清缴
应税所得没有扣缴义务人的	应当在取得所得的次月15日内向税务机关报送纳税申报表，并缴纳税款
扣缴义务人未扣缴税款的	纳税人应当在取得所得的次年6月30日前，缴纳税款；税务机关通知限期缴纳的，纳税人应当按照期限缴纳税款
境外所得	应当在取得所得的次年3月1日至6月30日内申报纳税
其他情形	在取得所得的次月15日内向主管税务机关办理纳税申报

第二部分　职业判断能力训练

【知识点6-1】个人所得税的纳税人和征税对象

一、判断题

1.个人所得税是以个人（自然人）取得的各项收入为征税对象所征收的一种税。
（　　）

2.对在中国境内居住的个人所得要征收个人所得税，不在中国境内居住的个人从中国取得所得不征收个人所得税。
（　　）

3.个人所得税中，"居住累计满183天"，是指一个纳税年度（即自公历1月1日起至12月31日止，下同）内，在中国境内居住累计满183天。
（　　）

4.某墨西哥公民于2019年8月1日至2020年5月30日在中国境内工作，该墨西哥公民不是我国个人所得税的居民纳税义务人。
（　　）

5.某荷兰公民曾于2019年1月2日至2020年10月31日来中国工作。2019年2月10日至28日，2019年6月6日至22日，2019年11月5日至30日离开中国回荷兰休假，该荷兰公民在2019年度、2020年度均不是我国个人所得税的居民纳税义务人。
（　　）

6.个人从单位取得的年终加薪、劳动分红，应视同股息、红利征税。
（　　）

7.居民纳税义务人，从中国境内和境外取得的所得，依法缴纳个人所得税；非居民纳税义务人，从中国境内取得的所得，依法缴纳个人所得税。
（　　）

8.对非居民纳税人来源于中国境内但支付地点在国外的所得，免征个人所得税。
（　　）

9.在中国境内无住所而在一个纳税年度中在中国境内连续或累计居住不超过90天的个人，由中国境外雇主支付并且不是由该雇主的中国境内机构负担的工资、薪金，免于申报缴纳个人所得税。
（　　）

10.工资、薪金所得以纳税义务人户籍所在地作为所得来源地。
（　　）

二、单项选择题

1.某人2018年2月10日来华工作，2019年3月17日离华，2019年4月14日又来华，2019年9月26日离华，2019年10月9日又来华，2020年5月离华回国。则该纳税人（　　）。

　　A.2018年度为居民纳税义务人，2019年度为非居民纳税义务人

　　B.2019年度为居民纳税义务人，2018年度为非居民纳税义务人

　　C.2018年度、2019年度均为非居民纳税义务人

　　D.2018年度、2019年度均为居民纳税义务人

2.我国现行个人所得税采用综合与分类相结合的所得税制，在税法中列举的应税项

目是（　　）项。

　　A.9　　　　　　　　B.10　　　　　　　　C.11　　　　　　　　D.12

3.个人不在公司任职，仅在公司担任董事职务而取得的董事费收入，属于（　　）。

　　A.劳务报酬所得　　　　　　　　　　B.特许权使用费所得

　　C.工资、薪金所得　　　　　　　　　D.其他所得

4.下列属于劳务报酬所得的是（　　）。

　　A.某大学教师在本校授课的讲课费

　　B.某大学教师为某培训机构授课的讲课费

　　C.某大学教师为校刊审稿的报酬（校刊不独立核算）

　　D.某大学教师为校刊投稿的稿费

5.对商品营销活动中，企业和单位对营销业绩突出的职工以培训班、研讨会、工作考察等名义组织旅游活动，通过免收差旅费、旅游费对雇员实行的营销业绩奖励，应按（　　）征收个人所得税。

　　A.劳务报酬所得　　　　　　　　　　B.利息、股息、红利所得

　　C.其他所得　　　　　　　　　　　　D.工资、薪金所得

6.对纳税人所得按次征税的是（　　）。

　　A.工资、薪金所得　　　　　　　　　B.个体工商户的生产、经营所得

　　C.财产转让所得　　　　　　　　　　D.承包承租经营所得

7.根据个人所得税法律制度的规定，下列各项中，不按照特许权使用费所得项目征收个人所得税的是（　　）。

　　A.作者将自己的文字作品手稿原件或复印件公开拍卖（竞价）取得的所得

　　B.个人取得特许权的经济赔偿收入

　　C.编剧从电视剧的制作单位取得的剧本使用费

　　D.个人因其作品以图书形式出版而取得的所得

8.根据个人所得税法律制度的规定，下列各项中，属于工资、薪金所得项目的是（　　）。

　　A.年终加薪　　　　B.托儿补助费　　　　C.独生子女补贴　　　　D.差旅费津贴

三、多项选择题

1.下列有关居民纳税义务人的表述中，错误的有（　　）。

　　A.在我国境内拥有住所的个人

　　B.无住所但在我国境内居住累计满183天的个人

　　C.在我国境内无住所又不居住的个人

　　D.在我国境内无住所且居住累计不满183天的个人

2.将个人所得税的纳税义务人区分为居民纳税义务人和非居民纳税义务人，依据的标准有（　　）。

　　A.境内有无住所　　　　　　　　　　B.境内时间

　　C.取得收入的工作地　　　　　　　　D.境内居住时间

3.依税法的规定，非居民纳税义务人取得的下列各项所得，应依法缴纳个人所得税

的有（　　　）。

    A.受雇于中国境内的公司而取得工资、薪金所得

    B.在中国境内从事生产、经营活动而取得的生产经营所得

    C.购买外国债券、股票而取得的所得

    D.转让中国境内的房屋而取得的财产转让所得

4.在我国境内无住所但在我国境内居住累计满183天的年度连续不满6年的个人，应就下列所得向我国缴纳个人所得税的有（　　　）。

    A.在我国境内工作期间取得的由中国境内企业或个人雇主支付的工资、薪金所得

    B.在我国境内工作期间取得的由中国境外企业或个人雇主支付的工资、薪金所得

    C.来源于中国境内的劳务报酬所得

    D.临时离境工作期间取得的由中国境外企业或个人雇主支付的工资、薪金所得

5.下列各项中，应按综合所得项目征税的有（　　　）。

    A.经营所得　　　　B.财产转让所得　　C.稿酬所得　　　　D.劳务报酬所得

6.下列各项中，属于工资、薪金所得项目征收个人所得税的有（　　　）。

    A.劳动分红　　　　　　　　　B.独生子女补贴

    C.差旅费津贴　　　　　　　　D.单位发放的无食堂补助

7.下列各项所得中，属于稿酬所得缴纳个人所得税的有（　　　）。

    A.在期刊公开发表文章获得的所得　　B.出版著作获得的所得

    C.给出版社审稿获得的所得　　　　　D.在报纸上连载小说获得的所得

8.下列各项中，属于劳务报酬所得缴纳个人所得税的有（　　　）。

    A.技术服务收入　　　　　　　B.提供商标使用权取得的收入

    C.法律服务收入　　　　　　　D.设计服务收入

【知识点6-2】个人所得税的税率和优惠政策

一、判断题

1.按税法的规定，一般性的奖金应按20%的税率缴纳个人所得税。　　　　　　（　　　）

2.工资、薪金所得适用超额累进税率，特许权使用费所得与财产转让所得适用比例税率。　　　　　　（　　　）

3.劳务报酬所得适用20%的比例税率，其应纳税所得额超过5万元的部分，加征十成。　　　　　　（　　　）

4.个人独资企业和合伙企业的生产经营所得，也适用5%～35%的五级超额累进税率。　　　　　　（　　　）

5.对个人转让自用5年以上并且是家庭唯一生活用房取得的所得，免征个人所得税。　　　　　　（　　　）

二、单项选择题

1.下列各项可以免征个人所得税的是（　　　）。

A.民间借贷利息

B.个人举报、协查各种违法、犯罪行为而获得的奖金

C.在超市购物中获得的中奖收入

D.本单位自行规定发给的补贴、津贴

2.经营所得，适用（　　）的超额累进税率。

A.5%～55%　　　　B.3%～45%　　　　C.5%～35%　　　　D.20%～40%

3.下列个人所得不应免征个人所得税的是（　　）。

A.某体育明星在奥运会上获得一块金牌，回国后国家体育总局奖励20万元人民币

B.某科学家获得国务院特殊津贴每月200元人民币

C.某高校教师取得一项发明专利，学校奖励5万元人民币

D.李某新买的宝马车在某风景区停靠时，被山上落下的石头砸坏，保险公司赔付李某的6万元保险金

4.根据个人所得税法律制度的规定，下列个人所得中，应缴纳个人所得税的是（　　）。

A.财产租赁所得　　　　　　　　B.退休工资

C.抚恤金、救济金　　　　　　　D.国债利息

5.下列非居民个人所得中，适用20%比例税率的有（　　）。

A.稿酬所得　　　　　　　　　　B.特许权使用费所得

C.劳务报酬所得　　　　　　　　D.财产租赁所得

三、多项选择题

1.下列个人所得中，适用20%比例税率的有（　　）。

A.工资、薪金所得　　　　　　　B.劳务报酬所得

C.偶然所得　　　　　　　　　　D.财产转让所得

2.根据个人所得税法及其实施条例的规定，可以免征个人所得税的奖金有（　　）。

A.购物抽奖所获奖金

B.省级政府颁发的科技奖奖金

C.参加省级电台有奖竞猜所获奖金

D.举报偷税行为所获奖金

3.下列各项中，适用个人所得税七级超额累进税率（3%～45%）和五级超额累进税率（5%～35%）的有（　　）。

A. 综合所得　　　B. 财产转让所得　　　C. 经营所得　　　　D. 财产租赁所得

4.下列各项所得可以免征个人所得税的有（　　）。

A.保险赔款

B.国债和国家发行的金融债券利息

C.退休人员利用一技之长再就业取得的工资薪金所得

D.军人的转业费、复员费和退役金

5.外籍个人取得的下列所得中，暂免征收个人所得税的有（　　）。

A.以现金形式取得的住房补贴、伙食补贴、搬迁费、洗衣费

B.按合理标准取得的境内、境外出差补贴

C.取得的经当地税务机关审核批准为合理部分的语言训练费、子女教育费

D.从外商投资企业取得的股息、红利所得

【技能点6-1】综合所得应纳税额的计算

一、判断题

1.同一作品在报刊上连续取得收入的，以连载一个月内取得的收入为一次，预缴个人所得税。　　　　　　　　　　　　　　　　　　　　　　　　　　（　　）

2.张教授业余时间为一出版社翻译稿件，得到6 000元的报酬。张教授取得报酬时应按劳务报酬所得预缴960元个人所得税。　　　　　　　　　　　　　　（　　）

3.稿酬所得每次以收入减除20%后，再减按70%计算，故实际按收入的56%计征个人所得税。　　　　　　　　　　　　　　　　　　　　　　　　　　（　　）

4.专项附加扣除，包括子女教育、继续教育、大病医疗、住房贷款利息或者住房租金、赡养老人等支出。　　　　　　　　　　　　　　　　　　　　　　（　　）

5.专项扣除，包括居民个人按照国家规定的范围和标准缴纳的基本养老保险、基本医疗保险、失业保险等社会保险费和住房公积金等，即"三险一金"。　　（　　）

二、单项选择题

1.子女教育专项附加扣除是指纳税人的子女接受学前教育和学历教育的相关支出，按照每个子女每月（　　）元的标准定额扣除。

A.1 000　　　　　B.300　　　　　C.400　　　　　D.1 200

2.继续教育专项附加扣除中，纳税人接受技能人员职业资格继续教育、专业技术人员职业资格继续教育支出，在取得相关证书的年度，按照每年（　　）元定额扣除。

A.14 400　　　　B.3 600　　　　C.4 800　　　　D.9 600

3.某公司从个人手中购买一项非专利技术的使用权，合同约定应支付使用费50 000元（含税），应预扣预缴个人所得税（　　）元。

A.8 000　　　　　B.9 000　　　　C.10 000　　　　D.12 000

4.某画家于2019年3月将其精选的书画作品交由某出版社出版，从出版社取得报酬10万元。该笔报酬在缴纳个人所得税时适用的所得项目是综合所得中的（　　）。

A.劳务报酬所得　　　　　　　B.稿酬所得

C.特许权使用费所得　　　　　D.工资薪金所得

5.王某取得稿酬20 000元，讲课费4 000元。根据税法的规定，王某取得收入时应预缴个人所得税（　　）元。

A.2 688　　　　　B.2 880　　　　C.3 840　　　　D.4 800

三、多项选择题

1.继续教育专项附加扣除中，下列说法正确的有（　　）。

A.纳税人接受学历（学位）教育期间按照每月400元定额扣除

B.纳税人接受职业资格继续教育，在取得相关证书的年度按照每年3 600元定额扣除

C.纳税人接受学历教育期间按照每月1 000元定额扣除

D.纳税人接受职业资格继续教育，在取得相关证书的年度按照每年3 600元（每月300元）定额扣除

2.住房租金专项附加扣除是指纳税人本人及配偶在纳税人的主要工作城市没有住房，而在主要工作城市租赁住房发生的租金支出，可以按照（　　）标准定额扣除住房租金。

A.承租的住房位于直辖市、省会城市、计划单列市以及国务院确定的其他城市，扣除标准为每月1 500元

B.承租的住房位于其他城市的，市辖区户籍人口超过100万的，扣除标准为每月1 100元

C.承租的住房位于其他城市的，市辖区户籍人口不超过100万（含）的，扣除标准为每月800元

D.承租的住房位于地（市）级城市的，扣除标准为每月900元

3.劳务报酬所得平时预扣预缴时，关于"次"的规定，下列表述中正确的有（　　）。

A.只有一次性收入的，以取得该项收入为一次

B.只有一次性收入的，以1个月内取得各项收入之和为一次

C.属于同一项目连续取得收入的，以1天取得的收入为一次

D.属于同一项目连续取得收入的，以1个月内取得的收入为一次

四、不定项选择题

某大学周教授2019年收入情况如下：

（1）每月工资收入9 680元，12月一次性获得年终奖金30 000元；

（2）担任兼职律师一次性取得收入80 000元，将其中5 000元通过国家机关向农村义务教育捐赠；

（3）5月份出版著作取得稿酬13 800元；

假定周教授有一个小孩在读高中，父母均已60岁以上，且自己为独生儿子。

要求：根据上述资料，回答下列问题。

（1）工资、薪金所得的税率类型为（　　）。

A.比例税率　　　B.定额税率　　　C.超额累进税率　　　D.超率累退税率

（2）下列关于全年一次性奖金计税的表述中，正确的是（　　）。

A.纳税人取得的全年一次性奖金，在2021年12月31日前，不并入当年综合所得，单独计算纳税。

B.计税时，先以全年一次性奖金收入，除以12个月，按其商数确定适用税率和速算扣除数

C.全年一次性奖金的计税方法，在一个纳税年度内，对每一个纳税人只允许采用一次

D.周教授12月一次性获得年终奖金，应纳个人所得税额为900元。

（3）周教授平时取得所得，以下说法正确的有（　　　）。

A.周教授每月可享受专项附加扣除2 000元

B.取得工资薪金所得，每月应预缴个人所得税额为50.4元

C.取得兼职律师一次性收入，属于劳务报酬收入，取得时应预缴个人所得税16 600元

D.周教授取得稿酬时应预缴个人所得税1 545.6元

（4）周教授取得各类收入，平时按规定预缴后，年度汇算清缴时应补缴或退回的个人所得税税额为（　　　）。

A.补缴907.2元　　　　　　　　　　B.补缴1 907.2元

C.0　　　　　　　　　　　　　　　D.退回12 581.6元

【技能点6-2】财产租赁、转让所得及股息等所得应纳税额的计算

一、判断题

1.对个人转让自用5年以上并且是家庭唯一生活用房取得的所得，继续免征个人所得税。　　　　　　　　　　　　　　　　　　　　　　　　　　　　　（　　）

2.财产转让所得，以转让财产的收入额减除财产原值和20%的费用后的余额为应纳税所得额。　　　　　　　　　　　　　　　　　　　　　　　　　　　　（　　）

3.财产租赁所得允许扣除的修缮费用，一次最多抵扣800元，一次扣除不完的，准予在下一次继续扣除，直到扣完为止。　　　　　　　　　　　　　　　　（　　）

二、单项选择题

1.下列各项中，不适用20%税率的个人所得税项目是（　　　）。

A.财产租赁所得　　　　　　　　　　B.财产转让所得

C.出租居民住房所得　　　　　　　　D.偶然所得

2.李某2018年10月将房屋出租给张某居住，按照市场价格取得租金收入4 700元（免征增值税），当月发生修缮费1 200元，李某当月应缴纳的个人所得税为（　　　）元。

A.310　　　　　　B.312　　　　　　C.620　　　　　　D.624

3.张某2018年11月转让一栋商业用房，取得收入440万元（不含增值税），该商业用房是2011年购置的，购置时房产原值为300万元，其他税费不计，则张某当月应缴纳的个人所得税为（　　　）万元。

A.0　　　　　　B.14　　　　　　C.28　　　　　　D.40

三、多项选择题

1.以每次收入额为应纳税所得额的项目有（　　　）。

A.利息、股息、红利所得　　　　　　B.偶然所得

C.劳务报酬所得　　　　　　　　　　D.其他所得

2.在计算财产租赁所得的应纳税所得额时，允许扣除的项目有（　　　）。

A.按每次取得的收入定额扣除800元或定率扣除20%的费用

B.教育费附加

C.有效凭证上的纳税人负担的该出租财产实际开支的修缮费用

D.财产所有者缴纳的个人所得税

3.关于个人出租房屋适用的税率，下列说法中正确的有（　　　）。

A.出租商业用房适用20%的税率　　　B.出租商业用房适用10%的税率

C.出租居民住房适用20%的税率　　　D.出租居民住房适用10%的税率

四、不定项选择题

中国公民叶某任职于国内甲企业，2018年除工资、薪金外，其在境内取得的其他所得如下：

(1) 购买福利彩票支出2元，一次性中奖5 000元；

(2) 转让2006年12月购入的家庭自用唯一住房一套，取得转让所得100万元；

(3) 取得县级人民政府颁发的突出贡献奖奖金10 000元；

(4) 取得保险赔款50 000元；

(5) 领取原提存的住房公积金56 000元。

要求：根据上述资料，回答下列问题。

(1) 叶某的下列所得中，免征个人所得税的是（　　　）。

A.转让住房所得100万元　　　　B.突出贡献奖奖金10 000元

C.保险赔款50 000元　　　　　　D.领取原提存的住房公积金56 000元

(2) 叶某取得县级人民政府颁发的突出贡献奖奖金，应纳的个人所得税额是（　　　）元。

A.0　　　　　B.1 600　　　　　C.2 000　　　　　D.1 000

(3) 关于叶某一次性中奖奖金5 000元缴纳个人所得税的下列表述中，正确的是（　　　）。

A.应缴纳个人所得税1 000元　　　　B.免予缴纳个人所得税

C.应缴纳个人所得税840元　　　　　D.应缴纳个人所得税800元

(4) 叶某2018年除工资薪金所得之外应缴纳的个人所得税税额是（　　　）元。

A.3 000　　　　　B.2 840　　　　　C.0　　　　　D.1 800

【技能点6-3】其他方式所得应纳税额的计算

一、判断题

1.纳税义务人从中国境外取得的所得，已在境外缴纳个人所得税的，只要有正式凭据，无论多少，均可在其应纳税额中扣除。（　　　）

2.个人将其所得通过中国境内的社会团体、国家机关向教育和其他社会公益事业以及遭受严重自然灾害地区、贫困地区捐赠，捐赠额未超过纳税义务人申报的应纳税所得额30%的部分，可以从其应纳税所得额中扣除。（　　　）

3.纳税人在中国境外一个国家或地区实际已经缴纳的个人所得税税款，高于按规定计算出的该国家或地区扣除限额的，其超过部分，不得在本年度或以后年度扣除。

（　　　）

4.对企事业单位的承包经营、承租经营所得，以每一个纳税年度的收入总额减除必要费用后的余额为应纳税所得额。减除必要的费用是指按月减除3 500元。（　　　）

5.某个人独资企业采用核定征收办法计算个人所得税。2018年自报经营亏损，因而不用缴纳个人所得税。

（　　　）

二、单项选择题

1.个人将其所得向教育事业和其他公益事业捐赠，可以从应纳税所得额扣除的比例最高是（　　　）。

A.10%　　　　　　B.15%　　　　　　C.20%　　　　　　D.30%

2.某商场本月举办为期3天的有奖（现金兑付）销售活动，向消费者个人支付中奖所得总计10 000元，则该商场应代扣个人所得税（　　　）元。

A.1 000　　　　　B.1 500　　　　　C.2 000　　　　　D.3 500

3.下列个人所得在计算应纳税所得额时，应按全额计算个人所得税的是（　　　）。

A.个体工商户的生产、经营所得

B.财产转让所得

C.偶然所得

D.对企事业单位的承包经营、承租经营所得

三、多项选择题

1.下列个人所得中，在计算个人所得税时，不得减除费用的有（　　　）。

A.利息、股息、红利所得　　　　　　B.稿酬所得

C.劳务报酬所得　　　　　　　　　　D.偶然所得

2.下列叙述中错误的有（　　　）。

A.个人独资企业、合伙企业投资者的经营所得比照"个体工商户的生产、经营所得"项目征收个人所得税

B.境外所得的税额扣除，也叫国际税收抵免，仅指按限额抵免，不包括按实缴税额抵免

C.个人因与用人单位解除劳动关系而取得的一次性补偿收入，其收入在当地上年企业职工平均工资2倍数额以内的部分，可免征个人所得税

D.取得经营所得的个人，没有综合所得的，计算其每一纳税年度的应纳税所得额时，应当减除费用6万元、专项扣除、专项附加扣除以及依法确定的其他扣除

3.实行查账征收的某餐厅为合伙企业某年度经营所得为10万元，该企业投资者为2人，合伙协议约定，各自投资分配比例分别为：甲60%、乙40%。则关于甲、乙该年度应缴纳的个人所得税，下列说法中正确的有（　　　）。

A.甲应缴纳4 500元　　　　　　　　B.甲应缴纳12 000元

C.乙应缴纳2 500元　　　　　　　　D.乙应缴纳8 000元

四、不定项选择题

中国公民杨某2019年2月取得如下收入：

（1）购买福利彩票，中奖50 000元，领奖时拿出10 000元通过民政部门捐赠给灾区。

（2）转让境内上市公司A股股票，取得转让所得100 000元；取得A股持股时间半年以内的股息收入1 000元。

（3）杨某的汽车被盗，获得保险赔款200 000元。

（4）取得国家发行的金融债券利息收入1 000元。

（5）办理代扣代缴税款手续，按规定取得扣缴手续费900元。

要求：根据上述资料，回答下列问题。

（1）下列说法中，正确的是（　　　）。

A.保险赔偿是不征税收入

B.保险赔偿是免税收入

C.国家发行的金融债券利息收入是不征税收入

D.国家发行的金融债券利息收入是免税收入

（2）购买彩票中奖应缴纳的个人所得税，下列计算中正确的是（　　　）。

A.50 000×（1－20%）×20%

B.（50 000－10 000）×20%

C.［50 000×（1－20%）－10 000］×20%

D.50 000×（1－20%）×30%－2 000

（3）杨某办理代扣代缴税款手续，按规定取得扣缴手续费，应纳税额为（　　　）元。

A.0　　　　　　　　B.14　　　　　　　　C.20　　　　　　　　D.180

（4）下列说法中，正确的是（　　　）。

A.转让A股股票所得征收个人所得税

B.转让A股股票所得不征收个人所得税

C.A股股息收入不征收个人所得税

D.A股股息收入征收个人所得税

【技能点6-4】个人所得税的会计核算

一、判断题

1.企业向个人购买属于固定资产的财产时，代扣代缴的个人所得税应计入固定资产原值。　　　　　　　　　　　　　　　　　　　　　　　　　　　　　　（　　）

2.个体工商户的生产、经营所得应缴纳的所得税，应通过"所得税费用"和"应交税费——应交个人所得税"科目进行核算。　　　　　　　　　　　　　　　　（　　）

3.企业支付劳务报酬、稿酬等各项所得，由支付单位在向纳税人支付时预扣预缴个人所得税，并计入该企业的有关费用账户。　　　　　　　　　　　　　　　（　　）

4.扣缴义务人应在"应交税费"科目下设置"代（预）扣个人所得税"明细科目，核算代（预）扣代（预）缴情况。　　　　　　　　　　　　　　　　　　　（　　）

5.企业作为个人所得税的扣缴义务人，按规定预扣预缴职工工资、薪金所得个人所得税时，借记"应交税费——预扣个人所得税"科目，贷记"应付职工薪酬"科目。

（　　　　）

二、单项选择题

1.企业作为个人所得税的扣缴义务人，在代扣代缴个人所得税时，必须设置（　　）科目进行会计核算。

A."应交税费——应交个人所得税"

B."应交税费——代（预）扣个人所得税"

C."其他业务收入"

D."所得税费用"

2.实行查账征收的个体工商户，在核算应纳个人所得税时，除了"应交税费——应交个人所得税"科目外，还需要设置的科目是（　　）。

A."其他业务成本"　　　　　　　　　B."应交税费——代扣个人所得税"

C."其他业务收入"　　　　　　　　　D."所得税费用"

三、多项选择题

1.王先生为某企业行政人员，2019年1月取得工资5 700元（已扣除"三险一金"等专项扣除和专项附加扣除），则下列处理正确的有（　　）。

A.企业负有预扣工资、薪金个人所得税的义务

B.企业应预扣王先生工资、薪金个人所得税21元

C.企业计提工资薪金时编制会计分录：

借：管理费用　　　　　　　　　　　　　　　　　　　　　5 700

贷：应付职工薪酬　　　　　　　　　　　　　　　　　　　　　　5 700

D.发放工资并预扣个人所得税时编制会计分录：

借：应付职工薪酬　　　　　　　　　　　　　　　　　　　5 700

贷：银行存款　　　　　　　　　　　　　　　　　　　　　　　5 679

应交税费——预扣个人所得税　　　　　　　　　　　　　　21

2.李工程师向一家公司提供一项专利使用权，一次取得收入50 000元，则下列处理正确的有（　　）。

A.公司负有代扣李工程师个人所得税的义务

B.公司应预扣李工程师个人所得税8 000元

C.公司购买专利时编制会计分录如下：

借：管理费用　　　　　　　　　　　　　　　　　　　　50 000

贷：应交税费——预扣预缴个人所得税　　　　　　　　　　　　8 000

库存现金　　　　　　　　　　　　　　　　　　　　　42 000

D.实际上缴代扣的个人所得税时编制会计分录如下：

借：应交税费——预扣预缴个人所得税　　　　　　　　　8 000

贷：银行存款　　　　　　　　　　　　　　　　　　　　　　　8 000

【技能点6-5】个人所得税扣缴申报实务操作

一、判断题

1.偶然所得应缴纳的个人所得税税款，一律由发放单位或机构代扣代缴。（　　）

2.我国个人所得税采取由支付单位源泉扣缴和纳税人自行申报纳税两种方式。

（　　）

3.扣缴义务人未履行扣缴个人所得税义务的，由扣缴义务人承担应纳的税款、滞纳金和罚款。（　　）

二、单项选择题

1.对扣缴义务人按照所扣缴的税款付给手续费的比例是（　　）。

A.0.5%　　　　　　　B.1%　　　　　　　C.1.5%　　　　　　　D.2%

2.职工的工资、薪金所得预缴个人所得税的时间是（　　）。

A.次月5日内　　　　　　　　　B.次月7日内

C.次月15日内　　　　　　　　D.次月30日内

三、多项选择题

1.个人所得税目前的主要征收方式有（　　）。

A.代（预）扣代（预）缴方式　　　　B.邮寄申报方式

C.定额征收方式　　　　　　　　　D.自行申报方式

2.扣缴义务人包括支付个人应税所得的（　　）。

A.各类单位　　　B.各类机构　　　C.个体户　　　D.个人

3.以下说法（　　）是正确的。

A.税务机关征收税款时，必须给纳税人开具完税凭证

B.税务机关征收税款时，可根据情况决定是否给纳税人开具完税凭证

C.扣缴义务人代扣、代收税款时，纳税人要求扣缴义务人开具代扣、代收税款凭证的，扣缴义务人应当开具

D.扣缴义务人代扣、代收税款时，均需向纳税人提供其个人所得税和已扣缴税款等信息

【技能点6-6】个人所得税自行申报实务操作

一、判断题

1.纳税人取得经营所得，按年计算个人所得税，由纳税人在月度或者季度终了后15日内向税务机关报送纳税申报表，并预缴税款。于年度终了后30日内汇算清缴，多退少补。（　　）

2.居民个人取得综合所得，按年计算个人所得税；有扣缴义务人的，由扣缴义务人按月或者按次预扣预缴税款；需要办理汇算清缴的，应当在取得所得的次年三月一日至

六月三十日内办理汇算清缴。　　　　　　　　　　　　　　　　　（　　）

3.在中国境内有两处或者两处以上任职、受雇单位，取得工资、薪金所得的，选择并固定向其中一处单位所在地主管税务机关申报。　　　　　　　　　（　　）

二、单项选择题

1.个人所得税法规定，自行申报纳税时在中国境内两处或两处以上取得应纳税所得的，其纳税地点的选择是（　　）。

A.收入来源地

B.税务局指定地点

C.纳税人户籍所在地

D.纳税人选择并固定一地申报纳税

2.综合所得年度汇算清缴的居民纳税人应在（　　）到主管税务机关办理汇算清缴工作。

A.取得所得的次年6个月内

B.取得所得的次年3月1日至6月30日内

C.取得所得的次年3个月内

D.取得所得的次年15日内

3.李某是个体工商户，其家庭所在地在甲市A区，注册登记地在甲市B区，实际经营地在甲市C区。则下列说法中正确的是（　　）。

A.李某应在A区申报缴纳个人所得税

B.李某应在B区申报缴纳个人所得税

C.李某应在C区申报缴纳个人所得税

D.李某可以任意选择A区、B区或C区申报缴纳个人所得税

三、多项选择题

1.应当自行办理纳税申报个人所得税的纳税义务人有（　　）。

A.取得综合所得需要办理汇算清缴

B.取得应纳税所得没有扣缴义务人的

C.非居民个人在中国境内从两处以上取得工资、薪金所得

D.取得应纳税所得，扣缴义务人未按规定扣缴税款的

2.居民个人取得综合所得，需要办理汇算清缴的有（　　）。

A.在两处或者两处以上取得综合所得，且综合所得年收入额减去专项扣除的余额超过六万元

B.取得劳务报酬所得、稿酬所得、特许权使用费所得中一项或者多项所得，且综合所得年收入额减去专项扣除的余额超过六万元

C.纳税年度内预缴税额低于应纳税额的

D.纳税人申请退税的

3.从中国境外取得所得的纳税人，其来源于中国境外的应纳税所得，应在何时申报纳税（　　）。

A.在境外以纳税年度计算缴纳个人所得税的，应在居住国的纳税年度终了，结清

税款后的30日内，向中国主管税务机关申报纳税

B.在境外以纳税年度计算缴纳个人所得税的，应在所得来源国的纳税年度终了，结清税款后的30日内，向中国主管税务机关申报纳税

C.在取得境外所得时结清税款的，应在次年3月1日至6月30日内向中国主管税务机关申报纳税

D.在境外按所得来源国税法的规定免予缴纳个人所得税的，应在次年3月1日至6月30日内向中国主管税务机关申报纳税

第三部分 职业实践能力训练

一、实训要求

（1）逐项计算李泉之应缴的个人所得税税额，汇总计算李泉之2019年度应缴纳的个人所得税税额。

（2）根据李泉之2019年的工资、薪金所得，填写李泉之的《个人所得税专项附加扣除信息表》和泰华网络有限公司12月份《个人所得税扣缴申报表》，并编制会计分录；

（3）根据李泉之2019年全部的收入，办理汇算清缴工作。

二、实训条件

在税务实训室进行；李泉之收入资料；扣缴个人所得税月份报告表、支付个人收入明细表、个人所得税纳税申报表。

三、实训材料

（一）李泉之个人的基本情况

纳税人姓名：李泉之

国籍：中国

身份证号码：33012319650606××××

经常居住地：浙江杭州大山路96号

邮政编码：310001

联系电话：1370571××××

受雇企业：泰华网络有限公司

（二）李泉之2019年1月至12月收入情况

（1）每月取得工资和年终奖及扣缴的"三险一金"情况见表6-11，另外，李泉之有一小孩在读大学，由李泉之一方享受子女教育专项附加扣除，泰华网络有限公司每月按规定预扣预缴了个人所得税。

（2）7月份转让一项专利转让给甲公司，取得收入14 500元，甲公司按规定预扣个人所得税。

（3）8月份为东海外贸公司翻译资料，取得收入20 000元，从中先后拿出6 000元、5 000元，通过农村义务教育基金会和国家机关分别捐给了农村义务教育和贫困地区。东海外贸公司在支付时未预扣个人所得税。

表6-11　　　　　　　　　　李泉之工资、薪金所得情况表　　　　　　　　　　单位：元

月份	基本及岗位工资	伙食补助	月奖	住房补贴	季度奖	应发工资	住房公积金	基本养老保险	基本医疗保险	失业保险	三险一金合计
	①	②	③	④	⑤	⑥	⑦	⑧	⑨	⑩	
1月	5 000	1 000	1 200	2 000		9 200	1 000	960	240	100	2 300
2月	5 000	1 000	1 200	2 000		9 200	1 000	960	240	100	2 300
3月	5 000	1 000	1 200	2 000	3 000	12 200	1 000	960	240	100	2 300
4月	5 000	1 000	1 200	2 000		9 200	1 000	960	240	100	2 300
5月	5 000	1 000	1 200	2 000		9 200	1 000	960	240	100	2 300
6月	5 000	1 000	1 200	2 000	3 000	12 200	1 000	960	240	100	2 300
7月	5 000	1 000	1 200	2 000		9 200	1 000	960	240	100	2 300
8月	5 000	1 000	1 200	2 000		9 200	1 000	960	240	100	2 300
9月	5 000	1 000	1 200	2 000	3 000	12 200	1 000	960	240	100	2 300
10月	5 000	1 000	1 200	2 000		9 200	1 000	960	240	100	2 300
11月	5 000	1 000	1 200	2 000		9 200	1 000	960	240	100	2 300
12月	5 000	1 000	1 200	2 000	3 000	12 200	1 000	960	240	100	2 300
年终奖金	—	—	—	—	—	24 000	—	—	—	—	—
合计						146 400					27 600

（4）小说在报刊上连载50次后出版，10月份分别取得报社支付的稿酬50 000元、出版社支付的稿酬80 000元，报社和出版社均按规定预扣了个人所得税。

（5）11月份购买体育彩票获奖25 000元，按规定缴纳了个人所得税。

（6）9月份在A、B两国讲学分别取得收入18 000元和35 000元，已分别按收入来源国税法缴纳了个人所得税2 000元和6 000元。

（三）相关表单

个人所得税应纳税额汇总计算表（见表6-12），个人所得税专项附加扣除信息表（见表6-13）、个人所得税扣缴申报表（见表6-14）、个人所得税年度自行纳税申报表（A表）（见表6-15）。

表6-12　　　　　　　　个人所得税应纳税额汇总计算表

序号	所得项目	月份	收入额	扣除额	应纳税所得额	税率	速算扣除数	应纳税额	已缴（扣）税金
1									
2									
3									
4									
5									
6									
7									
8									
9									
10									
11									
12									
13									
14									
15									
16									
17									
18									
19									
20									
21									
合计									

表6-13

个人所得税专项附加扣除信息表

填报日期：　　年　　月　　日

纳税人姓名：　　　　　　　　　　　　　　　　纳税人识别号：□□□□□□□□□□□□□□□□□□

扣除年度：

纳税人信息	手机号码		电子邮箱	
	联系地址			
纳税人配偶信息	姓名		配偶情况	□有配偶　□无配偶
	身份证件类型		身份证件号码	□□□□□□□□□□□□□□□□□□

一、子女教育

较上次报送信息是否发生变化：□首次报送（请填写全部信息）　□无变化（不需重新填写）　□有变化（请填写发生变化项目的信息）				
子女一 □子 □女	姓名		身份证件类型	
	出生日期	年　月	身份证件号码	□□□□□□□□□□□□□□□□□□
	当前受教育阶段起始时间	年　月	当前受教育阶段	□学前教育　□义务教育 □高中阶段教育　□高等教育
			当前受教育阶段结束时间	年　月
			子女教育终止时间 *不再受教育时填写	年　月
	就读国家（或地区）		就读学校	
			本人扣除比例	□100%（全额扣除）　□50%（平均扣除）
子女二 □子 □女	姓名		身份证件类型	
	出生日期	年　月	身份证件号码	□□□□□□□□□□□□□□□□□□
	当前受教育阶段起始时间	年　月	当前受教育阶段	□学前教育　□义务教育 □高中阶段教育　□高等教育
			当前受教育阶段结束时间	年　月
			子女教育终止时间 *不再受教育时填写	年　月
	就读国家（或地区）		就读学校	
			本人扣除比例	□100%（全额扣除）　□50%（平均扣除）

二、继续教育

较上次报送信息是否发生变化：□首次报送（请填写全部信息）　□无变化（不需重新填写）　□有变化（请填写发生变化项目的信息）				
学历（学位）继续教育	当前继续教育起始时间	年　月	当前继续教育结束时间	年　月
	学历（学位）继续教育类型	□技能人员　□专业技术人员	学历（学位）继续教育阶段	□专科　□本科 □硕士研究生 □博士研究生　□其他
职业资格继续教育	职业资格继续教育类型		证书名称	
	证书编号		发证机关	
	发证（批准）日期		发证（批准）日期	

续表

三、住房贷款利息

较上次报送信息是否发生变化：□首次报送（请写全部信息） □无变化（不需重新填写） □有变化（请填写发生变化项目的信息）

房屋信息	住房坐落地址	省（区、市）＿＿ 市＿＿ 县（区）＿＿ 街道（乡、镇）＿＿
	产权证号／不动产登记号／商品房买卖合同号／预售合同号	
	本人是否借款人	□是 □否
	是否婚前各自首套贷款，且婚后分别扣除50%	□是 □否
房贷信息	公积金贷款｜贷款合同编号	
	贷款期限（月）	
	首次还款日期	
	商业贷款｜贷款合同编号	
	贷款银行	
	贷款期限（月）	
	首次还款日期	

四、住房租金

较上次报送信息是否发生变化：□首次报送（请填写全部信息） □无变化（不需重新填写） □有变化（请填写发生变化项目的信息）

房屋信息	住房坐落地址	省（区、市）＿＿ 市＿＿ 县（区）＿＿ 街道（乡、镇）＿＿ □□□□□□□□□□□□
租赁情况	出租方（个人）姓名	身份证件类型＿＿ 身份证件号码 □□□□□□□□□□□□□□□□□□
	出租方（单位）名称	纳税人识别号（统一社会信用代码）□□□□□□□□□□□□□□□□□□
	主要工作城市（*填写市一级）	
	租赁期起	住房租赁合同编号（非必填） 租赁期止

五、赡养老人

较上次报送信息是否发生变化：□首次报送（请填写全部信息） □无变化（不需重新填写） □有变化（请填写发生变化项目的信息）

纳税人身份	□独生子女 □非独生子女	
被赡养人一	姓名	身份证件类型＿＿ 身份证件号码 □□□□□□□□□□□□□□□□□□
	出生日期	与本人关系 □父亲 □母亲 □其他
被赡养人二	姓名	身份证件类型＿＿ 身份证件号码 □□□□□□□□□□□□□□□□□□
	出生日期	与本人关系 □父亲 □母亲 □其他

续表

共同赡养人信息	姓名		身份证件类型		身份证件号码	□□□□□□□□□□□□
	姓名		身份证件类型		身份证件号码	□□□□□□□□□□□□
	姓名		身份证件类型		身份证件号码	□□□□□□□□□□□□
	姓名		身份证件类型		身份证件号码	□□□□□□□□□□□□
分摊方式*独生子女不需填写			□平均分摊　□赡养人约定分摊 □被赡养人指定分摊		本年度月扣除额	

六、大病医疗（仅限综合所得年度汇算清缴申报时填写）

较上次报送信息是否发生变化：	□首次报送　□无变化　□有变化（请填写发生变化项目的信息）					
患者一	姓名	身份证件类型	身份证件号码	与本人关系	□本人　□配偶 □未成年子女	□□□□□□
	医药费用总金额	个人负担金额				
患者二	姓名	身份证件类型	身份证件号码	与本人关系	□本人　□配偶 □未成年子女	□□□□□□
	医药费用总金额	个人负担金额				

需要在任职受雇单位预扣预缴工资、薪金所得个人所得税时享受专项附加扣除的，填写本栏

重要提示：当您填写本栏，表示您已同意该任职受雇单位使用本表信息为您办理专项附加扣除。

扣缴义务人名称		扣缴义务人识别号 （统一社会信用代码）	□□□□□□□□□□□□

本人承诺：我已仔细阅读了表说明，并根据《中华人民共和国个人所得税法》及其实施条例、《个人所得税专项附加扣除暂行办法》《个人所得税专项附加扣除操作办法（试行）》等相关法律法规规定填写本表。本人已就所填写内容的真实性、准确性、完整性负责。

纳税人签字：

年　月　日

代理机构签章：

代理人：

代理机构统一社会信用代码：

经办人签字：

经办人身份证件号码：

受理人：

受理税务机关（章）：

受理日期：　年　月　日

表6-14

个人所得税扣缴申报表

税款所属期：　　年　　月　　日至　　年　　月　　日

扣缴义务人名称：

扣缴义务人纳税人识别号（统一社会信用代码）：□□□□□□□□□□□□□□□□□□

金额单位：人民币元（列至角分）

列号	项目
1	序号
2	姓名
3	身份证件类型
4	身份证件号码
5	是否为非居民个人
6	所得项目
7	本月（次）情况 — 收入额计算 — 收入
8	费用
9	免税收入
10	减除费用
11	专项扣除 — 基本养老保险费
12	基本医疗保险费
13	失业保险费
14	住房公积金
15	其他扣除 — 年金
16	商业健康保险
17	税延养老保险
18	允许扣除的财产原值
19	允许扣除的税费
20	其他
21	累计情况（工资、薪金） — 累计收入
22	累计减除费用
23	累计专项扣除
24	累计专项附加扣除 — 子女教育
25	赡养老人
26	住房贷款利息
27	住房租金
28	继续教育
29	累计其他扣除
30	减按计税比例
31	准予扣除的捐赠额
32	应纳税所得额
33	税款计算 — 税率/预扣率
34	速算扣除数
35	应纳税额
36	减免税额
37	已缴税额
38	应补/退税额
39	备注
40	备注

谨声明：本扣缴申报表是根据国家税收法律法规及相关规定填报的，是真实的、可靠的、完整的。

扣缴义务人（签章）：

　　　　　　　　　　　　　年　　月　　日

代理机构签章：

代理机构统一社会信用代码：

经办人签字：

经办人身份证件号码：

受理人：

受理税务机关（章）：

受理日期：　　年　　月　　日

国家税务总局监制

表6-15　　　　　　　　　**个人所得税年度自行纳税申报表（A表）**

（仅取得境内综合所得年度汇算适用）

税款所属期：　　年　　月　　日至　　年　　月　　日

纳税人姓名：

纳税人识别号：□□□□□□□□□□□□□□□□□-□□　　金额单位：人民币元（列至角分）

基本情况				
手机号码		电子邮箱	邮政编码	□□□□□□
联系地址	_____省（区、市）_____市_____区（县）____街道（乡、镇）_____			

纳税地点（单选）	
1.有任职受雇单位的，需选本项并填写"任职受雇单位信息"：_____	□任职受雇单位所在地

任职受雇单位信息	名称	
	纳税人识别号	□□□□□□□□□□□□□□□□□□

2.没有任职受雇单位的，可以从本栏次选择一地：	□户籍所在地　　□经常居住地
户籍所在地/经常居住地	____省（区、市）____市___区（县）____街道（乡、镇）_____

申报类型（单选）
□首次申报　　　　　　　　□更正申报

综合所得个人所得税计算		
项目	行次	金额
一、收入合计（第1行=第2行+第3行+第4行+第5行）	1	
（一）工资、薪金	2	
（二）劳务报酬	3	
（三）稿酬	4	
（四）特许权使用费	5	
二、费用合计［第6行=（第3行+第4行+第5行）×20%］	6	
三、免税收入合计（第7行=第8行+第9行）	7	
（一）稿酬所得免税部分［第8行=第4行×（1-20%）×30%］	8	
（二）其他免税收入（附报《个人所得税减免税事项报告表》）	9	
四、减除费用	10	
五、专项扣除合计（第11行=第12行+第13行+第14行+第15行）	11	
（一）基本养老保险费	12	

续表

（二）基本医疗保险费	13	
（三）失业保险费	14	
（四）住房公积金	15	
六、专项附加扣除合计（附报《个人所得税专项附加扣除信息表》）（第16行=第17行+第18行+第19行+第20行+第21行+第22行）	16	
（一）子女教育	17	
（二）继续教育	18	
（三）大病医疗	19	
（四）住房贷款利息	20	
（五）住房租金	21	
（六）赡养老人	22	
七、其他扣除合计（第23行=第24行+第25行+第26行+第27行+第28行）	23	
（一）年金	24	
（二）商业健康保险（附报《商业健康保险税前扣除情况明细表》）	25	
（三）税延养老保险（附报《个人税收递延型商业养老保险税前扣除情况明细表》）	26	
（四）允许扣除的税费	27	
（五）其他	28	
八、准予扣除的捐赠额（附报《个人所得税公益慈善事业捐赠扣除明细表》）	29	
九、应纳税所得额（第30行=第1行-第6行-第7行-第10行-第11行-第16行-第23行-第29行）	30	
十、税率（%）	31	
十一、速算扣除数	32	
十二、应纳税额（第33行=第30行×第31行-第32行）	33	
全年一次性奖金个人所得税计算（无住所居民个人预判为非居民个人取得的数月奖金，选择按全年一次性奖金计税的填写本部分）		
一、全年一次性奖金收入	34	
二、准予扣除的捐赠额（附报《个人所得税公益慈善事业捐赠扣除明细表》）	35	
三、税率（%）	36	
四、速算扣除数	37	
五、应纳税额［第38行=（第34行-第35行）×第36行-第37行］	38	

续表

税额调整		
一、综合所得收入调整额（需在"备注"栏说明调整具体原因、计算方式等）	39	
二、应纳税额调整额	40	
应补/退个人所得税计算		
一、应纳税额合计（第41行=第33行+第38行+第40行）	41	
二、减免税额（附报《个人所得税减免税事项报告表》）	42	
三、已缴税额	43	
四、应补/退税额（第44行=第41行-第42行-第43行）	44	

无住所个人附报信息		
纳税年度内在中国境内居住天数	已在中国境内居住年数	

退税申请		
（应补/退税额小于0的填写本部分）		
□ 申请退税（需填写"开户银行名称""开户银行省份""银行账号"）		□ 放弃退税
开户银行名称	开户银行省份	
银行账号		

备注

　　谨声明：本表是根据国家税收法律法规及相关规定填报的，本人对填报内容（附带资料）的真实性、可靠性、完整性负责。

纳税人签字：　　　　年　月　日

经办人签字：	受理人：
经办人身份证件类型：	
经办人身份证件号码：	受理税务机关（章）：
代理机构签章：	
代理机构统一社会信用代码：	受理日期：　　年　月　日

国家税务总局监制

项目七
其他税的业务操作

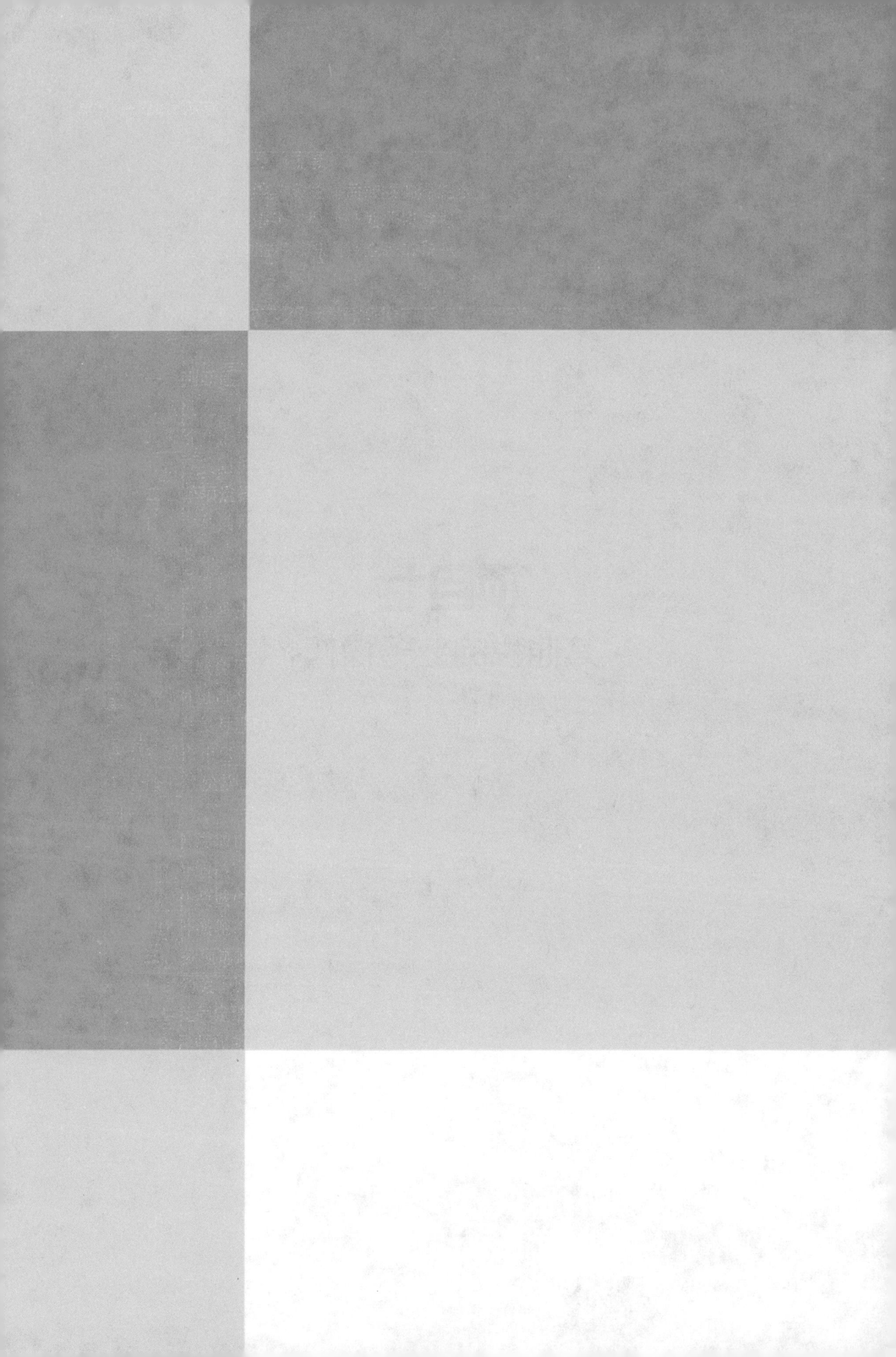

第一部分　重点难点提示

【知识点7-1】城市维护建设税基础知识

城市维护建设税（以下称城建税）是以纳税人实际缴纳的"二税"（增值税、消费税，下同）税额为计税依据而征收的一种税，是一种具有附加税性质的税种，按"二税"税额附加征收，其本身没有特定的、独立的课税对象。城建税的纳税人、税率和优惠政策见表7-1。

表7-1　城建税的纳税人、税率和优惠政策

要点	具体内容
纳税人	含义：城建税的纳税人是指负有缴纳"二税"义务的单位与个人
	说明：负有缴纳"二税"义务，不是说同时缴纳两种税才涉及缴纳城建税，而是指除特殊环节（进口）外，只要缴纳"二税"中的任何一种税，都会涉及城建税
税率	①市区：7%； ②县城、镇：5%； ③市区、县城、镇以外：1%。 说明：计征城建税一般选用纳税人所在地区的税率，但下列情况除外：①由受托方代扣代缴"二税"的纳税人，按受托方所在地税率计税；②流动经营等无固定纳税地点的纳税人，在经营地缴纳"二税"的，按经营地税率计税
优惠政策	随"二税"减免而减免：城建税按减免后实际缴纳的"二税"税额计征
	随"二税"退库而退库："二税"减免而需退库的，应同时退还城建税
	进口不征、出口不退：进口货物缴纳增值税和消费税，但不缴纳城建税；出口货物退还增值税和消费税，但不退还已缴纳的城建税
	其他：对"二税"实行先征后返、先征后退、即征即退办法的，对随"二税"附征的城建税，一律不予退还

【技能点7-1】城市维护建设税应纳税额的计算及会计核算

城建税的计税依据、应纳税额的计算及会计核算见表7-2。

表7-2　　　　　　　　城建税的计税依据、应纳税额的计算及会计核算

要点	具体内容
计税依据	一般规定：实际缴纳的"二税"税额
	特殊规定： ①纳税人在被查补"二税"和被处以罚款时，应同时对其城建税进行补税、征收滞纳金和罚款； ②纳税人违反"二税"有关规定而加收的滞纳金和罚款不作为城建税的计税依据
应纳税额的计算	纳税人自行缴纳时：应纳税额=实际缴纳的"二税"总额×适用税率 扣缴义务人扣缴时：应扣缴税额=实际扣缴"二税"总额×扣缴义务人所在地税率
会计核算	计提城建税时： 借：税金及附加 　　贷：应交税费——应交城市维护建设税

【技能点7-2】城市维护建设税的纳税申报

纳税人缴纳增值税、消费税的纳税环节、地点和纳税期限，同时也是城建税的纳税环节、地点和纳税期限。

【知识点7-2】印花税基础知识

印花税是对经济活动和经济交往中书立、使用、领受具有法律效力的凭证的单位和个人征收的一种行为税。印花税的纳税人、征税范围、税率和优惠政策见表7-3。

表7-3　　　　　　　　印花税的纳税人、征税范围、税率和优惠政策

要点	具体内容
纳税人	含义：是指在我国境内书立、使用、领受印花税法所列举的应税凭证的单位和个人
	具体包括：书立、使用、领受应税凭证的单位和个人，分别为立合同人、立据人、立账簿人、领受人、使用人和各类电子应税凭证的签订人
征税范围	合同：借款合同、购销合同、建筑安装工程承包合同、技术合同、加工承揽合同、建筑工程勘察设计合同、货物运输合同、财产租赁合同、财产保险合同、仓储保管合同。 书据：产权转移书据，即财产所有权和版权、商标专用权、专利权、专有技术使用权等转移书据。 账簿：营业账簿，即生产、经营用账册。 证照：权利许可证照，包括房屋产权证、营业执照、土地使用证、商标注册证、专利证

续表

要点	具体内容
税率	①借款合同：0.05‰。 ②购销合同、建筑安装工程承包合同、技术合同：0.3‰。 ③加工承揽合同、建筑工程勘察设计合同、货物运输合同：0.5‰。 ④财产租赁合同、财产保险合同、仓储保管合同：1‰。 ⑤书据：0.5‰。 ⑥账簿：记载金额的账簿按"实收资本""资本公积"账户两项合计金额的万分之五贴花（自2018年5月1日起减半征收），其他按件每件贴花5元（自2018年5月1日起免征）。 ⑦证照：每件5元
优惠政策	下列凭证免征印花税： ①国家指定的收购部门与村民委员会、农民个人书立的农副产品收购合同。 ②无息、贴息贷款合同。 ③外国政府或国际金融组织向我国政府及国家金融机构提供优惠贷款所书立的合同。 ④房地产管理部门与个人签订的用于生活居住的租赁合同。 ⑤农牧业保险合同。 ⑥特殊的货运凭证，如军需物资运输凭证、抢险救灾物资运输凭证。 ⑦自2018年11月1日至2020年12月31日，金融机构与小型、微型企业签订的借款合同免税。 ⑧自2018年5月1日起，对纳税人设立的资金账簿按实收资本和资本公积合计金额征收的印花税减半，对按件征收的其他账簿免征印花税
	财产所有者将财产赠给政府、社会福利机构、学校所书立的书据免税
	已缴纳印花税的凭证的副本或抄本免税

【技能点7-3】印花税应纳税额的计算及会计核算

印花税的计税依据、应纳税额的计算及会计核算见表7-4。

表7-4　　　　　印花税的计税依据、应纳税额的计算及会计核算

要点	具体内容
计税依据	合同：借款合同按借款金额；购销合同按购销金额；建筑安装工程承包合同按承包金额；技术合同按所载金额；加工承揽合同按加工或承揽收入；建筑工程勘察设计合同按收取费用；货物运输合同按运输费用；财产租赁合同按租赁金额；财产保险合同按保险费收入；仓储保管合同按仓储保管费用
	书据：产权转移书据按所载金额
	账簿：记载金额的账簿按"实收资本""资本公积"账户两项合计金额，其他按件计
	证照：按件计
应纳税额的计算	从价计征：应纳税额=应税凭证计税金额×适用税率
	从量计征：应纳税额=应税凭证件数×适用税额
会计核算	企业缴纳的印花税由纳税人自行计算、购买、贴花和注销，不形成税款债务，所以不需要通过"应交税费"科目进行核算，会计分录为： 借：税金及附加 　　贷：银行存款

【技能点7-4】印花税的纳税申报

印花税根据税收征收管理的需要，分自行贴花、汇贴或汇缴、委托代征的方法，具体见表7-5。

表7-5　　　　　　　　　　　　　印花税的征收管理

项　目		具体内容
纳税方法	自行贴花	"三自"纳税办法：即纳税人自算、自购、自贴并注销的办法
	汇贴	一份凭证的应纳税额超过500元的，用缴款书或完税凭证缴纳
	汇缴	同一类凭证频繁贴花的，可按1个月的期限汇总缴纳
	委托代征	税务机关委托经由发放或办理应税凭证的单位代为征收印花税款
纳税环节		书立领受时、合同签订时、账簿启用时、证照领受时
纳税地点		就地纳税

【知识点7-3】城镇土地使用税基础知识

城镇土地使用税是对城市、县城、建制镇和工矿区范围内使用土地的单位和个人，按实际占用土地面积所征收的一种税。其纳税人、征税范围、税率和优惠政策见表7-6。

表7-6　　　　　　城镇土地使用税的纳税人、征税范围、税率和优惠政策

要点	具体内容
纳税人	纳税人是指在我国境内城市、县城、建制镇范围内使用土地的单位和个人 ①拥有土地使用权的单位和个人，以拥有人为纳税人； ②拥有土地使用权的纳税人不在土地所在地的，以土地的代管人或实际使用人为纳税人； ③土地使用权未确定或权属纠纷未解决的，以实际使用人为纳税人； ④土地使用权为多方共有的，共有各方均为纳税人
征税范围	征税对象是土地。征税范围为城市、县城、建制镇范围内的国家所有和集体所有的土地，不包括农村集体所有的土地
税率	实行有幅度的差别税额，按大、中、小城市和县城、建制镇、工矿区分别规定每平方米城镇土地使用税年应纳税额
优惠政策	①国家机关、人民团体、军队自用的土地； ②由国家财政部门拨付事业经费的单位自用土地； ③宗教寺庙、公园、名胜古迹自用的土地； ④市政街道、广场、绿化地带等公共用地； ⑤直接用于农、林、牧、渔业的生产用地； ⑥经批准开山填海整治的土地和改造的废弃土地，从使用之月起免交城镇土地使用税5年至10年； ⑦非营利性医疗机构、疾病控制机构和妇幼保健机构自用的土地； ⑧企业办学校、医院、托儿所、幼儿园能明确区分的土地； ⑨免税单位无偿使用纳税单位的土地； ⑩其他符合免税规定的土地

【技能点7-5】城镇土地使用税应纳税额的计算及会计核算

城镇土地使用税的计税依据、应纳税额的计算及会计核算见表7-7。

表7-7 城镇土地使用税的计税依据、应纳税额的计算及会计核算

要点	具体内容
计税依据	城镇土地使用税以纳税人实际占用的土地面积为计税依据，土地面积计量标准为每平方米，按下列办法确定： ①省、自治区、直辖市人民政府确定的单位组织测定的土地面积； ②尚未组织测量，但持有政府部门核发的土地使用证书的，为证书确认的土地面积； ③尚未核发土地使用证书的，应由纳税人据实申报土地面积，据以纳税，待核发土地使用证以后再作调整
应纳税额的计算	全年应纳税额=实际占用应税土地面积（平方米）×适用税额
会计核算	借：税金及附加 　　贷：应交税费——应交城镇土地使用税

【技能点7-6】城镇土地使用税的纳税申报

城镇土地使用税的征收管理见表7-8。

表7-8 城镇土地使用税的征收管理

项目	具体内容
纳税义务发生时间	①纳税人购置新建商品房，自房屋交付使用之次月起，缴纳城镇土地使用税。 ②纳税人购置存量房，自办理房屋权属转移、变更登记手续，房地产权属登记机关签发房屋权属证书之次月起，缴纳城镇土地使用税。 ③纳税人出租出借房产，自交付出租、出借房产之次月起缴纳城镇土地使用税。 ④纳税人新征用的耕地，自批准征用之日起满1年时开始缴纳城镇土地使用税。 ⑤纳税人新征用的非耕地，自批准征用次月起缴纳城镇土地使用税。 ⑥纳税人以出让或转让方式有偿取得城镇土地使用权的，应由受让方从合同约定交付土地时间的次月起缴纳城镇土地使用税；合同未约定交付时间的，由受让方从合同签订的次月起缴纳城镇土地使用税
纳税期限	城镇土地使用税实行按年计算、分期缴纳的征收方法，具体纳税期限由省、自治区、直辖市人民政府确定
纳税地点	①在土地所在地缴纳。 ②使用的土地不属于同一省、自治区、直辖市管辖的，由纳税人分别向土地所在地的税务机关申报缴纳；在同一省、自治区、直辖市管辖范围内的，纳税人跨地区使用土地，其纳税地点由各省、自治区、直辖市税务机关确定

【知识点7-4】房产税基础知识

房产税是依据房产价值或房产租金收入向房产所有人或经营人征收的一种税。其纳税人、征税范围、税率和优惠政策见表7-9。

表7-9   房产税的纳税人、征税范围、税率和优惠政策

要点	具体内容
纳税人	含义：以在征税范围内的房屋所有人为纳税人，包括产权所有人、房产承典人、房产代管人或使用人
	具体规定： ①产权属于国家的，经营管理单位为纳税人。 ②产权属于集体和个人所有的，集体和个人为纳税人。 ③产权出典的，承典人为纳税人。 ④产权所有人、承典人不在房产所在地的，或者产权未确定及租典纠纷未解决的，房产代管人或使用人为纳税人
征税范围	征税范围为城市、县城、建制镇和工矿区范围内的房产。不包括农村房屋。 具备房屋功能的地下建筑，包括与地上房屋相连的地下建筑以及完全建在地面以下的建筑、地下人防设施等，均应当依照有关规定征收房产税
税率	采用比例税率，分为从价计征和从租计征两种形式：采用从价计征的，税率为1.2%；采用从租计征的，税率为12%。对个人按市场价格出租的居民住房，暂减按4%的税率征收房产税
优惠政策	①国家机关、人民团体、军队自用的房产免税。 ②由国家财政部门拨付经费的单位，其自身业务范围内使用的房产免税。 ③宗教寺庙、公园、名胜古迹自用的房产免税。 ④个人所有非营业用的房产免税（房产税试点地区除外）。 ⑤经财政部批准免税的其他房产

【技能点7-7】房产税应纳税额的计算及会计核算

房产税的计税依据、应纳税额的计算及会计核算见表7-10。

表7-10   房产税的计税依据、应纳税额的计算及会计核算

要点	具体内容
计税依据	从价计征：房产余值=房产原值×（1-减除比例）
	从租计征：房产不含增值税的租金收入，即出租房产使用权所得的报酬，包括货币收入和实物收入
应纳税额的计算	从价计征：应纳税额=应税房产原值×（1-扣除比例）×1.2%（计算结果为年税额） 从租计征：应纳税额=租金收入×12%（计算结果期限由租金决定）
会计核算	计提房产税时： 借：税金及附加 　　贷：应交税费——应交房产税

【技能点7-8】房产税的纳税申报

房产税实行按年计算、分期缴纳的征税方法，其征收管理见表7-11。

表7-11　　　　　　　　　　　房产税的征收管理

项目	具体内容
纳税义务发生时间	①纳税人将原有房产用于生产经营的，从生产经营之月起，计征房产税。 ②纳税人自行新建房屋用于生产经营的，自建成之次月起，计征房产税。 ③纳税人委托施工企业建设的房屋，从办理验收手续之次月起，计征房产税。 ④纳税人购置新建商品房，自房屋权属交付使用之次月起计征房产税。 ⑤纳税人购置存量房，自办理房屋权属转移、变更登记手续，房地产权属登记机关签发房屋权属证书之次月起计征房产税。 ⑥纳税人出租、出借房产，自交付出租、出借房产之次月起计征房产税。 ⑦纳税人是房地产开发企业的，其自用、出租、出借本企业建造的商品房，自房屋使用或者交付之次月起计征房产税
纳税期限	实行按年计算、分期缴纳的征税方法，具体纳税期限由各省、自治区、直辖市人民政府确定
纳税地点	纳税地点为房产所在地。房产不在同一地方的纳税人，应按房产的坐落地点分别向房产所在地的税务机关纳税

【知识点7-5】车船税基础知识

车船税是指对在中华人民共和国境内的车辆、船舶依法征收的一种税。其纳税人、征税对象、税率和优惠政策见表7-12。

表7-12　　　　　　　车船税的纳税人、征税对象、税率和优惠政策

要点	具体内容
纳税人	含义：是指我国境内车辆、船舶（以下简称车船）的所有人或管理人。所有人是指在我国境内拥有车船的单位和个人；管理人是指对车船具有管理权或使用权的单位。车辆的所有人或者管理人未缴纳车船税的，使用人应当代为缴纳车船税
征税对象	车辆：是指机动车，即依靠燃油、电力等能源作为动力运行的车辆，包括乘用车、商用客车、商用货车、挂车、摩托车、专项作业车和轮式专用机械车。 船舶：指机动船、非机动驳船和游艇。机动船包括客船、货船、气垫船、拖船等；非机动驳船是指依靠其他力量运行的驳船
税率	采用幅度定额税率
优惠政策	法定减免的车船： ①拖拉机。 ②捕捞、养殖渔船。 ③军队、武警部队专用的车船。 ④警用车船。 ⑤依法予以免税的外国驻华使馆、领事馆和国际组织驻华机构及其有关人员的车船 特定减免的车船： ①对节约能源的车辆，减半征收车船税；对使用新能源的车辆，免征车船税。 ②对受严重自然灾害影响纳税困难以及有其他特殊原因确需减、免的，可以减征或免征车船税。 ③省、自治区、直辖市人民政府根据当地实际情况，可以对公共交通车船，农村居民拥有并主要在农村地区使用的摩托车、三轮汽车和低速载货汽车定期减征或免征车船税

【技能点7-9】车船税应纳税额的计算及会计核算

车船税的计税依据、应纳税额的计算及会计核算见表7-13。

表7-13　　　　　　车船税的计税依据、应纳税额的计算及会计核算

要点	具体内容
计税依据	乘用车、商用客车、摩托车按辆计税
	商用货车、挂车、专业作业车、轮式专用机械车按整备质量吨位计税
	机动船舶按净吨位计税，拖船按照发动机功率每1千瓦折合净吨位0.67吨计税
	游艇按艇身长度米计税
应纳税额的计算	基本公式：年应纳税额=计税依据×适用税率 新车船购置当年的应纳税额自纳税义务发生的当月起按月计算。计算公式为： 应纳税额=（年应纳税额÷12）×应纳税月份数
会计核算	计提车船税时： 借：税金及附加 　　贷：应交税费——应交车船税

【技能点7-10】车船税的纳税申报

从事机动车交通事故责任强制保险业务的保险机构为机动车车船税的扣缴义务人。车船税的征收管理见表7-14。

表7-14　　　　　　　　　车船税的征收管理

项目	具体内容
纳税义务发生时间	车船管理部门核发的车船登记证书或者行驶证书所载日期的当月；未办理登记的，以车船购置发票开具时间的当月为准；未办理登记且无法提供购置发票的，由主管税务机关核定纳税义务发生时间
纳税期限	按年申报，分月计算，具体纳税期限由省、自治区、直辖市人民政府确定
纳税地点	纳税地点为车船登记地或者车船税扣缴义务人所在地；依法不需要办理登记的车船，纳税地点为车船所有人或者管理人所在地

【知识点7-6】契税基础知识

契税是指国家在土地、房屋权属转移时，按照当事人双方签订的合同（契约）以及所确定价格的一定比例，向权属承受人征收的一种税。其纳税人、征税对象、税率和优

惠政策见表7-15。

表7-15　　　　　　　　契税的纳税人、征税对象、税率和优惠政策

要点	具体内容
纳税人	是指在我国境内承受土地、房屋权属转移的单位和个人
征税对象	以在我国境内转移土地、房屋权属的行为作为征税对象，土地、房屋权属未发生转移的，不征收契税，具体包括国有土地使用权出让、土地使用权转让、房屋买卖、房屋赠与和房屋交换等行为
税率	采用幅度比例税率3%～5%
优惠政策	①国家机关、事业单位、社会团体、军事单位承受土地、房屋用于办公、教学、医疗、科研和军事设施的，免征契税； ②城镇职工按规定第一次购买公有住房的，免征契税； ③因不可抗力灭失住房而重新购买住房的酌情减征或者免征契税； ④土地、房屋被县级以上人民政府征用、占用后，重新承受土地、房屋权属的，由省级人民政府确定是否减免； ⑤承受荒山、荒沟、荒丘、荒滩土地使用权，并用于农、林、牧、渔业生产的，免征契税； ⑥符合条件的其他方面

【技能点7-11】契税应纳税额的计算及会计核算

契税的计税依据、应纳税额的计算及会计核算见表7-16。

表7-16　　　　　　　契税的计税依据、应纳税额的计算及会计核算

要点	具体内容
计税依据	以成交价格计税：国有土地使用权出让、土地使用权出售、房屋买卖。 提示："营改增"后，契税的计税依据为不含增值税的成交价格
	征收机关参照市价核定：土地使用权和房屋赠与
	以差价计税：土地使用权和房屋交换
	以补交的出让费用或土地收益计税：以划拨方式取得土地使用权的，经批准转让时
应纳税额的计算	应纳税额=计税依据×适用税率
会计核算	计提契税时作如下分录： 借：固定资产、开发成本、无形资产等 　　贷：应交税费——应交契税 也可不计提，支付时直接计入成本

【技能点7-12】契税的纳税申报

契税的征收管理见表7-17。

表7-17   契税的征收管理

项目	具体内容
纳税义务发生时间	纳税人签订土地、房屋权属转移合同的当天，或者纳税人取得其他具有土地、房屋权属转移合同性质凭证的当天
纳税期限	纳税义务发生之日起10日内
纳税地点	土地、房屋所在地的征收机关

【知识点7-7】土地增值税基础知识

土地增值税是对有偿转让国有土地使用权、地上建筑物及其他附着物（以下简称房地产）并取得收入的单位和个人，就其转让房地产所取得的增值额征收的一种税。其纳税人、征税范围、税率和优惠政策见表7-18。

表7-18   土地增值税的纳税人、征税范围、税率和优惠政策

要点	具体内容
纳税人	转让房地产并取得收入的单位和个人
征税范围	包括转让国有土地使用权和连同国有土地使用权一并转让的地上建筑物及其附着物。必须同时满足以下3条标准：土地使用权必须是国家所有；产权必须发生转让；必须取得转让收入
税率	实行四级超率累进税率，这是我国唯一一个采用超率累进税率的税种
优惠政策	①纳税人建造普通标准住宅出售，增值额未超过扣除项目金额20%的，免征土地增值税；增值额超过扣除项目金额20%的，应就其全部增值额按规定计税。②因国家建设需要依法征用、收回的房地产，免征土地增值税。③个人拥有的普通住宅，在其转让时暂免征收土地增值税；个人因工作调动或改善居住条件而转让非普通住宅，经向税务机关申报核准，凡居住满5年或5年以上的，免征土地增值税；居住满3年未满5年的，减半征收土地增值税；居住未满3年的，按规定征收土地增值税

【技能点7-13】土地增值税应纳税额的计算及会计核算

一、土地增值税计税依据的确定

土地增值税的计税依据是纳税人转让房地产所取得的增值额，其计算公式如下：

增值额=转让房地产取得的收入（即应税收入）-扣除项目金额

应税收入是指纳税人转让房地产的全部价款及有关的经济收益，包括货币收入、实物收入和其他收入。

注意："营改增"后，转让房地产取得的应税收入为不含增值税收入。

扣除项目金额的确定见表7-19。

表7-19   土地增值税计税依据中的扣除项目

转让项目	扣除项目名称	扣除项目内容
新建房地产项目转让	①取得土地使用权所支付的金额	地价款、出让金及按国家规定缴纳的有关费用
	②房地产开发成本	包括土地征用及拆迁补偿费、前期工程费、建筑安装工程费、基础设施费、公共配套设施费、开发间接费用等
	③房地产开发费用	指与房地产开发项目有关的财务费用。该项目不按实际发生额扣除，而是按税法的规定标准计算扣除
	④与转让房地产有关的税金	转让房地产时缴纳的城建税、印花税、教育费附加（涉及的增值税进项税额，允许在销项税额中计算抵扣的，不计入扣除项目，不允许在销项税额中计算抵扣的，可以计入扣除项目）
	⑤其他扣除项目	对房地产企业可加计扣除：加计扣除费用=（取得土地使用权所支付的金额+房地产开发成本）×20%
旧房及建筑物转让	①房屋及建筑物的评估价格，评估价格=重置成本价×成新度折扣率；②取得土地使用权所支付的地价款及缴纳的有关费用；③转让环节缴纳的税金（城建税、印花税、教育费附加）	
土地使用权转让	①取得土地使用权所支付的地价款和缴纳的有关费用；②转让环节缴纳的税金（城建税、印花税、教育费附加）	

二、土地增值税应纳税额的计算及会计核算

土地增值税应纳税额的计算及会计核算见表7-20。

表7-20   土地增值税应纳税额的计算及会计核算

要点	具体内容
应纳税额的计算	土地增值税应纳税额的计算步骤如下： 第一步，计算增值额。增值额=转让收入-扣除项目金额 第二步，计算增值率。增值率=增值额÷扣除项目金额×100% 第三步，确定适用税率和速算扣除系数。 第四步，计算应纳税额。 应纳税额=$\sum$（每级距增值额×适用税率） 或 =增值额×适用税率-扣除项目金额×速算扣除系数
会计核算	房地产企业计提时作如下分录： 借：税金及附加 　　贷：应交税费——应交土地增值税 其他企业发生时作如下分录： 借：固定资产清理 　　贷：应交税费——应交土地增值税

【技能点7-14】土地增值税的纳税申报

土地增值税的征收管理见表7-21。

表7-21　　　　　　　　　　　土地增值税的征收管理

项　目	具体内容
纳税期限	纳税人应在转让房地产合同签订后的7日内，到房地产所在地主管税务机关办理纳税申报
纳税地点	基本原则：房地产所在地。 ①法人纳税人。转让的房地产坐落地与其机构所在地一致的，以办理税务登记的原管辖税务机关为纳税地点；不一致的，以房地产坐落地所管辖的税务机关为纳税地点。 ②自然人纳税人。转让的房地产坐落地与其居住所在地一致的，以住所所在地税务机关为纳税地点；不一致的，以办理过户手续所在地税务机关为纳税地点

【知识点7-8】资源税基础知识

　　资源税是对在我国领域及管辖海域从事应税矿产品开采或生产盐的单位和个人征收的一种税。其纳税人、扣缴义务人、征税范围、税率和优惠政策见表7-22。

表7-22　　　　　　　资源税的纳税人、征税范围、税率和优惠政策

要点	具体内容
纳税人	纳税人为在我国领域及管辖海域开采应税矿产品或生产盐的单位和个人
扣缴义务人	收购未税矿产品的单位为资源税的扣缴义务人，包括独立矿山、联合企业和其他收购未税矿产品的单位
征税范围	矿产品：包括原油（天然原油）；天然气；煤炭（原煤）；其他非金属矿原矿、精矿；金属矿原矿、精矿
	盐：包括固体盐和液体盐
税率	幅度比例税率：原油，天然气，煤炭，除个别定额税率以外的非金属矿原矿、精矿，金属矿原矿、精矿
	幅度定额税率：黏土、砂石等个别应税产品
优惠政策	（1）原油、天然气资源税优惠政策：①对油田范围内运输稠油过程中用于加热的原油、天然气免征资源税；②对稠油、高凝油和高含硫天然气资源税减征40%；③对三次采油资源税减征30%；④对低丰度油气田资源税暂减征20%；⑤对深水油气田资源税减征30%。 （2）对符合条件的采用充填开采方式采出的矿产资源，资源税减征50%；对符合条件的衰竭期矿山开采的矿产资源，资源税减征30%。 （3）对鼓励利用的低品位矿、废石、尾矿、废渣、废水、废气等提取的矿产品，由省级人民政府根据实际情况确定是否减税或免税并制定具体办法。 （4）纳税人开采或生产应税产品过程中，因意外事故或自然灾害等原因遭受重大损失的，由省、自治区、直辖市人民政府酌情决定减税或免税。 （5）国务院规定的其他减税、免税项目

【技能点7-15】资源税应纳税额的计算及会计核算

资源税的计税依据、应纳税额的计算及会计核算见表7-23。

表7-23 资源税的计税依据、应纳税额的计算及会计核算

要点	具体内容
计税依据	计税销售额的确定：销售额为纳税人销售应税产品向购买方收取的全部价款和价外费用，但不包括收取的增值税销项税额和运杂费
	课税数量的确定：①凡直接对外销售的，以实际销售数量为课税数量；②凡产品自用的，以移送自用数量为课税数量；③不能准确提供应税产品销售数量的，以应税产品的产量或者主管税务机关确定的折算比换算成的数量为计征资源税的销售数量
应纳税额的计算	实行从价计征的，其应纳税额计算公式为： 应纳税额=计税销售额×适用税率 实行从量计征的，其应纳税额计算公式为： 应纳税额=课税数量×定额税率
会计核算	自产销售计提资源税时： 借：税金及附加 　　贷：应交税费——应交资源税 自产自用计提资源税时： 借：生产成本等 　　贷：应交税费——应交资源税

【技能点7-16】资源税的纳税申报

资源税的征收管理见表7-24。

表7-24 资源税的征收管理

项目	具体内容
纳税义务发生时间	自产销售： 分期收款的，为销售合同规定的收款日期的当天； 预收货款的，为发出应税产品的当天； 其他方式的，为收讫销售款或者取得索取销售款凭据的当天
	自产自用：移送使用应税产品的当天
	代扣代缴：支付货款的当天
纳税期限	①纳税期限为1日、3日、5日、10日、15日或1个月，不能按固定期限计算纳税的，可以按次计算纳税。 ②以1个月为一期纳税的，自期满之日起10日内申报纳税；以1日、3日、5日、10日或15日为一期纳税的，自期满之日起5日内预缴税款，于次月1日起10日内申报纳税并结清上月税款
纳税地点	①应税产品的开采或者生产所在地。 ②跨省开采且其下属生产单位与核算单位不在同一省、自治区、直辖市的，一律在开采地或者生产地纳税，其应纳税款独立核算的单位按照开采地或者生产地的销售量（额）及适用税率计算划拨

第二部分　职业判断能力训练

【知识点7-1】城市维护建设税基础知识

一、判断题

1.由受托方代收代缴消费税的，其应代收代缴的城市维护建设税应按委托方所在地的适用税率计算。　　　　　　　　　　　　　　　　　　　　　　　　（　　　）

2.海关对进口产品代征的增值税、消费税，不征收城市维护建设税。　（　　　）

3.减免增值税、消费税的同时也减免了城市维护建设税和教育费附加。（　　　）

二、单项选择题

1.城市维护建设税纳税人所在地在县城、镇的，其适用的城市维护建设税税率是（　　　）。

　　A.7%　　　　　　　B.5%　　　　　　　C.3%　　　　　　　D.1%

2.下列对城市维护建设税的表述中，不正确的是（　　　）。

　　A.城市维护建设税是一种附加税

　　B.税款专门用于城市的公用事业和公用设施的维护建设

　　C.外商投资企业和外国企业不征收城市维护建设税

　　D.海关对进口产品代征增值税、消费税、城市维护建设税

3.设在县城的B企业按税法的规定代收代缴设在市区的A企业的消费税，则下列处理中正确的是（　　　）。

　　A.由B企业按5%的税率代征代扣城建税

　　B.由A企业按5%的税率回所在地缴纳城建税

　　C.由B企业按7%的税率代征代扣城建税

　　D.由A企业按7%的税率自行缴纳城建税

三、多项选择题

1.下列各项中，符合城市维护建设税规定的有（　　　）。

　　A.缴纳增值税、消费税的企业都应缴纳城市维护建设税

　　B."二税"实行先征后返方法而进行退库的，可同时退还城市维护建设税

　　C.对出口产品退还增值税、消费税的，不退还城市维护建设税

　　D.海关对进口产品代征的增值税、消费税，不征收城市维护建设税

2.城建税的税收减免规定有（　　　）。

　　A.随"二税"的减免而减免

　　B.随"二税"的退库而退库

　　C.按减免"二税"后实际缴纳的税额计征

D.个别缴纳城建税有困难的，由税务局批准给予减免

3.下列情况中，属于城市维护建设税征税范围的有（　　）。

A.外商投资企业

B.外国企业

C.海关对进口产品代征的增值税、消费税

D.缴纳增值税的交通运输企业

【技能点7-1】城市维护建设税应纳税额的计算及会计核算

一、判断题

1.纳税人违反增值税、消费税法规而加收的滞纳金和罚款，是税务机关对纳税人违法行为的经济制裁，不作为城市维护建设税的计税依据。（　　）

2.出口货物退还增值税和消费税时，不退还已缴纳的城市维护建设税。（　　）

3.纳税人在被查补"二税"和被处罚款时，不再对其偷漏的城市维护建设税进行补税和罚款。（　　）

二、单项选择题

1.城市维护建设税的计税依据是（　　）。

A.增值税、消费税的计税依据

B.印花税、增值税的计税依据

C.纳税人实际缴纳的增值税、消费税税额

D.纳税人实际缴纳的增值税、车船税税额

2.某纳税人当月应缴纳增值税2万元，减免1万元，补缴上月漏缴的增值税0.5万元。本月应缴纳城市维护建设税（　　）万元。（城建税税率为7%）

A.0.14　　　　　B.0.07　　　　　C.0.175　　　　　D.0.105

3.某县城一生产企业为增值税一般纳税人。本期进口材料一批，向海关缴纳进口环节增值税10万元；本期在国内销售甲产品缴纳增值税30万元、消费税50万元，由于缴纳消费税时超过纳税期限10天，被罚滞纳金1万元；本期出口乙产品，按规定退回增值税5万元。则企业应缴纳的城市维护建设税为（　　）万元。

A.1.2　　　　　B.2.5　　　　　C.4　　　　　D.4.5

三、多项选择题

1.下列各项中，符合城市维护建设税计税依据规定的有（　　）。

A.偷逃消费税而被查补的税额　　　　B.偷逃消费税而加收的滞纳金

C.出口货物免抵的增值税税额　　　　D.出口产品征收的消费税税额

2.纳税人的下列支出，不得作为城建税计税依据的有（　　）。

A.查补的"二税"税额　　　　B.偷漏"二税"被处的罚款支出

C.欠缴"二税"支付的滞纳金　　　　D.被查补的城建税税额

3.下列各项中，属于城市维护建设税计税依据的有（　　）。

A.应纳"二税"税额

B.纳税人滞纳"二税"而加收的滞纳金

C.纳税人偷逃"二税"被处的罚款

D.纳税人偷逃"二税"被查补的税款

【技能点7-2】城市维护建设税的纳税申报

一、判断题

1.纳税人直接缴纳"二税"的，在缴纳"二税"地缴纳城市维护建设税。（   ）

2.跨省开采的油田，其城市维护建设税一并由核算单位就地缴纳。（   ）

3.教育费附加的纳税义务发生时间和纳税期限与"二税"一致。（   ）

二、单项选择题

1.位于某县城的酿酒厂为某大城市一家企业加工一批白酒，则该酒厂所代收代缴城建税的纳税地点应与其代收代缴（   ）的纳税地点相同。

A.增值税　　　　B.消费税　　　　C.个人所得税　　　D.企业所得税

2.下列各项中，不符合城市维护建设税规定的是（   ）。

A.只要缴纳增值税、消费税的企业都应缴纳城市维护建设税

B.因减免税而需进行"二税"退库的，可同时退还城市维护建设税

C.对出口产品退还增值税、消费税的，不退还城市维护建设税

D.海关对进口产品代征的增值税、消费税，不征收城市维护建设税

3.某市市区某企业无故拖欠当年应缴纳的增值税20万元，经税务人员检查后，补缴了拖欠的税款，同时加收了滞纳金500元（滞纳5天），下列该企业的相关处理中正确的是（   ）。

A.补缴城市维护建设税14 000元

B.补缴城市维护建设税的滞纳金28元

C.补缴城市维护建设税14 000元，滞纳金35元

D.补缴城市维护建设税14 000元，滞纳金140元

三、多项选择题

1.下列关于城市维护建设税纳税地点的表述中，正确的有（   ）。

A.无固定纳税地点的个人，为户籍所在地

B.代收代缴"二税"的单位，为税款代收地

C.代扣代缴"二税"的个人，为税款代扣地

D.取得管道输油收入的单位，为管道机构所在地

2.下列各项中，符合城市维护建设税征收管理有关规定的有（   ）。

A.海关对进口产品代征的增值税、消费税，征收城市维护建设税

B.海关对进口产品代征的增值税、消费税，不征收城市维护建设税

C.海关对出口产品退还增值税、消费税的，不退还已缴纳的城市维护建设税

D.海关对进口产品退还增值税、消费税的，退还已缴纳的城市维护建设税

3.下列各项中，不缴纳城建税的有（　　　）。

A.外商缴纳的消费税

B.某内资企业本月进口货物海关代征的增值税

C.某服务性内资企业本年直接免征增值税

D.某内资企业出口货物经批准免抵的增值税

【知识点7-2】印花税基础知识

一、判断题

1.凡是由两方或两方以上当事人共同书立的应税凭证，其当事人各方都是印花税的纳税人，应各自就其所持凭证的计税金额全额完税。（　　　）

2.对于在国外书立、领受，但在国内使用的应税凭证，其纳税人是该凭证的使用人。（　　　）

3.立合同人是指合同的当事人，即指对凭证有直接权利义务关系的单位和个人，但不包括合同的担保人、证人、鉴定人。（　　　）

二、单项选择题

1.下列各项中，不属于印花税征税范围的是（　　　）。

A.企业签订的融资租赁合同　　　　B.企业领取的营业执照

C.企业签订的借款合同　　　　　　D.企业填制的限额领料单

2.下列不属于印花税纳税人的是（　　　）。

A.购货合同的保证人

B.在国外书立、在国内使用技术合同的单位

C.购货合同的当事人

D.借款合同的双方当事人

3.权利许可证照适用的税率是（　　　）。

A.比例税率　　　　B.累进税率　　　　C.定额税率　　　　D.累退税率

三、多项选择题

1.下列各项中，属于按每件5元定额征收印花税的权利许可证照的有（　　　）。

A.商标注册证　　　B.专利证　　　　C.土地使用证　　　D.营业执照

2.印花税的征税对象包括（　　　）。

A.合同或具有合同性质的凭证　　　　B.产权转移书据

C.营业账簿　　　　　　　　　　　　D.权利许可证照

3.根据印花税暂行条例的规定，下列凭证中免征印花税的有（　　　）。

A.购销合同副本　　　B.易货合同　　　　C.房屋产权证　　　D.农牧业保险合同

【技能点7-3】印花税应纳税额的计算及会计核算

一、判断题

1.甲公司与乙公司签订一份加工合同，甲公司提供价值30万元的辅助材料并收取加工费25万元，乙公司提供价值100万元的原材料，则甲公司应缴纳印花税275元。

（　　）

2.现行税法规定，财产所有人将财产赠送给政府、社会团体、学校、社会福利单位所立书据免征印花税。（　　）

3.某施工单位将自己承包建设项目中的安装工程部分又转包给了其他单位，其转包部分在总承包合同中已缴纳印花税，转包时不必再次贴花纳税。（　　）

二、单项选择题

1.甲公司与乙公司签订了一份购销合同，合同所载金额为6 000万元，双方各执一份，印花税税率为0.3‰，则甲、乙公司各应缴纳印花税（　　）万元。

A.3.5　　　　　　B.1.8　　　　　　C.0.9　　　　　　D.3.2

2.甲、乙双方签订房屋租赁合同一份，租赁期为3个月，月租金为200元，则甲、乙各自应缴纳印花税（　　）元。

A.0.20　　　　　B.0.60　　　　　C.1　　　　　　D.5

3.某电厂与某水运公司签订一份运输保管合同，合同载明的费用为500 000元（运费和保管费未分别记载），则该项合同双方各自应缴纳印花税（　　）元。

A.500　　　　　B.250　　　　　C.375　　　　　D.1 000

三、多项选择题

1.加工承揽合同的印花税计税依据包括（　　）。

A.加工或承揽收入　　　　　　　B.受托方提供的原材料金额

C.受托方提供的辅助材料金额　　D.委托方提供的原材料金额

2.某建筑公司与一单位签订建筑承包合同，总承包额为800万元，工期为12个月。下列关于该建筑公司所持合同应纳印花税的处理中正确的有（　　）。

A.适用0.3‰比例税率　　　　　B.应纳税额为2 400元

C.可以采用汇贴方法缴纳　　　　D.完工时缴纳

3.对于记载资金的账簿，其印花税计税依据为（　　）两项的合计数。

A.实收资本　　　B.注册资本　　　C.资本公积　　　D.全部资产

四、不定项选择题

甲企业2018年8月增加注册资本200万元，建账时除记载资金的账簿外，另外设4个营业账簿，当年发生如下经济业务：

（1）当年取得土地使用证、商标注册证、银行开户许可证、残疾人登记证各一份。

（2）与乙公司签订购销合同，合同规定甲企业用20万元的原材料等价换取乙公司的产品。

（3）与丙公司签订运输合同，合同注明运费40万元、装卸费5万元。

（4）与丁公司签订运输保险合同，合同上注明运费20万元、保险费5万元。

（5）将自己的一台机器设备对外出租给A公司，签订的租赁合同上注明租金30万元，同时支付中介费2万元。

（6）与B银行签订借款合同，合同注明的借款金额为100万元，借款期限为2018年3月1日至11月30日，当年利息为4.2万元。

（7）甲企业作为承包方签订了建设工程勘察设计合同一份，承包金额为200万元；随后甲企业将其转包给另一个单位，并签订转包合同。

已知：购销合同的印花税税率为0.3‰；记载资金的营业账簿的印花税税率为0.5‰，减半征收；货物运输合同的印花税税率为0.5‰；财产租赁合同、财产保险合同的印花税税率为1‰；借款合同的印花税税率为0.05‰。

要求：根据上述资料，回答下列问题。

（1）甲企业设置账簿应缴纳的印花税为（　　　）元。

 A.600   B.620   C.1 000   D.500

（2）甲企业领用权利许可证照应缴纳的印花税为（　　　）元。

 A.5   B.10   C.15   D.20

（3）根据印花税法律制度的规定，下列说法中不正确的是（　　　）。

 A.甲企业签订的购销合同应缴纳的印花税 = 20 × 10 000 × 0.3‰ = 60（元）

 B.甲企业签订的运输合同应缴纳的印花税 = 40 × 10 000 × 0.5‰ = 200（元）

 C.甲企业签订的运输保险合同应缴纳的印花税 =（200 000 + 50 000）× 1‰ = 250（元）

 D.甲企业签订的财产租赁合同应缴纳的印花税 =（300 000 − 20 000）× 1‰ = 280（元）

（4）甲企业签订的借款合同应缴纳的印花税为（　　　）元。

 A.500   B.50   C.52.1   D.521

【技能点7-4】印花税的纳税申报

一、判断题

1.对纳税人以电子形式签订的各类应税凭证不属于印花税列举凭证，不征收印花税。（　　　）

2.根据《印花税暂行条例施行细则》的规定，在国外签订的合同，在我国境内履行的，应在生效时贴花。（　　　）

3.以合并或分立方式成立的新企业，其新启用的资金账簿记载的资金，可不再贴花。（　　　）

二、单项选择题

1.企业签订的合同贴印花税票的时间是（　　　）。

 A.签订时   B.生效时   C.使用时   D.终止时

2.印花税汇缴纳税适用于（　　　）。

A.对不同类应税凭证贴花次数频繁的纳税人

B.对同一类应税凭证贴花次数频繁的纳税人

C.应税凭证较多或者贴花次数较多的纳税人

D.应税凭证较少或者贴花次数较少的纳税人

3.下列关于印花税的表述中，不正确的是（　　　　）。

A.印花税应纳税额不足一角的，不征税

B.营业账簿和权利许可证照实行按件贴花，每件5元

C.具有合同性质的票据和单据，均应视为应税凭证按规定贴花

D.企业一次缴纳印花税超过500元的，可用税收缴款书缴纳税款

三、多项选择题

1.下列各项中，符合印花税有关规定的有（　　　　）。

A.已贴用的印花税票，不得揭下重用

B.凡多贴印花税票者，不得申请退税或者抵用

C.应税合同不论是否兑现或是否按期兑现，均应贴花

D.伪造印花税票的，税务机关可处以伪造印花税票金额3倍至5倍的罚款

2.采用自行贴花缴纳印花税的，纳税人应（　　　　）。

A.自行申报应税行为　　　　　　　　B.自行计算应纳税额

C.自行购买印花税票　　　　　　　　D.自行一次贴足印花税票并注销

3.印花税可采用的纳税方法有（　　　　）。

A.自行贴花　　　　B.汇贴或汇缴　　　　C.代扣代缴　　　　D.委托代征

【知识点7-3】城镇土地使用税基础知识

一、判断题

1.城镇土地使用税的征收范围是城市、县城、建制镇、工矿区范围的国家所有的土地。（　　　）

2.城镇土地使用税采取有幅度的差别税额，按大、中、小城市和县城、建制镇、工矿区分别确定每平方米城镇土地使用税年应纳税额。（　　　）

3.纳税单位无偿使用免税单位的土地免征城镇土地使用税；免税单位无偿使用纳税单位的土地照章征收城镇土地使用税。（　　　）

二、单项选择题

1.城镇土地使用税的税率采用（　　　　）。

A.有幅度差别的比例税率　　　　　　B.有幅度差别的定额税率

C.全国统一定额　　　　　　　　　　D.税务机关确定的定额

2.下列关于城镇土地使用税税率的说法中，不正确的是（　　　　）。

A.大城市每平方米1.5元至30元　　　B.中等城市每平方米1.2元至24元

C.县城每平方米0.9元至18元　　　　D.工矿区每平方米0.6元至12元

3.土地使用权未确定或权属纠纷未解决的，以（　　　）为城镇土地使用税的纳税人。

  A.原拥有人   B.实际使用人   C.代管人   D.产权所有人

三、多项选择题

1.根据城镇土地使用税暂行条例的规定，下列地区中，开征城镇土地使用税的有（　　　）。

  A.城市   B.县城、建制镇   C.农村   D.工矿区

2.下列各项中，可以免征城镇土地使用税的有（　　　）。

  A.机场飞行区用地

  B.财政部门拨付事业经费单位的食堂用地

  C.中外合资企业用地

  D.名胜古迹场所设立的照相馆用地

3.下列关于城镇土地使用税的表述中，正确的有（　　　）。

  A.城镇土地使用税采用有幅度的差别税额，每个幅度税额的差距为20倍

  B.经批准开山填海整治的土地和改造的废弃土地，从使用的月份起免缴城镇土地使用税10年至20年

  C.对在城镇土地使用税征税范围内单独建造的地下建筑用地，暂按应征税款的50%征收城镇土地使用税

  D.经济落后地区，城镇土地使用税的适用税额标准可适当降低，但降低额不得超过规定最低税额的30%

【技能点7-5】城镇土地使用税应纳税额的计算及会计核算

一、判断题

1.纳税人实际占用面积尚未核发土地使用证书的，应由纳税人申报土地面积，并以此为计税依据计算征收城镇土地使用税。 （　　　）

2.城镇土地使用税以纳税人实际占用的土地面积为计税依据，计税单位为亩或平方米。 （　　　）

3.土地使用权共有的，由享有权属最多的一方缴纳，其他各方分摊给缴税人。 （　　　）

二、单项选择题

1.城镇土地使用税的计税依据是（　　　）。

  A.纳税人使用土地而产生的收益

  B.纳税人因地理位置不同而产生的级差收入

  C.纳税人出租场地而取得的租金收入

  D.纳税人实际占用的土地面积

2.某歌舞厅实际占用的土地面积为400平方米，经税务机关核定，该土地每平方米

年应纳税额为5元，税款分两期缴纳．该歌舞厅每期应缴纳的城镇土地使用税税额为（　　）元。

　　A.167　　　　　　　B.500　　　　　　　C.1 000　　　　　　　D.2 000

3.某城市的一家公司，实际占地23 000平方米。由于经营规模扩大，年初该公司又受让了一块尚未办理土地使用证的土地3 000平方米，公司按其当年开发使用的2 000平方米土地面积进行申报纳税，以上土地均适用每平方米2元的城镇土地使用税税额。该公司当年应缴纳城镇土地使用税（　　）元。

　　A.46 000　　　　　B.48 000　　　　　　C.50 000　　　　　　D.52 000

三、多项选择题

1.对纳税人实际占用的土地面积，可以按照下列方法确定的有（　　）。

　　A.凡由省、自治区、直辖市人民政府确定的单位组织测定土地面积的，以测定面积为准

　　B.尚未组织测量，但纳税人持有政府核发的土地使用证书的，以证书确认面积为准

　　C.尚未核发土地使用证书的，应由纳税人申报土地面积据以纳税，待核发土地使用证以后再作调整

　　D.尚未核发土地使用证书的，应由当地人民政府予以确定，作为纳税依据

2.下列关于城镇土地使用税的说法中，正确的有（　　）。

　　A.城镇土地使用税属于资源税

　　B.城镇土地使用税在"税金及附加"科目中核算

　　C.城镇土地使用税在土地所在地纳税

　　D.城镇土地使用税在管理费用中列支

3.某市一购物中心实行统一核算，其土地使用证上载明，该企业实际占用土地情况为：中心店占地面积为10 660平方米，分店占地4 680平方米，企业自办托儿所占地468平方米，经税务机关确认，该企业所占用的土地适用的税额如下：中心店每平方米年税额7元，分店每平方米年税额5元，托儿所每平方米年税额5元（该市政府规定，企业自办托儿所用地免征城镇土地使用税）。该购物中心中心店、分店、托儿所年应纳城镇土地使用税税额分别为（　　）。

　　A.中心店74 620元　　　　　　　　B.分店23 400元

　　C.托儿所免税　　　　　　　　　　D.托儿所2 340元

【技能点7-6】城镇土地使用税的纳税申报

一、判断题

1.某工厂于8月份购买一处旧厂房，于9月份在房地产权属管理部门办理了产权证书，该厂新增土地计算征收城镇土地使用税的时间是9月。　　　　　　　　　（　　）

2.城镇土地使用税采用按年计算、分期缴纳的办法征收。　　　　　　　　　（　　）

3.纳税人新征用的耕地，自批准征用之日起满1年时开始缴纳城镇土地使用税。

（   ）

二、单项选择题

1.新征用耕地应缴纳的城镇土地使用税，其纳税义务发生时间是（   ）。

A.自批准征用之日起满3个月 B.自批准征用之日起满6个月

C.自批准征用之日起满1年 D.自批准征用之日起满2年

2.城镇土地使用税的征收，由（   ）的税务机关进行。

A.土地所在地 B.纳税人机构所在地

C.纳税人经营所在地 D.国家税务总局指定地

3.以下关于城镇土地使用税的表述中，不正确的是（   ）。

A.纳税人使用的土地不属于同一省、自治区、直辖市管辖的，由纳税人分别向土地所在地的税务机关申报缴纳

B.纳税人使用的土地在同一省（自治区、直辖市）管辖范围内，纳税人跨地区使用的土地，由纳税人分别向土地所在地的税务机关申报缴纳

C.纳税人出租房产，自交付出租房产之次月起计征城镇土地使用税

D.城镇土地使用税按年计算、分期缴纳

三、多项选择题

1.下列各项中，符合城镇土地使用税有关纳税义务发生时间规定的有（   ）。

A.纳税人新征用的耕地，自批准征用之月起缴纳城镇土地使用税

B.纳税人出租房产，自交付出租房产之次月起缴纳城镇土地使用税

C.纳税人新征用的非耕地，自批准征用之月起缴纳城镇土地使用税

D.纳税人购置新建商品房，自房屋交付使用之次月起缴纳城镇土地使用税

2.根据城镇土地使用税的规定，下列说法中不正确的有（   ）。

A.城镇土地使用税实行分级幅度税额的税率形式

B.煤炭企业的报废矿井占地，可以暂免城镇土地使用税

C.城镇土地使用税的计税依据是纳税人用于生产经营活动的土地面积

D.城镇土地使用税的纳税期限由省、自治区、直辖市的税务机关确定

3.下列关于城镇土地使用税纳税期限的说法中，正确的有（   ）。

A.征用的耕地，自批准征用之次月起缴纳

B.征用的耕地，自批准征用之日起满1年时开始缴纳

C.征用的非耕地，自批准征用之次月起缴纳

D.征用的非耕地，自批准征用之日起满1年时开始缴纳

【知识点7-4】房产税基础知识

一、判断题

1.现行房产税的征税范围包括农村。

（   ）

2.房地产开发企业建造的商品房在出售前不征收房产税，但对出售前房地产开发企业已使用或出租、出售的房产应按规定征收房产税。
（　　）

3.一个坐落在房产税开征地区范围之内的工厂，其仓库设在房产税开征地区范围之外，那么这个仓库不应该征收房产税。
（　　）

二、单项选择题

1.纳税人将房产出租的，依照房产租金收入计征房产税，税率为（　　）。

A.1.2%　　　　　B.12%　　　　　C.10%　　　　　D.30%

2.按照房产税暂行条例的有关规定，下列地区中不属于房产税征收范围的是（　　）。

A.城市　　　　　B.农村　　　　　C.县城、建制镇　　D.工矿区

3.下列房产应征收房产税的是（　　）。

A.全额预算管理事业单位自用办公房产

B.邮政部门坐落在城市、县城、建制镇、工矿区以外的房产

C.人民团体所属宾馆的房产

D.施工企业施工期间在基建工地搭建的临时办公用房

三、多项选择题

1.根据房产税法律制度的规定，下列有关房产税纳税人的表述中，正确的有（　　）。

A.产权属于国家所有的房屋，其经营管理单位为纳税人

B.产权属于集体所有的房屋，该集体单位为纳税人

C.产权属于个人所有的营业用房屋，该个人为纳税人

D.产权出典的房屋，出典人为纳税人

2.下列情况中，应征收房产税的有（　　）。

A.高等院校教学用房　　　　　　B.高等院校出租用房

C.区政府举办的对外经营的招待所　D.区政府办公用房

3.下列各项中，符合房产税优惠政策规定的有（　　）。

A.大修停用3个月的房产，在停用期间免征房产税

B.寺庙中供游客参观的殿堂免征房产税

C.公园中的冷饮屋免征房产税

D.老年服务机构自用的房产免征房产税

【技能点7-7】房产税应纳税额的计算及会计核算

一、判断题

1.对于学校、医院等非营利性单位，其自用房屋的房产税依照房产原值一次减除10%~30%后的余值计算缴纳。
（　　）

2.对融资租赁的房屋计征房产税时，应以出租方取得的租金收入为计税依据。
（　　）

3.房产原值是指纳税人按照会计制度的规定，在"固定资产"账户中记载的房屋

原价。　　　　　　　　　　　　　　　　　　　　　　　　　　　　　　　（　　　）

二、单项选择题

1.某企业有房产1 000平方米，房产原值为100万元。2018年7月1日该企业将其中的300平方米的房产出租，月租金为2.1万元（含增值税），已知省政府规定的减除比例为30%，增值税采用5%的简易征收率。则该企业2018年应缴纳的房产税为（　　　）万元。

  A.1.44　　　　　　　B.2.028　　　　　　　C.2.226　　　　　　　D.2.154

2.甲供热企业2018年度拥有的生产用房的原值为3 000万元，当年取得供热收入2 000万元，其中直接向居民供热的收入为500万元，房产所在地规定计算房产余值的扣除比例为20%。则该企业2018年应缴纳的房产税为（　　　）万元。

  A.7.2　　　　　　　B.21.6　　　　　　　C.27　　　　　　　D.28.8

3.以房产投资入股收取固定收入时，房产税的缴纳办法是（　　　）。

  A.由投资方按房产余值和1.2%的税率计征

  B.由投资方按收取的固定收入和12%的税率计征

  C.由接受投资方房产余值和1.2%的税率计征

  D.待房产转让时再征收

三、多项选择题

1.房产税的计税依据有（　　　）。

  A.房产原值　　　　B.房产租金收入　　　　C.房产售价　　　　D.房产余值

2.下列房产应从价计征房产税的有（　　　）。

  A.出租的房产　　　　　　　　　　B.投资收取固定收入的房产

  C.融资租赁的房产　　　　　　　　D.出典的房产

3.甲企业从2018年1月起以融资租赁方式出租给乙企业一栋房屋，原值为200万元，租期为5年，年租金为40万元，房产所在地规定计算房产余值的扣除比例为20%。则下列处理中正确的有（　　　）。

  A.甲企业应纳房产税为0　　　　　　B.甲企业应纳房产税为4.8万元

  C.乙企业应纳房产税为0　　　　　　D.乙企业应纳房产税为1.92万元

四、不定项选择题

某市甲企业2018年年初占地面积为20 000平方米，生产用房产原值为1 000万元，拥有小汽车5辆。2018年其他有关资料如下：

（1）原值为300万元的厂房在2017年年底被有关部门认定为危险房屋，在2018年3月31日以后停止使用。

（2）2018年6月20日，经批准新征用一块非耕地，面积为500平方米，7月5日，甲企业将该土地用于开发建造新厂房，截至2018年12月31日，新厂房建设尚未竣工。

（3）2018年8月16日，从汽车销售公司购买4辆载货汽车和3辆挂车，每辆挂车整备质量为8吨，取得汽车销售公司开具的机动车销售统一发票，并于当月办理了车辆登记手续。

房产税税率为1.2%，当地政府规定计算房产余值的扣除比例为20%；每辆小汽车车船税的年税额为480元，每辆载货汽车的车船税年税额为60元/吨；城镇土地使用税每平方米年税额为2元。

要求：根据上述资料，回答下列问题。

（1）根据房产税法律制度的规定，下列说法中正确的是（　　）。

A.被认定为危险房屋的厂房，从2018年1月起停止计算缴纳房产税

B.被认定为危险房屋的厂房，从2018年4月起停止计算缴纳房产税

C.甲企业2018年共应缴纳房产税6.72万元

D.甲企业2018年共应缴纳房产税7.44万元

（2）根据城镇土地使用税法律制度的规定，下列说法中正确的是（　　）。

A.企业新征用的非耕地，自2018年7月起计算缴纳城镇土地使用税

B.企业新征用的非耕地，自2018年6月起计算缴纳城镇土地使用税

C.企业新征用的非耕地，自2019年7月起计算缴纳城镇土地使用税

D.企业新征用的非耕地，自2019年6月起计算缴纳城镇土地使用税

（3）根据城镇土地使用税法律制度的规定，甲企业2018年共应缴纳城镇土地使用税（　　）元。

A.40 400　　　　　B.40 000　　　　　C.40 416.67　　　　　D.40 500

（4）根据车船税法律制度的规定，甲企业2018年应缴纳车船税（　　）元。

A.3 500　　　　　B.3 040　　　　　C.3 200　　　　　D.4 320

【技能点7-8】房产税的纳税申报

一、判断题

1.纳税人将原有房产用于生产经营的，从生产经营之月起计征房产税。　　（　　）

2.房产税实行按年计算、分期缴纳的方法，具体纳税期限由省、自治区、直辖市税务机关确定。　　（　　）

3 房产不在一地的纳税人，应按房产的坐落地点，分别向房产所在地的税务机关缴纳房产税。　　（　　）

二、单项选择题

1.下列各项中，符合房产税纳税义务发生时间规定的是（　　）。

A.将原有房产用于生产经营，从生产经营之月起

B.出租房屋，自出租房屋的当月起

C.委托施工企业建设的房产，从办理验收手续之月起

D.购置存量房，自登记机关签发权属证书之当月起

2.纳税人自行修建的房屋用于生产经营，应从（　　）起缴纳房产税。

A.建成之次月　　　B.生产经营当月　　　C.生产经营次月　　　D.验收完工之月

3.房产不在同一地方的纳税人，缴纳房产税的纳税地点是（　　）。

A.户籍所在地

B.纳税人居住地

C.按房产的坐落地点，分别向房产所在地缴纳

D.按房产的坐落地点，选择向任一处房产所在地缴纳

三、多项选择题

1.下列各项中，符合房产税纳税义务发生时间规定的有（　　　）。

A.纳税人购置新建商品房，自房屋交付使用之次月起计征房产税

B.纳税人委托施工企业建设的房屋，自建成使用之次月起计征房产税

C.纳税人将原有房产用于生产经营，自生产经营之次月起计征房产税

D.纳税人购置存量房，自房地产权属登记机关签发房屋权属证书之次月起计征房产税

2.下列各项中，符合房产税纳税义务发生时间规定的有（　　　）。

A.自行新建房产用于生产经营的，从建成之月起计征房产税

B.纳税人出借房产，自交付出借房产之次月起计征房产税

C.房地产企业出租本企业自行开发的商品房，自房屋使用或者交付之次月起计征房产税

D.纳税人购置新建商品房，自权属机关登记签发权属证书之次月起计征房产税

【知识点7-5】车船税基础知识

一、判断题

1.车船税法对应税车船实行幅度定额税率。　　　　　　　　　　　　　　　（　　）

2.车辆的具体适用税额由省、自治区、直辖市人民政府在规定的税额幅度内确定。

（　　）

3.依法不需要在车船登记管理部门登记的机场、港口、铁路站场内部行驶或者作业的车船，自车船税法2012年1月1日实施起3年内免征车船税。　　　　（　　）

二、单项选择题

1.下列车船可以免征车船税的是（　　　）。

A.在机场、港口等内部场所行驶或作业的车船

B.外商投资企业的汽车

C.政府机关办公用车辆

D.武警部队专用车船

2.下列各项中，不属于车船税征税范围的是（　　　）。

A.三轮车　　　　　B.火车　　　　　　C.摩托车　　　　　D.货船

3.下列各项中，不需要缴纳车船税的是（　　　）。

A.载客汽车　　　B.机动船　　　　　C.非机动车　　　　D.非机动驳船

三、多项选择题

1.下列有关车船税纳税人的说法中，正确的有（　　　）。

A.车船税的纳税人是车辆、船舶的所有人

B.车船税的纳税人是车辆、船舶的管理人

C.应税车船的所有人或者管理人未缴纳车船税的，应由使用人代缴

D.车船税的纳税人是拥有车船的单位和个人

2.下列车船属于法定免税范围的有（   ）。

A.专项作业车　　　　B.警用车船　　　　　　C.非机动驳船　　　　　D.捕捞、养殖渔船

3.下列各项中，可以由省级人民政府自行确定征收车船税的有（   ）。

A.非营利性医疗机构自用的车船

B.公共交通车船

C.非机动车船

D.农村居民拥有并主要在农村使用的三轮汽车

【技能点7-9】车船税应纳税额的计算及会计核算

一、判断题

1.在确定车辆税额时，对车辆自重尾数在半吨以下者免算；超过半吨者按1吨计算。（   ）

2.企业按规定计算车船税时，借记"管理费用"科目，贷记"应交税费——应交车船税"科目；实际缴纳时，借记"应交税费——应交车船税"科目，贷记"银行存款"或"库存现金"科目。（   ）

3.车船税按车船的种类和性能，分为辆、整备质量、净吨位三种计税依据。（   ）

二、单项选择题

1.下列各项中，不属于车船税计税依据的是（   ）。

A.辆　　　　　　　B.整备质量　　　　　C.净吨位　　　　　　D.载重吨位

2.某公司有船舶2艘，净吨位分别为200.5吨、180.7吨，当地政府规定的车船税的标准为净吨位每吨年税额5元，则该公司应纳车船税（   ）元。

A.1 905　　　　　B.1 910　　　　　　C.1 900　　　　　　　D.2 000

3.下列应税车船中，以"辆"为车船税计税依据的是（   ）。

A.载客汽车　　　B.低速货车　　　　　C.三轮汽车　　　　　D.挂车

三、多项选择题

1.下列各项说法中，不符合车船税规定的有（   ）。

A.车辆整备质量尾数在0.5吨以下的，按0.5吨计算，超过0.5吨的，按1吨计算

B.军队用于出租的汽车免征车船税

C.船舶净吨位尾数在0.5吨以下的，按0.5吨计算

D.船舶净吨位不超过1吨的，按照1吨计算

2.下列应税车船中，以"净吨位"为计税依据的有（   ）。

A.载货汽车　　　B.半挂牵引车　　　　C.机动货船　　　　　D.非机动驳船

3.下列符合车船税有关规定的有（　　　）。

A.拖船按船舶税额的50%计算车船税

B.机动船以"艘"为计税依据

C.载货汽车以"整备质量"为计税依据

D.游艇以"艇身长度每米"为计税依据

【技能点7-10】车船税的纳税申报

一、判断题

1.车船税以车船购置发票开具时间的次月作为纳税义务发生时间。（　　　）

2.车船税一般由纳税人在购买机动车交通事故责任强制保险时缴纳，不需要再向税务机关申报纳税。（　　　）

3.已办理退税的被盗抢车船，失而复得的，纳税人应当从公安机关出具相关证明的当月起计算缴纳车船税。（　　　）

二、单项选择题

1.纳税人新购置车辆使用的，其车船税的纳税义务发生时间是（　　　）。

A.购置使用的当月起　　　　　　B.购置使用的次月起

C.购置使用的当年起　　　　　　D.购置使用的次年起

2.下列关于车船税纳税申报的表述中，不正确的是（　　　）。

A.没有扣缴义务人的，纳税人应当向主管税务机关自行申报缴纳车船税

B.保险机构为扣缴义务人的，应当在收取保险费时依法代收车船税，并出具代收税款凭证

C.已缴纳车船税的车船在同一纳税年度内办理转让过户的，可以退税

D.扣缴义务人已代收代缴车船税的，纳税人不再向车辆登记地的主管税务机关申报缴纳车船税

3.关于车船税纳税地点的阐述，下列说法中错误的是（　　　）。

A.纳税人是单位的，其纳税地点为经营所在地或机构所在地

B.纳税人为个人的，其纳税地点为住所所在地

C.企业的车船上了外省车船牌照的，在经营所在地纳税

D.企业的车船上了外省车船牌照的，在车船登记地纳税

三、多项选择题

1.车船税的纳税地点有（　　　）。

A.对个人，应为住所所在地　　　B.车辆行驶地

C.纳税人经营所在地　　　　　　D.车船登记地

2.下列符合车船税纳税义务发生时间规定的有（　　　）。

A.车船管理部门核发的车船登记证书的当月

B.行驶证书所记载日期的当月

C.全年停运后重新使用之日

D.新购置车船使用的当月

3.下列关于车船税应纳税额计算的表述中，正确的有（　　　）。

A.购置的新车船，购置当年的应纳税额自纳税义务发生的当月起按月计算

B.已办理退税的被盗抢车船，失而复得的，当年不需要重新纳税

C.在一个纳税年度内，纳税人在非车辆登记地由保险机构代收代缴机动车车船税，且能够提供合法有效完税证明的，不再向车辆登记地的主管税务机关缴纳车船税

D.已缴纳车船税的车船在同一纳税年度内办理转让过户的，应对受让方重新征收车船税

【知识点7-6】契税基础知识

一、判断题

1.企业破产清算期间，对债权人承受破产企业土地、房屋权属的，应当征收契税。
（　　）

2.土地、房屋权属变动中的各种形式，如典当、继承、出租或者抵押等，均属于契税的征税范围。
（　　）

3.因不可抗力灭失住房而重新购买住房的免征契税。（　　）

二、单项选择题

1.契税的纳税人是（　　　）。

A.出典人　　　　　B.赠与人　　　　　C.出卖人　　　　　D.承受人

2.下列各项中，应缴纳契税的是（　　　）。

A.承包者获得农村集体土地承包经营权

B.企业受让土地使用权

C.企业将厂房抵押给银行

D.个人承租居民住宅

3.下列各项中，属于契税纳税义务人的是（　　　）。

A.土地、房屋抵债的抵债方　　　　　B.房屋赠与中的受赠方

C.房屋赠与中的赠与方　　　　　D.土地、房屋投资的投资方

三、多项选择题

1.下列各项中，可以享受契税免税优惠政策的有（　　　）。

A.城镇职工自己购买商品住房　　　　　B.政府机关承受房屋用于办公

C.遭受自然灾害后重新购买住房　　　　　D.军事单位承受房屋用于军事设施

2.下列各项中，应当征收契税的有（　　　）。

A.以房产抵债　　　　　B.将房产赠与他人

C.以房产投资　　　　　D.子女继承父母房产

3.下列各项中，免征或不征契税的有（　　　）。

A.国家出让国有土地使用权

B.受赠人接受他人赠与的房屋

C.法定继承人继承土地、房屋权属

D.承受荒山土地使用权用于林业生产

【技能点7-11】契税应纳税额的计算及会计核算

一、判断题

1.甲企业以价值300万元的办公用房与乙企业交换一处厂房，并向乙企业支付差价款100万元，在这次互换中，乙企业不需要缴纳契税，应由甲企业缴纳。（　　　）

2.甲企业将原价值28万元的房产评估作价30万元投资于乙企业，乙企业办理产权登记后又将该房产以40万元的价格售于丙企业，当地契税税率为3%，则乙企业应缴纳契税0.84万元。（　　　）

3.房屋买卖契税的计税依据要按市场价格核定。（　　　）

二、单项选择题

1.某省一体育器材公司于2018年6月向本省某运动员奖励住宅一套，市场价格为80万元（不含增值税），该运动员随后以70万元（不含增值税）的价格将该奖励住宅出售，当地契税税率为3%。则该运动员应缴纳的契税为（　　　）万元。

A.2.4　　　　　　B.2.1　　　　　　C.4.5　　　　　　D.0

2.林某拥有面积为140平方米的住房一套，价值96万元。黄某拥有面积为120平方米的住房一套，价值72万元。两人进行房屋交换，差价部分以现金补偿。已知契税税率为3%，根据税法，黄某应缴纳的契税税额为（　　　）万元。

A.4.8　　　　　　B.2.88　　　　　　C.2.16　　　　　　D.0.72

3.吴某2018年购买商品房一处，支付价款130万元，并以20万元购买单独计价的储藏室一间，双方约定采用分期付款的方式，分20年支付。假定2018年支付7.5万元，根据有关规定，商品房契税税率为4%，储藏室契税税率为3%，则吴某2018年应缴纳契税（　　　）万元。

A.4.5　　　　　　B.6　　　　　　C.5.5　　　　　　D.5.8

三、多项选择题

1.下列各项中，以成交价格为依据计算契税的有（　　　）。

A.土地使用权赠与　　　　　　　　B.土地使用权出让

C.土地使用权交换　　　　　　　　D.土地使用权转让

2.下列关于契税计税依据的说法中，正确的有（　　　）。

A.房屋交换价格不等时，由多支付货币、实物、无形资产或者其他经济利益的一方缴纳契税

B.采用分期付款方式购买房屋所有权的，契税的计税依据为合同规定的房屋总

　　价款

　　C.减免承受国有土地使用权应支付的土地出让金，应减免契税

　　D.国有土地使用权出让、土地使用权出售、房屋买卖，以成交价格为计税依据

【技能点7-12】契税的纳税申报

一、判断题

1.纳税人应当自纳税义务发生之日起15日内，向土地、房屋所在地的税收征收机关办理契税纳税申报。　　　　　　　　　　　　　　　　　　　　　　（　　）

2.契税的纳税义务发生时间是纳税人签订土地、房屋权属转移合同的当天。
　　　　　　　　　　　　　　　　　　　　　　　　　　　　　　　　（　　）

二、单项选择题

1.下列各项中，契税计税依据可由征收机关核定的是（　　）。

　　A.土地使用权出售　　　　　　　　B.国有土地使用权出让

　　C.土地使用权赠与　　　　　　　　D.以划拨方式取得土地使用权

2.纳税人发生契税纳税义务时，应向（　　）的税务机关申报纳税。

　　A.单位自行确定　　　　　　　　　B.单位核算所在地

　　C.土地、房屋所在地　　　　　　　D.单位机构所在地

三、多项选择题

1.居民甲将其拥有的一处房产卖给居民乙，双方签订房屋权属转移合同并按规定办理了房屋产权过户手续。下列关于契税和印花税的表述中，正确的有（　　）。

　　A.作为交易的双方，居民甲和居民乙均同时负有印花税和契税的纳税义务

　　B.契税的计税依据为房屋权属转移合同中确定的不含增值税的房产成交价格

　　C.契税纳税人应在该房产的所在地缴纳契税，印花税的纳税人应在签订合同时就
　　　地纳税

　　D.契税纳税人的纳税义务在房屋权属转移合同签订的当天发生，印花税纳税人的
　　　纳税义务在房屋权属转移合同签订时发生

2.下列情形中，予以免征契税的有（　　）。

　　A.医院承受划拨土地用于修建门诊楼

　　B.农民承受荒沟土地用于林业生产

　　C.企业接受捐赠房屋用于办公

　　D.学校承受划拨土地用于建造教学楼

【知识点7-7】土地增值税基础知识

一、判断题

1.某工业企业利用一块闲置的土地使用权换取某房地产公司的新建商品房，作为

本单位职工的居民用房，由于没有取得收入，所以该企业不需要缴纳土地增值税。（　　）

2.某单位向政府有关部门缴纳土地出让金取得土地使用权时，不需要缴纳土地增值税。（　　）

3.土地增值税使用超率累进税率，累进依据为增值额占转让收入的比例。（　　）

二、单项选择题

1.下列各项中，应当缴纳土地增值税的是（　　）。

A.继承房地产　　　　　　　　　B.以房地产作抵押向银行贷款

C.出售房屋　　　　　　　　　　D.出租房屋

2.我国现行土地增值税实行的税率属于（　　）。

A.比例税率　　　　　　　　　　B.超额累进税率

C.定额税率　　　　　　　　　　D.超率累进税率

3.下列各项中，按税法的规定可以免征或不征土地增值税的是（　　）。

A.国家机关转让自用的房产

B.税务机关拍卖欠税单位的房产

C.对国有企业进行评估增值的房产

D.投资于房地产开发企业的房地产项目

三、多项选择题

1.下列各项中，属于土地增值税纳税人的有（　　）。

A.建造房屋的施工单位

B.出售房产的中外合资房地产公司

C.转让国有土地使用权的事业单位

D.房地产管理的物业公司

2.根据城镇土地使用税暂行条例的规定，下列地区中，开征城镇土地使用税的有（　　）。

A.城市　　　　　　　　　　　　B.县城、建制镇

C.农村　　　　　　　　　　　　D.工矿区

3.下列各项中，符合土地增值税优惠规定的有（　　）。

A.纳税人建造普通标准住宅出售，增值额未超过扣除项目金额20%的，减半征收土地增值税

B.纳税人建造普通标准住宅出售，增值额未超过扣除项目金额20%的，免征土地增值税

C.纳税人建造普通标准住宅出售，增值额超过扣除项目金额20%的，应对其超过部分的增值额按规定征收土地增值税

D.纳税人建造普通标准住宅出售，增值额超过扣除项目金额20%的，应就其全部增值额按规定征收土地增值税

【技能点7-13】土地增值税应纳税额的计算及会计核算

一、判断题

1.在计算土地增值税时，对从事房地产开发的纳税人销售使用过的旧房及建筑物，仍可按取得土地使用权所支付的金额和房地产开发成本金额之和的20%加计扣除。
（　　）

2.纳税人建造普通标准住宅出售，增值额未超过扣除项目金额20%的，免征土地增值税。
（　　）

3.《土地增值税暂行条例》及其实施细则规定，纳税人转让房地产取得的收入，包括转让房地产的全部价款及有关的经济收益，但不包括实物收入。
（　　）

二、单项选择题

1.房地产开发费用中的利息支出，如能按转让房地产项目分摊并提供金融机构证明的，允许据实扣除，其他开发费用限额扣除的比例为（　　）以内。

A.3%　　　　　　B.5%　　　　　　C.7%　　　　　　D.10%

2.房地产开发企业在确定土地增值税的扣除项目时，允许单独扣除的税费是（　　）。

A.增值税、印花税　　　　　　B.房产税、城市维护建设税

C.教育费附加、城市维护建设税　　D.印花税、城市维护建设税

3.2018年11月，某房地产开发公司销售其新建商品房一幢，取得不含增值税销售收入1.34亿元，已知该公司支付的与商品房相关的土地使用权费及开发成本合计为4 800万元；该公司没有按房地产项目计算分摊银行借款利息；该商品房所在地的省政府规定计征土地增值税时房地产开发费用的扣除比例为10%；销售商品房缴纳的城市维护建设税、印花税及教育费附加为170万元。则该公司销售该商品房应缴纳的土地增值税为（　　）万元。

A.2 256.5　　　　B.2 533.5　　　　C.3 070.5　　　　D.3 080.5

三、多项选择题

1.计算土地增值额时可以扣除的项目包括（　　）。

A.取得土地使用权所支付的金额　　B.建筑安装工程费

C.公共配套设施费　　　　　　　　D.转让房地产有关的税金

2.房地产开发公司支付的下列相关税费，可列入加计20%扣除范围的有（　　）。

A.支付建筑人员的工资福利费　　　B.占用耕地缴纳的耕地占用税

C.销售过程中发生的销售费用　　　D.开发小区内的道路建设费用

3.在计算土地增值税应纳税额时，纳税人为取得土地使用权支付的地价款准予扣除。这里的地价款包括（　　）。

A.以协议方式取得土地使用权的，为支付的土地出让金

B.以转让方式取得土地使用权的，为实际支付的地价款

C.以拍卖方式取得土地使用权的，为支付的土地出让金

D.以行政划拨方式取得的土地使用权变更为有偿使用的，为补交的土地出让金

四、不定项选择题

位于市区的某房地产开发企业2018年2月为开发一批普通标准住宅，通过土地出让方式取得一块土地的使用权，支付土地出让金800万元，支付相关税费50万元。2019年1月，委托建筑公司建造完毕，支付建筑公司工程款200万元，另发生管理费用10万元、销售费用15万元、财务费用30万元，其中含向金融机构借款支付的借款利息20万元（不能按转让房地产项目计算分摊利息支出）。2019年2月，将普通标准住宅全部对外销售，取得销售收入1 600万元（不含增值税）。

该房地产开发企业所在省人民政府规定的房地产开发费用的计算扣除比例为9%。

要求：根据上述资料，回答下列问题：

（1）该房地产开发企业在计算土地增值税前准予扣除的房地产开发费用为（　　）万元。

A.105　　　　　　B.94.5　　　　　　C.90　　　　　　D.65.5

（2）该房地产开发企业在计算土地增值税前准予扣除的与转让房地产有关的税金为（　　）万元。

A.8.8　　　　　　B.16　　　　　　C.88.8　　　　　　D.88

（3）该房地产开发企业在计算土地增值税前准予扣除项目金额合计为（　　）万元。

A.1 565.5　　　　B.1 465.5　　　　C.1 370.5　　　　D.1 352.5

（4）该房地产开发企业应缴纳的土地增值税为（　　）万元。

A.0　　　　　　B.71.25　　　　　　C.75.25　　　　　　D.70.25

【技能点7-14】土地增值税的纳税申报

一、判断题

1.自然人纳税人转让的房地产坐落地与其居住所在地一致的，以住所所在地税务机关为纳税地点；转让的房地产坐落地与其居住所在地或经营所在地不一致的，以办理过户手续所在地税务机关为纳税地点。（　　）

2.土地增值税的纳税人应在转让房地产合同签订后的10日内，到房地产所在地主管税务机关办理纳税申报。（　　）

二、单项选择题

1.土地增值税是在房地产的（　　）环节征收的。

A.出租　　　　　B.转让　　　　　C.使用　　　　　D.建设

2.下列各项中，属于预征土地增值税范围的是（　　）。

A.转让土地使用权的

B.转让二手房的

C.纳税人在项目全部竣工结算前转让房地产取得收入的

D.以长期租赁形式出租房产的

三、多项选择题

1.下列情形中，土地增值税可实行核定征收的有（　　）。

A.依照法律、行政法规的规定应当设置但未设置账簿的

B.擅自销毁账簿或者拒不提供纳税资料的

C.申报的计税依据明显偏低，又无正当理由的

D.各类凭证残缺不全，难以确定转让收入或扣除项目金额的

2.下列关于土地增值税的表述中，正确的有（　　）。

A.法人纳税人转让的房地产坐落地与其机构所在地一致的，以办理税务登记的原管辖税务机关为纳税地点

B.法人纳税人转让的房地产坐落地与其机构所在地或经营所在地不一致的，以房地产坐落地所管辖的税务机关为纳税地点

C.纳税人预售房地产取得的收入，凡当地税务机关规定预征土地增值税的，纳税人应当到主管税务机关办理纳税申报，并按规定比例预缴，待办理决算后，多退少补

D.纳税人预售房地产取得的收入，凡当地税务机关规定不预征土地增值税的，也应在取得收入时先到税务机关登记或备案。

【知识点7-8】资源税基础知识

一、判断题

1.资源税是对在中国境内开采、生产以及进口矿产品和盐的单位和个人征收的一种税。　　　　　　　　　　　　　　　　　　　　　　　　　（　　）

2.销售有色金属的贸易公司既是增值税的纳税人又是资源税的纳税人。　（　　）

3.对符合条件的采用充填开采方式采出的矿产资源，资源税减征50%。（　　）

二、单项选择题

1.下列各项中，不属于资源税征税范围的是（　　）。

A.与原油同时开采的天然气　　　　　B.煤矿生产的天然气

C.开采的天然原油　　　　　　　　　D.生产的海盐原盐

2.下列各项中，属于资源税纳税义务人的是（　　）。

A.进口铜矿石的外贸企业

B.销售液体盐的商店

C.开采海洋油气资源的自营油气田

D.销售外购原煤的煤矿企业

3.下列企业中，既是增值税纳税人又是资源税纳税人的是（　　）。

A.销售有色金属矿产品的贸易公司

B.进口有色金属矿产品的企业

C.在境内开采有色金属矿产品销售的企业

D.在境外开采有色金属矿产品的企业

三、多项选择题

1.下列单位和个人的生产经营行为应缴纳资源税的有（　　）。

A.冶金企业进口矿石　　　　　　B.个体经营者开采煤矿

C.军事单位开采石油　　　　　　D.中外合作企业开采天然气

2.下列各项中，应征收资源税的有（　　）。

A.开采的大理石　　　　　　　　B.进口的原油

C.开采的煤矿瓦斯　　　　　　　D.生产用于出口的卤水

3.下列各项中，属于资源税纳税义务人的有（　　）。

A.进口盐的外贸企业　　　　　　B.开采原煤的私营企业

C.生产盐的外商投资企业　　　　D.中外合作开采石油的企业

【技能点7-15】资源税应纳税额的计算及会计核算

一、判断题

1.独立矿山、联合企业及其他收购单位收购的未税矿产品，一律按税务机关核定的应税产品税额标准，依据收购的数量代扣代缴资源税。（　　）

2.纳税人以外购液体盐加工固体盐，其加工固体盐所耗用液体盐的已纳资源税税款准予抵扣。（　　）

3.对外销售应税产品缴纳资源税时，应借记"税金及附加"科目，贷记"应交税费——应交资源税"科目。（　　）

二、单项选择题

1.某矿山7月份开采非金属矿3万吨（税率为5%），其中销售了2万吨，每吨售价为2 000元，自用（非生产用）0.5万吨。则该矿山7月份应纳资源税税额为（　　）万元。

A.250　　　　　B.240　　　　　C.160　　　　　D.40

2.某油田3月份生产原油5 000吨，当月销售3 000吨，每吨售价为800元，加热、修井自用100吨，已知该油田原油适用的资源税税率为6%，则该油田3月份应缴纳的资源税税额为（　　）元。

A.120 000　　　　B.200 000　　　　C.144 000　　　　D.4 000

3.某纳税人本期以自产液体湖盐50 000吨对外销售，取得销售收入100万元。资源税税率为5%，则该纳税人本期应缴纳的资源税为（　　）万元。

A.3　　　　　B.6　　　　　C.2　　　　　D.5

三、多项选择题

1.某铜矿2019年7月销售铜精矿20 000吨，每吨不含税售价为300元，当地铜精矿资源税税率为5%，则该企业当月应缴纳（　　　）。

　　A.资源税16.8万元　　　　　　　　B.资源税30万元

　　C.增值税96万元　　　　　　　　　D.增值税78万元

2.根据资源税的有关规定，下列各项中应当征收资源税的有（　　　）。

　　A.用于非生产项目的自产应税产品

　　B.用于连续生产应税产品的自产应税产品

　　C.用于连续生产非应税产品的自产应税产品

　　D.用于出口的自产应税产品

3.下列关于资源税计税依据的说法中，正确的有（　　　）。

　　A.从价定率征收的，其计税销售额为纳税人销售应税产品向购买方收取的全部价款和价外费用，但不包括收取的增值税销项税额

　　B.纳税人以人民币以外的货币结算销售额的，应当折合成人民币计算，其人民币折合率可以选择销售发生的当天或者当月1日的人民币汇率中间价

　　C.从量定额计征的，凡直接对外销售的，以实际销售数量为课税数量

　　D.纳税人不能准确提供应税产品销售数量的，以应税产品的产量或者主管税务机关确定的折算比换算成的数量为计征资源税的销售数量

【技能点7-16】资源税的纳税申报

一、判断题

1.纳税人以1个月为一期纳税的，自期满之日起15日内申报纳税。（　　　）

2.纳税人应当向应税产品的开采或者生产所在地主管税务机关缴纳资源税。（　　　）

3.纳税人的纳税期限可以为1日、3日、5日、10日、15日或者1个季度。（　　　）

二、单项选择题

1.扣缴义务人代扣代缴资源税的纳税义务发生时间为（　　　）或首次开具支付货款凭据的当天。

　　A.收到产品　　　　　　　　　　　B.办理提货手续

　　C.支付首笔货款　　　　　　　　　D.支付全部货款

2.根据资源税的有关规定，下列说法中符合资源税纳税地点规定的是（　　　）。

　　A.纳税人应当向单位所在地主管税务机关纳税

　　B.纳税地点需要调整的，均由省、自治区、直辖市人民政府决定

　　C.扣缴义务人应当向收购地主管税务机关缴纳代扣代缴的资源税

　　D.跨省开采资源税应税产品，下属生产单位与核算单位不在同一省的，都应在核算地纳税

3.以下关于资源税纳税期限的说法中，不正确的是（　　　）。

　　A.纳税人的纳税期限可以为1日、3日、5日、10日、15日或者1个月，由主管税

务机关根据实际情况具体核定

　　B.纳税人以1个月为一期纳税的，自期满之日起10日内申报纳税

　　C.纳税人以1个季度为一期纳税的，自期满之日起15日内申报纳税

　　D.以1日、3日、5日、10日或者15日为一期纳税的，自期满之日起5日内预缴税款，于次月1日起10日内申报纳税并结清上月税款

三、多项选择题

1.下列关于资源税纳税义务发生时间的表述中，正确的有（　　）。

　　A.采用分期收款结算方式销售应税产品的，为发出应税产品的当天

　　B.采用预收货款结算方式销售应税产品的，为收到预收款的当天

　　C.自产自用应税产品的，为移送使用应税产品的当天

　　D.扣缴义务人代扣代缴税款的，为支付首笔货款的当天

2.下列关于资源税纳税义务发生时间的表述中，正确的有（　　）。

　　A.纳税人销售应税产品采取分期收款结算方式的，为销售合同规定的收款日期的当天

　　B.纳税人销售应税产品采取预收货款结算方式的，为收到预收款的当天

　　C.纳税人自产自用应税产品的，为移送使用应税产品的当天

　　D.扣缴义务人代扣代缴税款的，为收购未税矿产品的当天

第三部分　职业实践能力训练

一、实训要求

（1）根据珠江集团有限责任公司提供的有关资料，计算该公司2019年下半年应缴纳的房产税、城镇土地使用税和车船税。

（2）根据珠江集团有限责任公司提供的有关资料，计算2019年7月份应缴纳的城市维护建设税、印花税、契税和土地增值税。

（3）根据上述资料填报2019年度7月份或下半年该公司的城市维护建设税、印花税、车船税、房产税、契税、城镇土地使用税、土地增值税的纳税申报表。

二、实训条件

在税务实训室进行，珠江集团有限责任公司基本情况，各类收支业务资料，城市维护建设税、印花税、车船税、房产税、契税、城镇土地使用税和土地增值税纳税申报表，见表7-26至表7-31。

三、实训材料

（一）企业基本概况

企业名称：珠江集团有限责任公司

企业性质：国有企业

企业法定代表人：胡敬力

企业办税员：彭雪香

企业地址及电话：珠江市天河路68号　45875215

开户银行及账号：中国工商银行珠江分理处　1907845952189755626

纳税人识别号：430214526545759

（二）实训资料

该公司是一家综合性经营公司，房产税、城镇土地使用税、车船税实行每半年预缴一次、按年度征收的方式计算、缴纳。上述税款除印花税外其他税种全部于次月10日缴纳，印花税于业务发生时计算、缴纳。2019年7月份发生下列经济业务：

（1）2日，公司为扩大规模增加注册资本500万元。

（2）3日，出售房屋1幢，取得收入3 150万元（含增值税），依法按简易计税办法缴纳了增值税、城市维护建设税和教育费附加。该房产于5年前购入，购入成本为2 100万元。

（3）5日，向中国工商银行申请3年期的借款，签订合同取得借款金额1 000万元，年利率为8%。

（4）8日，将自有价值800万元的房屋换入价值900万元的房屋，并支付给对方差价款100万元，签订房屋产权交换合同1份，合同记载金额为900万元。

（5）10日，签订购销合同2份，共记载金额2 000万元。

（6）13日，启用新的记载存货收发存数量和金额的明细账簿2本。

（7）15日，签订转让商标使用权合同1份，合同上记载的金额为300万元。

（8）18日，签订加工合同1份，为某企业加工产品一批，对方提供的原材料价值120万元，合同记载的加工费为20万元。

（9）20日，与保险公司签订财产保险合同1份，合同记载的保险费为10万元。

（10）22日，与某铁路运输公司签订运输合同1份，合同记载的运费为100万元。

（11）25日，与某建筑公司签订房屋建筑合同1份，合同记载的建筑承包金额为4 000万元。

（12）28日，签订房屋购买合同1份，购买公司行政办公大楼一栋（新建商品房），合同规定本公司应支付房屋价款共计2 000万元。

（13）30日，领取土地使用证1份、房屋产权证1份、专利证书1份。

（14）31日，该公司全年实际占用土地面积5万平方米，其中职工医务室占地4 000平方米，幼儿园占地1 500平方米。当地政府规定城镇土地使用税的税额为10元/平方米。

（15）税务机关核定公司全年自用房产账面价值为18 000万元（其中本年7月份购入新建的商品房为2 000万元（不含增值税），其余均为以前年度购建），当地政府规定的损耗扣除率标准为30%。

（16）31日，该公司的车辆、船舶计算本年度下半年应交的车船税，其购置情况见表7-25。

（17）31日，汇总本月在国内销售甲产品应缴纳的增值税税额为36万元，另因违反增值税法而被税务机关处以罚款3万元。

表7-25　　　　　　　　　　　　车辆、船舶购置明细表

车辆、船舶类别	购置使用时间	数量	单位税额
载客汽车（公司领导用）	2008年12月	5辆	300元
载客汽车（接送员工用）	2008年12月	2辆	600元
载客汽车（接送幼儿用）	2009年12月	1辆	400元
客货两用汽车	2009年12月	6辆	见附注
载货汽车	2009年6月	8辆	见附注
机动车挂车	2009年7月	5辆	见附注
三轮汽车低速货车	2009年8月	6辆	见附注
摩托车	2009年3月	20辆	120元
船舶	2009年6月	6艘	见附注

注：客货两用车均为5人座，单位税额为300元/辆，其中有4辆载货部分整备质量吨位为0.4吨/辆，另外2辆载货部分整备质量吨位为0.7吨/辆，单位税额为100元/吨。载货汽车整备质量吨位为20吨；机动车挂车整备质量吨位为10吨，三轮汽车低速货车整备质量吨位为5吨；船舶6艘，其中2艘净吨位为5 000.4吨/艘，单位税额为5元；3艘净吨位为1 999.8吨/艘，单位税额为4元；1艘非机动驳船净吨位为200吨，单位税额为3元。

（18）31日，汇总本月对外提供应税劳务应缴纳的增值税税额为8万元，另外查补上月的增值税税额2万元。

（19）31日，汇总本月销售产品应缴纳的消费税税额为10万元，另外还缴纳了消费税滞纳金1万元。

（20）31日，汇总本月出口产品一批，收到税务机关退回的增值税税额6万元、消费税税额3万元。

（21）31日，汇总本月代扣代缴消费税9万元、增值税4万元。城市维护建设税税率为7%，教育费附加征收率为3%。

（22）31日，汇总本月进口一批原材料，以银行存款向海关缴纳进口环节的增值税12万元、消费税4万元。

表7-26

城市维护建设税 教育费附加 地方教育附加申报表

税款所属期限：自　年　月　日至　年　月　日

纳税人识别号（统一社会信用代码）：□□□□□□□□□□□□□□□□□□

纳税人名称：

本期是否适用增值税小规模纳税人减征政策
（减免性质代码_城市维护建设税：07049901，减免性质代码_教育费附加：61049901，减免性质代码_地方教育附加：99049901）　□是　□否

金额单位：人民币元（列至角分）

税（费）种	计税（费）依据					税率（征收率）	本期应纳税（费）额	本期减免税（费）额			本期增值税小规模纳税人减征额	本期已缴税（费）额	本期应补（退）税（费）额
	增值税		消费税	营业税	合计			减免性质代码	减免税（费）额				
	一般增值税	免抵税额											
	1	2	3	4	5=1+2+3+4	6	7=5×6	8	9		10	11	12=7-9-10-11
城建税													
教育费附加													
地方教育附加													
减征比例_城市维护建设税（％）													
减征比例_教育费附加（％）													
减征比例_地方教育附加（％）													
合计	—		—		—	—							

谨声明：本纳税申报表是根据国家税收法律法规及相关规定填报的，是真实的、可靠的、完整的。

纳税人（签章）：　　　　年　月　日

经办人：

经办人身份证件号码：

代理机构签章：

代理机构统一社会信用代码：

受理人：

受理税务机关（章）：

受理日期：　　年　月　日

表7-27

印花税纳税申报（报告）表

税款所属期限：自 年 月 日至 年 月 日

纳税人识别号（统一社会信用代码）：□□□□□□□□□□□□□□□□□□

纳税人名称：

金额单位：人民币元（列至角分）

本期是否适用增值税小规模纳税人减征政策（减免性质代码：09049901） □是 □否

应税凭证	核定征收		适用税率	本期应纳税额	本期已缴税额	减征减免税额		本期增值税小规模纳税人减征额	本期应补（退）税额
	计税金额或件数	核定依据	核定比例			减免性质代码	减免税额		
	1	2	3	4	5=1×4+2×3×4	6	7	8	9	10=5-6-8-9
购销合同				0.3‰						
加工承揽合同				0.5‰						
建设工程勘察设计合同				0.5‰						
建筑安装工程承包合同				0.3‰						
财产租赁合同				1‰						
货物运输合同				0.5‰						
仓储保管合同				1‰						
借款合同				0.05‰						
财产保险合同				1‰						
技术合同				0.3‰						
产权转移书据				0.5‰						
营业账簿（记载资金的账簿）	—	—	—	0.5‰						
营业账簿（其他账簿）	—	—	—	5						
权利、许可证照	—	—	—	—						
合计								—		

谨声明：本纳税申报表是根据国家税收法律法规及相关规定填报的，是真实的、可靠的、完整的。

纳税人（签章）： 年 月 日

经办人：

经办人身份证件号码：

代理机构签章：

代理机构统一社会信用代码：

受理人：

受理税务机关（章）：

受理税务日期： 年 月 日

表7-28

车船税纳税申报表

填表日期　年　月　日

金额单位：元（列至角分）

纳税人识别号（统一社会信用代码）

纳税人名称

税款所属时期

车船类别	计税标准	数量	单位税额	全年应纳税额	年缴纳次数	应纳税额	已纳税额	应补（退）税额	备注
		3	4	5=2×4 或 5=3×4	6	7=5÷6	8	9=7-8	
	2								
1									
合计									

如纳税人填报，由纳税人填写以下各栏

如委托代理人填报，由代理人填写以下各栏

以下由税务机关填写

纳税人（公章）		代理人名称		代理人（签章）
会计主管（签章）		代理人地址		电话
收到申报表日期		经办人姓名		接收人

表7-29

城镇土地使用税 房产税纳税申报表

税款所属期：自　　年　　月　　日至　　年　　月　　日　　　　金额单位：人民币元（列至角分）；面积单位：平方米

纳税人识别号（统一社会信用代码）：□□□□□□□□□□□□□□□□□□

纳税人名称：

一、城镇土地使用税

本期是否适用增值税小规模纳税人减征政策
（减免性质代码10049901） □是 □否

本期适用增值税小规模纳税人减征政策起始时间　　年　　月

本期适用增值税小规模纳税人减征政策终止时间　　年　　月

序号	土地编号	宗地号	土地等级	税额标准	土地总面积	所属期起	所属期止	本期应纳税额	本期减免税额	本期增值税小规模纳税人减征额	减征比例（%）	本期已缴税额	本期应补（退）税额
1	*												
2	*												
3	*												
合计	*	*	*			*	*						

二、房产税

本期是否适用增值税小规模纳税人减征政策
（减免性质代码08049901） □是 □否

本期适用增值税小规模纳税人减征政策起始时间　　年　　月

本期适用增值税小规模纳税人减征政策终止时间　　年　　月

减征比例（%）

续表

（一）从价计征房产税

序号	房产编号	房产原值	其中：出租房产原值	计税比例	税率	所属期起	所属期止	本期应纳税额	本期减免税额	本期增值税小规模纳税人减征额	本期已缴税额	本期应补（退）税额
1	*											
2	*												
3	*												
合计	*	*	*	*	*	*	*					

（二）从租计征房产税

序号	本期申报租金收入	税率	本期应纳税额	本期减免税额	本期增值税小规模纳税人减征额	本期已缴税额	本期应补（退）税额
1							
2							
3							
合计	*	*					

声明：此表是根据国家税收法律法规及相关规定填写的，本人（单位）对填报内容（及附带资料）的真实性、可靠性、完整性负责。

纳税人（签章）：

经办人：

经办人身份证件号码：

代理机构签章：

代理机构统一社会信用代码：

受理人：

受理税务机关（章）：

受理日期：　　年　月　日

　　年　月　日

本表一式两份，一份纳税人留存，一份税务机关留存。

表 7-30

填表日期：　　年　　月　　日

契税纳税申报表

纳税人识别号（统一社会信用代码）

金额单位：元至角分；面积单位：平方米

	名　称		□单位　□个人
承受方信息	登记注册类型	所属行业	
	身份证件类型	身份证□　护照□　其他□	身份证件号码	
	联系人		联系方式	
	名　称		□单位　□个人
转让方信息	纳税人识别号	登记注册类型	所属行业	
	身份证件类型	身份证件号码	联系方式	
土地房屋权属转移信息	合同签订日期	土地房屋坐落地址	权属转移方式	
	权属转移方式	用途	家庭唯一普通住房	□90平方米以上 □90平方米及以下
	权属转移面积	成交价格	成交单价	
	评估价格	计税价格	税率	
税款征收信息	计征税额	减免性质代码	减免税额	应纳税额

以下由纳税人填写：

纳税人声明　　此纳税申报表是根据《中华人民共和国契税暂行条例》和国家有关税收规定填报的，是真实的、可靠的、完整的。

纳税人签章	代理人签章	代理人身份证件号码

以下由税务机关填写：

受理人	受理日期	年　月　日	受理税务机关签章

本表一式两份，一份纳税人留存，一份税务机关留存。

表7-31　　　　　　　　　　**土地增值税纳税申报表**

（非从事房地产开发的纳税人适用）

税款所属时间：　年　月　日至　年　月　日　填表日期：　年　月　日

金额单位：元至角分；面积单位：平方米

纳税人识别号（统一社会信用代码）

纳税人名称		项目名称		项目地址	
所属行业		登记注册类型		纳税人地址		邮政编码	
开户银行		银行账号		主管部门		电话	

项　　　目			行次	金　　额
一、转让房地产收入总额　1=2+3+4			1	
其中	货币收入		2	
	实物收入		3	
	其他收入		4	
二、扣除项目金额合计 （1）5=6+7+10+15 （2）5=11+12+14+15			5	
（1）提供评估价格	1.取得土地使用权所支付的金额		6	
	2.旧房及建筑物的评估价格 7=8×9		7	
	其中	旧房及建筑物的重置成本价	8	
		成新度折扣率	9	
	3.评估费用		10	
（2）提供购房发票	1.购房发票金额		11	
	2.发票加计扣除金额 12=11×5%×13		12	
	其中：房产实际持有年数		13	
	3.购房契税		14	
4.与转让房地产有关的税金等 15=16+17+18+19			15	
其中	城市维护建设税		16	
	印花税		17	
	教育费附加		18	
			19	
三、增值额 20=1-5			20	
四、增值额与扣除项目金额之比（%）21=20÷5			21	
五、适用税率（%）			22	
六、速算扣除系数（%）			23	
七、应缴土地增值税税额 24=20×22-5×23			24	
八、减免税额（减免性质代码：　　）			25	
九、已缴土地增值税税额			26	
十、应补（退）土地增值税税额 27=24-25-26			27	

以下由纳税人填写：

纳税人声明	此纳税申报表是根据《中华人民共和国土地增值税暂行条例》及其实施细则和国家有关税收规定填报的，是真实的、可靠的、完整的。	
纳税人签章	代理人签章	代理人身份证件号码

以下由税务机关填写：

受理人	受理日期	年 月 日	受理税务机关签章

本表一式两份，一份纳税人留存，一份税务机关留存。

主要参考文献

[1] 梁伟样. 纳税实务 [M]. 大连：东北财经大学出版社，2017.

[2] 梁伟样. 税费计算与申报实训 [M]. 3版. 北京：高等教育出版社，2016.

[3] 梁伟样. 税法学习指导、习题与项目实训 [M]. 5版. 北京：高等教育出版社，2016.

[4] 梁伟样. 企业纳税全真实训 [M]. 3版. 北京：清华大学出版社，2015.

[5] 梁伟样. 税务会计学习指导、习题与项目实训 [M]. 4版. 北京：高等教育出版社，2016.